가족의 무서운 진실

KIMBERLEE ROTH · FREDA B. FRIEDMAN 저

김선경 · 최창업 역

어린 시절의 상처를 치유하고,
신뢰 · 건강한 경계 · 자존감을 확립하는 방법

차례

역자 서문

누구에게나 '엄마' 혹은 '아빠'의 역할은 처음이다. 아이를 낳고, 기른다는 것이 무엇을 의미하는지 모른 채 사랑하는 마음만으로 아이를 낳고 기른다. 부모가 되면, 노력하면 좋은 부모가 될 수 있을 것이라고 기대하면서 기쁨과 설레임으로 부모가 된다. 하지만 좋은 부모가 되는 것은 부단한 노력이 필요한 과정이며, 부모에게 성격적 결함이 있을 때는 특히 더 그렇다.

흔히, 일관되지 않은 부모, 자기 기분에 따라 아이를 대하는 부모, 아이에게 극단적인 태도를 취하는 부모, 정서적으로 불안정한 부모… 등으로 불리는 부모의 모습은 경계선적 특징이 있는 부모인데 이러한 부모에게서 양육된 아이는 다양한 심리적 어려움을 경험한다. 자신의 심리적 어려움이 부모의 문제에서 비롯되었음은 모른 채 자신을 탓하면서 자라고, 성인이 되었어도 여전히 그 어려움의 그늘에서 산다. 어릴 때부터 부모에게 들었던 얘기들로 아마 자신이 잘못했거나 부족한 사람이기 때문일 거라는 막연한 설명만을 간직한 채 말이다.

이 책은 『Surviving a Borderline Parent: How to Heal Your Childhood Wounds & Build Trust, Boundaries, and Self-Esteem』의 번역서이다. 자신의 문제가 무엇이고, 어디에서 비롯되었는지를 알지 못한 채 오랜 세월을 살아온 경계선 성격의 부모를 둔 자녀들에게 자신의 심리적 문제를 이해하고, 극복할 수 있는 방법을 제시하는 책이다. 내가 그토록 사랑하는 나의 부모(경계선 성격의 부모)로 인해 내가 어떤 삶을 살아왔는지를 돌아보면서 나의 어린 시절을 위로하고, 이름을 붙이는 과정이 소개된다. 또한 어린 시절의 그 고통이 지금도 여전히 나의 여러 모습에서 드러나며, 그럼에도 불구하고 벗어나지 못하고 있는 자신을 마주할 수도 있다. 책에서는 심리학적 설명과 실제 사례의 생생한 증언을 들려줌으로써 나의 과거와 현재의 여러 조각들을 하나씩 떠올릴 수 있게 된다. 결국 조각들이 맞춰지면서 하나의 퍼즐로 완성될 때 비로소 나의 과거와 현재가 왜 있을 수밖에 없는 시간들이었는지를 이해하는 새로운 체험을 할 수 있다. 또한 자신에 대한 이해와 함께 성인이 된 자녀가 심리적 문제를 이해하고 극복하기 위해서 스스로 무엇을 해야 하는지를 여러 방법들을 통해 제시함으로써 인생의 방향키를 스스로 잡을 수 있는 지침도 싣고 있다.

역자들은 심리상담자이면서 부모이다. 상담실에서 듣는 내담자들의 목소리에는 언제나 부모의 이야기가 들어있었다. 그러나 변하기 어려운 부모에게 책임을 돌리거나 부모를 바꾸기 위한 노력을 하기보다, 부모로 인해 자신이 어떻게 영향을 받았는지 이해하는 과정만으로도 내담자들에게는 중요한 치유의 과정이 되었다. 나의 부모가 어떤 사람이었고, 과거에 내가 어떤 영향을 받았으며, 현재에도 남아있는 그 영향의 그림자들을 이해하는 과정은 상담실을 찾지 않는 사람들에게도 필요한 과정이라는 생각이 들었다. 상담실의 내담자와 유사한 어려움을 겪고 있다면 말이다. 이 책은 그런 필요에 딱 맞는 내용이라는 점에서 반가웠다. 더욱이, 자신을 이해하는 것과 함께 혼자서 해 볼 수 있는 여러 가지 셀프 상담 방법들이 다양하게 소개되면서 독자가 스스로 변화할 수 있도록 친절하게 돕고 있다는 점에서도 반가웠다. 한 가지 더 기대한다면, 경계선 특징을 지니고 앞으로 부모가 될 사람들에게 “좋은 부모”가 되기 위해서 스스로 조심하고 노력해야 할 부분을 짚어주었다는 점에서도 유용한 책이 될 수 있다.

표지작업을 하면서 제목을 결정하는 것이 정말 어려웠다. 고민의 핵심은 "'borderline parent'를 한글로 어떻게 옮길 것인가?"였다. 본문에는 주석에 설명을 달아서 '경계선 특징이 있는 부모'라는 용어를 사용했지만, 제목으로 달기에는 독자들에게 낯선 용어임에 틀림없었기 때문이다. 고민 끝에 우리는 『가족의 무서운 진실』이라는 역서 제목을 선택했다. 부모가 지닌 "불안정성"이 자녀에게 대물림된다는 무서운 진실을 독자들에게 명확히 전달하고 싶었다. 영어제목을 부제로 넣어 독자들이 책의 내용을 예측할 수 있도록 도왔다(borderline 이라는 개념이 무엇을 뜻하는지에 대한 심리학적 지식이 있다면 조금 더 쉬울 수 있다).

단독 번역을 하겠다는 대표역자의 호기로 책의 번역이 훨씬 늦어지거나 무산될 수 있었다. 최창업 선생님은 대표역자가 재직한 학교에서 학생과 교수로 만났다. 오랜 대기업 커리어를 뒤로 하고 심리상담이라는 공부를 시작한 최선생님은 대학원 수업과 원서강독 스터디에서 대표역자와 인연을 맺었고 번역작업이 한 발도 못 나가고 멈춰 있는 지점에서 합류하여 역서의 마무리에 큰 동력이 되어 주셨다. 함께 해 주시지 않았다면 어쩌면 아직도 마감일에 쫓기며 마음의 빚만 가지고 있었을지도 모른다. 최선생님의 도움과 추진력으로 이렇게 책이 마무리되었다는 점에서 정말 감사한 마음이 크다.

이 책은 자신의 과거와 현재를 명확히 이해하고(나의 탓이 아님을, 누구라도 그럴 수밖에 없고 충분히 그럴 만하다는 것을), 부모를 이해하며, 자신을 위해 스스로 선택하고 변화할 수 있는 힘과 지혜를 준다. 비록 이 책에서는 '경계선 성격'의 부모가 어떤 심리적 문제가 있고 이것이 자녀에게 어떻게 영향을 주는지에만 초점을 두었지만, 비단 경계선 성격이 아니라고 해도 부모의 심리적 특징이 자녀에게 얼마나 막대한 영향을 줄 수 있는가를 가늠하기에도 충분하다. 성격이라는 것이 자신도 모르는 사이에 발현되고, 타인에게 인식된다는 점에서 부모가 된 사람은 자신의 성격이 자녀에게 어떤 영향을 미치는가를 아는 것은 아무리 강조해도 지나치지 않다.

먼저 이 책은 심리상담을 공부하는 분들에게 좋은 교재가 될 수 있을 거라고 생각된다. 경계선 성격의 특징들을 지닌, 그래서 어려움을 경험하는 분들이 자신을 이해하는 데에도 도움이 될 수 있을 것 같다. 특히 스스로 해 볼 수 있는 여러 가지 셀프 상담 팁들은 상담전문가를 만나기 전에, 혹은 상담을 병행하면서도 변화를 위한 유용한 길잡이로서 역할을 할 것이다. 또한 좋은 부모가 되고 싶은 분들이 자신의 성격을 체크하고, 아이를 키울 때 어떤 일들이 발생할 가능성이 있으며, 어떤 부분에 유념해야 하는지를 배우는 데에도 좋을 것 같다.

번역은 생각보다 많은 작업이 필요한 노동집약적인 일이라는 것임을 알지만 늘 시작한다. 아마도 이렇게 한 권의 책을 눈으로 마주하는 기쁨이 그 어디에도 비할 수 없이 크기 때문일 것이다. 함께 번역작업을 해 주신 최창업선생님과, 역서가 계약된 처음부터 교정의 마무리까지 도와주신 박영사 식구들께 감사한다.

2019년 가을

대표역자 김선경

머리말

1990년대 중반, 『살얼음판 위에 서 있는 것처럼 살지 말아라(Stop walking on eggshells)』를 저술한 이후 나는 경계선 성격장애(BPD)를 지닌 친구 혹은 가족을 걱정하는 수많은 사람들을 만나 왔다.

경계선 특징이 있는 가족을 둔 사람들은 타당화, 통찰, 극복 기술이 필요하지만 내가 가장 마음이 쓰인 사람은 BPD를 지닌 부모에게서 양육된 사람들이었다. BPD 행동을 극복하는 것은 어렵고, 더욱이 통제되지 않고, 인정하지도 않으며, 치료되지 않은 광범위한 성격장애를 지닌 누군가에 의해 양육된다는 것은 정서적으로 재앙이 될 수 있다.

BPD를 지닌 부모에게서 양육된 아이들은 다음과 같이 말한다.

"'정상'이라고 느끼는 것이 어떤 것인지 잘 모르겠어요."

"사람들이 나에게 잘해 줄 때 전 불편해요. 하지만 그 이유는 모르겠어요."

"부모가 아이에게 사랑스럽게 위로해 주는 것을 보면, 전 울 것 같아요."

"끝날 때 사람들은 항상 제게 상처를 주죠. 특히 제가 그들에게 취약해지면 더 그래요."

"저는 퍼즐의 한 조각 같아요. 맞추어 보지만, 어떤 조각이 어디에 맞는지, 전체 그림은 어떻게 생겼는지 잘 모르겠어요."

"전화벨만 울리면 몸이 좀 아픈 것 같아요. 엄마가 전화를 하신 것 같거든요."

"제게 뭐가 잘못된 것인지 정말로 궁금해요."

이런 문장들이 당신에게 친숙하다면, 당신의 부모 혹은 돌봐주는 사람은 경계선 성격장애를 지녔었을 수 있다. 그렇다면, 당신이 느낀 것은 정상적인 반응이다. 당신은 혼자가 아니다. 당신과 같은 수많은 사람들이 힘든 아동기를 보냈고, 그들이 원하는 사람이 되고 싶어서 고군분투하고 있는 중이다.

그러나 당신과는 달리 그들은 자신이 성장할 때 경험한 것에 이름을 붙이지 못한다. 이 책 덕분에 당신은 할 수 있게 되었다. 이 지식은 당신의 부모가 왜 그렇게 행동했는지, 어떻게 당신에게 영향을 주었는지, 어떻게 해서 당신이 지금의 모습이 되었는지를 이해할 수 있게 해 줄 것이다.

경계선 성격장애는 설명하기 쉽지 않다. 『살얼음판 위에 서 있는 것처럼 살지 말아라』에서 공동저자인 Paul Mason과 나는 두 장에 걸쳐 경계선 성격장애를 설명했다. 한 장에서는 공식적인 정의를 기술했고, 다른 장에서는 그것이 실제 세상에서 어떻게 나타나는지를 설명했다.

설상가상으로 경계선 성격장애를 지닌 사람들은 이 장애를 다른 방식으로 경험한다. 그들 중 일부는 훌륭한 부모가 되지만, 다른 일부는 그렇지 않다. 당신이 이 책을 읽는다면, 당신의 경계선 성격장애 부모는

- 자신의 욕구를 충족시키는 데 너무 열중해서 당신의 욕구를 돌볼 수 없었거나 혹은 아마도 자신의 욕구와 당신의 욕구를 구별할 수 없었을 지도 모른다.
- 당신이 무조건적인 사랑을 주길 바랬다.
- 당신을 정서적으로 버리거나 혹은 당신을 억압하고 통제해서 당신에게 무의미하고 수치스럽고 화나는 감정을 끌어냈다.
- 당신 자체가 아니라 당신이 성취한 것에 대해서만 당신을 사랑한다고 느끼게 했다.

- 사랑스러운 말과 행동, 잔인한 말과 행동을 번갈아 가면서 하기도 했다.

비록 더 이상은 부모와의 상호작용을 원치 않거나 혹은 부모가 이미 돌아가셨다고 해도, 이 책을 통해 당신은 과거에 당신에게 무엇이 일어났고, 그때 그것이 당신에게 어떤 영향을 미쳤는지, 그리고 지금까지도 당신에게 어떤 영향을 미치고 있는지 알 수 있게 될 것이다.

당신은 왜 정상적이라고 느낄 수 없었는지에 대한 통찰을 갖게 될 것이다. 왜냐하면 우리 문화는 무조건적 사랑을 강조하지만 당신이 받은 사랑은 비일관적이고 조건적인 것처럼 보이기 때문이다.

사람들이 당신에게 잘해 줄 때 왜 불편하게 느꼈는지도 이해하게 될 것이다. 왜냐하면 당신은 잘 대해 준 다음에는 실망과 배신이 따라온다고 배웠기 때문이다.

부모가 아이를 사랑스럽게 달래주는 모습을 볼 때 왜 눈물이 났었는지를 당신은 이제 알게 될 것이다. 왜냐하면 그 모습을 보면서 당신은 결코 받아 보지 못했던, 그래서 당신은 사랑받을 자격이 없다고 느꼈던 사랑을 떠올렸기 때문이다.

사람들이 결국에는 당신에게 상처를 줄 것이라고 왜 생각하게 되었는지도 깨닫게 될 것이다. 왜냐하면 그것이 당신이 기대해 왔던 것이기 때문이다. 그것은 불확실한 세상에서 확실함을 주는 것이었다. 당신이 알고 있는 고통이 미지의 것보다 더 나은 안락함을 주었다.

결국 당신은 자신이 누구인지를 모르고 살았던 이유에 대한 통찰을 얻게 될 것이다. 왜냐하면 당신은 당신 부모의 고통, 격노, 투사를 담아내는 그릇이었기 때문이다. 당신이 그렇게 원했던 사랑을 얻기 위해서 부모에게 돌아갔지만, 당신의 불가능한 기대가 다시 한 번 무너졌을 때 배신감을 느끼게 되었다.

당신의 현재 나이와 상관없이 정서적 롤러코스터에서 내려오는 것은 지금이라도 결코 늦지 않았다. 임상가와 이 책의 도움으로, 당신은 당신에게 일어난 일들의 조각을 맞추고, 당신이 지금까지 한 선택을 이해하고, 이제 여기에서 어디로 나가야 할지 결정할 수 있다. 당신은 어떤 사람이 되고 싶은가? 부모로부터 당신이 필요한 것을 많이 얻을 수 없었다는 사실을 받아들일 수 있겠는가? 그리고 그것을 당신 자신에게 주거나 혹은 다른 사람으로부터 얻을 수 있는 있는 방법을 배울 수 있겠는가?

무언가를 해 보는 것은 위험하다. 그러나 모든 것을 그대로 두는 것도 위험하다. 이 여행에서 당신은 혼자가 아니다. 다른 사람이 당신과 함께 여행한다는 점을 잊지 말아라. 그리고 그들은 그럴 가치가 있는 목적지를 찾았다. 당신도 그럴 거다.

-Randi Kreger

Coauthor, Stop Walking on Eggshells

Author, The Stop Walking on Eggshells Workbook

Owner of the Welcome to Oz Internet Support Groups

Owner of BPD Central at www.BPDCentral.com

Board of Directors, Personality Disorders Awareness Network

저자 서문

당신은 "힘든" 부모 혹은 가족 때문에, 호기심 혹은 관심에서 이 책을 구입했을 것이다. 너무 힘들어서 때로는 살얼음판 위를 걷는 것처럼 느꼈을 수도 있고, 혹은 언제든 폭발할 수 있는 지뢰를 밟는 것처럼 느꼈을 수도 있다. 너무나 힘들어서 때로 부모를 기쁘게 하거나, 이해하거나, 참거나, 사랑하기는 거의 불가능하다고 느꼈을 수도 있지만, 멀어지기도 엄청나게 어려웠을 것이다. 그리고 이런 부모를 갖는 것은 당신이 자신에 대해 어떻게 생각하는지에 영향을 미쳤을 수도 있다.

누구나 때로는 힘들 수 있다. 하지만 그것을 심리학이나 정신의학 분야에서 경계선 성격장애 즉, BPD(경계선 성격장애)라고 알려진 상태에 자주 적용되는 "힘든"이라는 이름과 혼동하지 말아라. 지난 20년 동안 프리다 프리드먼과 함께 일했던 내담자들은 그들의 자녀, 배우자, 친구, 동료, 심지어 그들의 치료자들에 의해 "힘든" 사람이라고 불렸다. 이 장애를 지닌 사람들, 혹은 몇 개의 증상만 있어도 그들은 똑똑하고, 창의적이며, 공감적이고, 유쾌하며, 까다롭다. 그들은 매우 예민하고, 자신의 감정을 이해하기 어렵고, 자신의 정서를 다룰 수 있는 기술을 지니고 있지 않다. 그 결과 기분이 좋아지기 위해서 다른 사람들이 그들을 힘들어 할 수 있는 다양한 방어 전략을 사용한다.

이 증상이 가족이나 친구에게 미치는 영향은 거대하고 도전적이다. 불행하게도, 최근에 경계선 성격장애에 관한 많은 토론과 수많은 책과 논문에도 불구하고, 경계선 성격장애를 지닌 부모의 아이들이 겪는 특별한 이슈에 대해서 언급한 적은 없었다. 이 책은 경계선 성격장애 스펙트럼에 속하는 증상(진단을 받았든 혹은 받지 않았든)을 지닌 부모를 둔 수많은 자녀들에게 얘기하고 있다.

이 책을 읽으면, 많은 논의와 예들이 당신에게 분명하고 친숙하게 들릴 것이다. 아마 당신에게는 해당되지 않는 부분도 있을 것이다. 그렇다고 이 책이 당신에게 맞지 않는다는 의미는 아니다. 그것은 경계선 성격장애는 다른 상황에서, 다른 때에, 다른 방식으로 나타난다는 것을 의미한다. 즉, 경계선 성격장애를 지닌 사람은 다르고 혼란스러운 방식으로 행동한다. 특히 사랑하는 사람과 함께 있을 때 그렇다. 부모, 성인자녀, 혹은 경계선 성격장애와 관련된 사람들을 위한 간단한 해결방법은 없다.

이 장애 혹은 장애의 증상을 지닌 부모로 인한 경험이 매우 개인적이라고 해도 성인자녀가 자신의 상황과 반응을 이해하기 시작할 때 경험하게 될 매우 전형적인 일련의 단계들이 있다. 이 단계는 부인, 절망, 분노, 수용, 그리고 바라건대 약간의 다짐이다. 그러나 이것은 차례대로 이동하는 것이 아니다. 당신의 정서는 올라갔다 내려온다. 즉, 벅찬 감정이 지나갔다가 다시 올 수 있다. 당신은 "끝났다"고 생각하지만, 어떤 이미지, 코멘트, 혹은 상호작용이 정서적 혼돈 속으로 당신을 다시 데리고 갈 수도 있다. 그것은 마치 빗속에서 바위가 서성거리는 것과 같다. 한 걸음 앞으로 나가거나, 때로는 반걸음이나 두 걸음 뒤로 가거나 말이다. 그것은 오랜 시간 지속될 수 있는 여행이고, 그 후에도 결코 끝나지 않을 것처럼 보인다. 그것은 성인자녀가 자신들의 혼란, 좌절, 혹은 고통 속에 혼자가 아니라는 것을 알도록 도와주고, 성인자녀가 대처하고, 배우고, 계속 성장함에 따라 그것들이 개선될 수 있음을 알게 하는 데에도 도움이 된다.

때로는 변화의 가능성에 연민을 갖거나 낙관적으로 되기 어렵다. 그래도 이 책을 읽으면서, 당신 자신을 위한 현실적인 목표를 세우고, 계속해서 마음을 열고, 항상-혹은-절대의 사고방식을 피하고, 당신 자신을 참고 견디는 것이 중요하다.

이 책에는 경계선 성격장애의 치료에 주로 사용되는 유명한 인지치료 방법인 변증법적 행동치료의 개발자 마샤 리네한을 포함하여 여러 자료에서 나온 통찰들을 싣고 있다. 이는 Freda(많은 다른 임상가들과 함께)가 환자와 환자 가족과 함께 한 그녀의 작업에서 매우 도움이 되고 효과적이었던 치료 접근이다. 우리는 적용해 보거나 생각해 볼 수 있는 광범위한 기술과 도구들을 당신에게 주기 위해서 많은 오리지널 자료도 개발했다.

이 책은 협력적인 작업을 통해 완성되었다. 작가 Kimberlee는 아이디어를 고안했고, 임상가와 경계선 성격장애 증상을 지닌 부모의 성인아이들을 인터뷰했으며, 교재의 많은 부분을 저술했다. Freda는 임상 조언가로서의 역할을 했으며, 이 책의 많은 부분과 전문적 지식에 기여했는데 이 모든 것은 경계선 성격장애 특질을 보이는 사람들 및 그들 가족과 수년간 진행된 치료적 작업에 기반을 두고 있다. 때로 우리는 자료를 다른 방식으로 해석했고, 독자들에게 그림의 여러 가지 측면을 보여주려고 시도했다. 관련된 모든 사람의 느낌과 사고가 아주 강할 때, 겉으로 불협화음이 보일 때는 작업하기 쉽지 않다. 그렇기는 해도, 이 책은 힘든 부모를 둔 성인자녀의 관점에서 쓰여졌다. 부모를 인터뷰하지는 않았지만, 부모의 관점은 Freda의 임상작업에 근거한 Freda의 통찰에서 나타났다.

우리가 만난 어떤 사례에서 임상가는 부모를 경계선 성격장애라고 진단했다. 다른 사례의 경우 성인자녀 그리고/혹은 치료자는 부모에게 경계선 성격장애가 현재 있거나, 과거에 있었을 거라고 강하게 의심했다. 이 책을 읽으면서 경계선 성격장애가 있는 것같이 보이는 사람을 "진단하지"

않는 것이 매우 중요하다. 우리가 기술한 증상과 상태가 당신의 부모나 당신의 상황과 아주 딱 맞지 않는다는 것을 읽거나 깨달을 수도 있다(따라서 여기에 포함된 도구들이 당신에게 도움이 될 거라고 우리는 기대하고 있다). 그러나 장애 자체를 진단하는 것은 자격을 갖춘 전문가의 몫으로 남겨두어야 한다. 인터뷰한 사람들과 관련된 경험이 경계선 성격장애에만 해당되는 것은 아니기 때문이다. 이러한 경험은 우울하고, 불안하며, 트라우마가 있거나, 알코올 혹은 물질 남용을 하거나, 다른 성격장애 혹은 정신질환으로 고통받는 부모를 둔 가족들에게서도 나타날 수도 있다.

그러면 우리가 경계선 성격장애가 성인자녀에게 미치는 잠재적 영향에 관해 이 책을 쓴 이유가 무엇일까? 그 이유는 비록 위에 열거한 다른 정신건강 이슈에 꼬리표가 있다고 해도 전문가들은 그것에 대해서 더 많이 인식하고 있는 것 같고 적어도 지금은 더 많은 치료법이 있는 것 같기 때문이다. "설명"은 인식 및 치료와 함께 가능하다. 그 설명은 사랑하는 사람들이 관련된 문제를 직면하는 것을 좀 더 쉽게 만든다.

앞으로 펼쳐질 도전, 변화, 보상에 축복이 있길 바란다.

감사의 글

이 책의 표지에 빠진 이름들이 많다. 그들은 이 책에 엄청나게 기여했다. 그들이 없었다면 이 책은 가능하지 않았다. 나의 에이전트인 Scott Edelstein은 그의 에너지, 재능, 민감성을 나눠주었다. 그는 격려하는 음성 메시지를 언제 남기는 것이 좋은지를 정확히 아는 묘한 솜씨가 있다. 그는 작가에게 진정한 선물이다. 경계선 성격장애에 대한 신문기사에서 영감을 받아 그것을 책에 넣을 수 있도록 도와준 Freda에게도 신세를 졌다. 그녀는 처음부터 나의 완성되지 않은 글을 읽고, 귀한 제안을 해 주었으며, 건설적인 코멘트를 주었고, 자신의 전문적 경험을 열정과 연민을 가지고 늘 나누어 주었다. (항상 그렇지는 않았다는 것을 나도 알지만, 적어도 이번에는 그랬다!) 그녀는 영감을 주는 멘토였고, 언제라도 상담에 응하는 치료자였으며, 친한 친구가 되었다. Randi는 길을 만들어서 뒤따르는 사람들의 삶을 헤아릴 수 없을 정도로 쉽게 만들어주었다. Bethanne, Kellye, Debbie, Barbara, 그리고 Steve는 끝이 없는 무조건적인 지지와 우정을 주었다. 예리한 통찰력을 주는 Louise는 나의 저술작업을 열렬히 열광하며, 경청하는 'Running Man'이다. 나의 부모님은 각자 당신들의 방식으로 나의 글쓰기를 격려하셨다. 마지막으로 다른 사람을 돕기 위해서 가상의 낯선 사람과 자신의 시간, 지식, 개인적 이야기를 공유해 준 분들이 없었다면, 이 책은 존재할 수 없었다. 감사하고 감사하다.

-K.R.

먼저 나의 공동저자인 Kim은 대단한 영감을 지녔고, 근면함, 유머, 동정심도 함께 지닌 사람이다. 나에게 많은 의미를 갖는 이 작업을 하는 동안 나에게 보살핌, 동정심, 그리고 최고 수준의 전문성을 가르쳐 준 선생님, 멘토, 감독관, 그리고 많은 동료들에게(특히 New York Hospital-Cornell Medical School과 The Phoenix Institute) 큰 감사를 표한다. 나의 DBT 동료들, 특히 Drs. Marsha Linehan, Cindy Sanderson, Charlie Swenson이 나에게 준 영감과 생명의 변증법에 큰 빚을 졌다. 그리고 무엇보다도 고군분투를 나와 함께 해 준 뉴욕과 시카고에 있는 나의 내담자들에게도 큰 감사와 고마움을 보낸다. 그들의 고군분투는 희망, 인내심, 성장을 위해 어려운 길의 기꺼운 선택이었고, 용기가 정말로 무엇을 의미하는지를 나에게 보여준 것이었다. 그리고 마지막으로, 끝없는 피드백, 아이디어, 격려, 컴퓨터 기술을 준 Harvey에게도 감사와 고마움을 전한다.

-F.F.

도입

어렸을 때, 여러분은 아무리 노력해도 충분히 잘하지 못하거나, 부모, 양부모, 양육자를 실망시켜서 스스로 부족하다고 느낀 적이 있는가? 부모를 행복하게 해야 한다는 책임감을 느낀 적이 있는가? 혹은 행복하면 죄책감을 느낀 적이 있는가? 무엇을 하든, 하지 않든 당신이 했거나 말한 것이 잘못되었을 때 뭔가 자신이 저주받았다고 느낀 적이 있는가? 당신이 하지 않은 일로 비난받은 적이 있는가? 당신은 무언가가 조작되었다고 느낀 적이 있는가? 1분간 고마움을 느꼈지만, 바로 그 다음 공격당했다고 느끼는가? 부모의 행동이나 반응 때문에 당신이 미쳤다고 생각하는 것이 말이 되는가? 당신이 뭔가를 놓쳤거나 오해했다고 믿으면서 자신의 직관, 판단, 기억에 의문을 제기하는가? 당신은 부모와의 삶이 예측할 수 없다고 항상 경계심을 느꼈는가?

당신은 이상하지 않다. 그렇게 느낄 수는 있지만 그때도 지금도 당신은 이상하지 않다. 당신이 이상하다고 느낀 것은 아마도 경계선 성격장애의 특성을 지닌 사람에 의해 양육되었기 때문이다.

상대적으로 흔하지만, 경계선 성격장애는 종종 치료자와 임상가들에 의해 간과되거나 잘못 진단되고 그것으로 고통받는 사람들에 의해 부인된다. 이것은 혼란스럽고 복잡한 장애로, 경계선 성격장애를 앓고 있는 사람, 이들을 이해하고 도우려는 임상가들, 그리고 무엇보다도 예측할 수 없는 결과를 견뎌야만 하는 자녀들에게 너무 힘든 장애이다.

아무도 그들의 부모를 선택할 수 없고, 어린아이로서 일단 당신이 이 세상에 태어나면 당신은 부모와의 관계를 벗어날 수 있는 위치에 있지 않다. 사실, 당신에게 음식과 집을 제공하고, 당신이 배울 수 있게 하며, 당신에게 사회에서 소통할 수 있는 방법을 알려 주고, 당신을 양육하고, 당신에게 애정과 무조건적 사랑을 주는 사람이 당신에게는 절실히 필요하다. 그러나 경계선 성격장애를 지닌 부모는 당신이 잘못하지도 않고 부족하지도 않음에도 불구하고 이 모든 것을 당신에게 일관되게 제공할 수 없었을지도 모른다. 그들 스스로 그런 보살핌을 받지 못했을지도 모른다. 아이러니하게 들릴 수도 있지만 당신의 부모는 의식적 혹은 무의식적으로 당신을 강화했을지도 모른다. 당신은 어린아이인데도 불구하고 당신으로 하여금 그들의 요구를 들어주는 양육자가 되도록, 정서적 지지를 주는 양육자와 제공자가 되도록 말이다.

이것이 편안하게 들리는가?

자라면서 당신이 부모나 보호자와의 경험과 일치하는 것은 다음 중 어떤 것인가?

____당신의 부모는 종종 당신의 신체적 특징, 정신적 능력, 지능, 혹은 다른 개인적 특징에 대해서 당신을 심하게 놀렸다.

____당신은 사건의 순서와 대화 내용을 당신의 부모와 다르게 기억한다.

____당신의 부모는 부적절할 만큼 세세하게 당신에게 비밀을 털어놓고, 당신이 비밀을 지켜줄 것이라고 혹은 부모의 편을 들어줄 거라고 기대했다.

____당신은 어린아이가 아니라 작은 어른으로 취급되었고, 당신이 부

모를 위로하고 안심시키거나, 요리, 세탁, 동생 돌보기 등과 같은 부모의 책임을 맡을 것을 기대했다.

____당신의 감정은 소홀히 다뤄지고, 부정되고, 비난받고, 무시되었다.

____당신은 강한 정서, 특히 분노를 표현하는 것이 허락되지 않았다.

____당신은 포옹, 키스 혹은 사랑한다는 말과 같은 신체적 혹은 정서적 애정을 많이 받지 못했다.

____당신은 매우 높고, 종종 성취할 수 없는 기준을 부여받았다. 그리고 그 기준은 바뀌었다. 따라서 당신은 당신에게 기대되는 것을 알기 어려웠다.

____당신은 당신의 외모나 행동에 대해 혼란스러운 메시지를 받았다.

____당신은 탐험하거나, 실험하거나, 자신의 의견을 발전시키도록 격려받지 못했다.

____당신의 사생활이나 소유물은 존중받지 못했다.

당신은 자라면서 다음을 느꼈는가?

____두려움?

____혼란스러움?

____화?

____죄책감?

____책임감?

____자신의 나이와 또래보다 나이가 훨씬 많음?

____리스트가 없음?

____보이지 않음?

____사랑스럽지 않음?

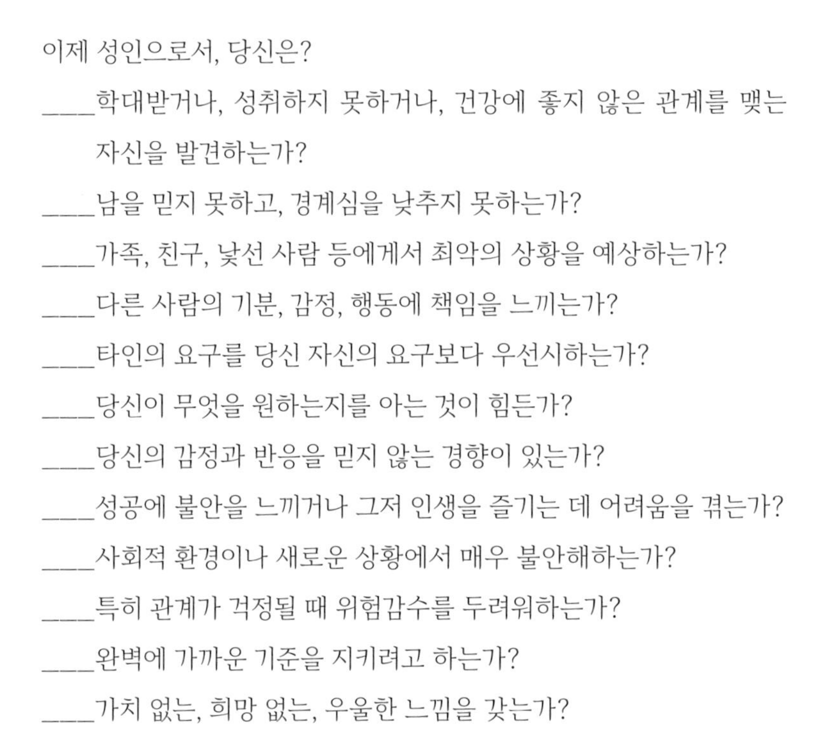

이제 성인으로서, 당신은?

____학대받거나, 성취하지 못하거나, 건강에 좋지 않은 관계를 맺는 자신을 발견하는가?

____남을 믿지 못하고, 경계심을 낮추지 못하는가?

____가족, 친구, 낯선 사람 등에게서 최악의 상황을 예상하는가?

____다른 사람의 기분, 감정, 행동에 책임을 느끼는가?

____타인의 요구를 당신 자신의 요구보다 우선시하는가?

____당신이 무엇을 원하는지를 아는 것이 힘든가?

____당신의 감정과 반응을 믿지 않는 경향이 있는가?

____성공에 불안을 느끼거나 그저 인생을 즐기는 데 어려움을 겪는가?

____사회적 환경이나 새로운 상황에서 매우 불안해하는가?

____특히 관계가 걱정될 때 위험감수를 두려워하는가?

____완벽에 가까운 기준을 지키려고 하는가?

____가치 없는, 희망 없는, 우울한 느낌을 갖는가?

만약 당신이 이러한 경험들 중 많은 것에 관련된다면, 당신은 경계선 성격장애나 경계선 성격장애와 같은 특징을 지닌 부모에게서 양육되었을 가능성이 있다. 또한 그 영향은 지금도 여전히 당신에게 미묘하게 미칠 가능성이 높다. 그것은 아마도 당신이 어떤 사람인지와 당신이 맺고 있는 타인과의 관계에도 영향을 미쳤으며, 지금도 계속해서 영향을 미치고 있다. 또한 그것은 함께 시간을 보내고, 친구가 되고, 같이 있고, 사랑하기로 할 사람을 누구로 선택하는지, 어떻게 선택하는지에도 영향을 미친다.

새로운 현실

이 책은 가족 역기능에 초점을 맞추거나, 끔찍한 엄마에 관한 책이 아니다(비록 경계선성격장애가 남자보다 여자에게서 세 배나 더 많이 진단되지만, 다양한 이유에서 우리는 간단하게만 이것을 다룰 것이다). 이 책은 비난하거나 흥미를 끌기 위한 것도 아니다. 당신은 역기능적인 과거보다 훨씬 더 많은 것에 의해 형성되며, 궁극적으로 당신이 원하는 사람이 될 책임은 당신에게 있다. 경계선 성격장애가 여러분의 삶에 미치는 영향을 인정하고 확인하는 것이 중요하다. 당신이 누구라고 지시하지도 않고, 당신의 운명을 바꾸지도 않는다는 것을 깨닫는 것이 중요하다.

이 책은 이해와 변화라는 두 가지에 관한 것이다. 우리는 당신의 부모의 생사 여부에 상관없이, 이 책을 통해 당신이 경계선 부모의 자녀로서 자신의 경험을 타당화하는 데 도움이 되기를 바란다. 또한 과거에 당신에게 영향을 주었고, 지금도 계속해서 당신에게 영향을 미치는 것이 무엇인지를 확인하는 데 이 책이 도움이 되기를 바란다. 또한 이 책을 통해 당신의 부정적 사고, 신념, 감정, 행동이 긍정적인 것으로 변화되기를 바란다. 또한 우리는 이 책을 읽음으로써 당신이 되고 싶은 자신의 모습을 구상하고 만드는 데 도움을 주고 싶고, 당신이 살고 싶은 미래를 만들기 시작하는 데 도움을 주고 싶다. 진부한 표현처럼 들릴 수도 있지만 이것이 사실이다. 당신은 행복할 자격이 있다.

경계선 성격장애를 앓고 있는 누군가의 성인자녀로서 여러분은 어렸을 때부터 특정한 신념과 행동을 배양하고 연마해 왔을 것이다. 비록 여러분이 기억은 못한다고 해도 아기였을 때 여러분은 부모의 손짓, 목소리, 호흡 리듬을 통해 본능적으로 분노, 좌절, 그리고 절망감을 느꼈을 것이다.

여러분은 숨 쉴 수 없는 긴장을 느꼈다. 불규칙하고 강렬한 감정에 지속적으로 반응하면서 자란다는 것은 당신에게 반사적 반응을 가르쳤다. 이것은 의사가 고무망치로 무릎을 치면 당신의 다리가 즉시 올라가는 것처럼, 혹은 누군가가 당신의 이름을 부르면 즉시 돌아보는 것처럼 말이다. 여러분이 배운 것이 신체적, 정신적 그리고 감정적으로 경계선 부모로부터 여러분 자신을 보호하는 데 도움이 되었을 수도 있지만, 아마도 지금의 여러분에게는 그리 도움이 되지 않을 것이다. 사실, 그것은 여러분이 자신을 충분히 이해하고 수용하는 것, 그리고 다른 사람과 연결되는 것을 방해할 수도 있다. 요점은, 현재 여러분이 지닌 대처기제와 자신 및 타인과 연결하는 방법이 당시의 정서적 레퍼토리였다는 점이다. 당신은 그것에 의문을 가져본 적이 없다. 그것은 유리 렌즈의 틴트처럼 당신의 세계관을 정의해서 당신이 세상을 어떻게 보고 어떻게 상호작용할 것인지를 지시한다.

이 책은 당신이 자신의 삶에 긍정적인 변화를 줄 생각을 하고 있다고 가정한다. 그것은 여러분이 오래전부터 생각하고 있거나, 들어왔거나, 당신의 원가족과 지내온 것보다 더 많은 것이 삶에 있음을 암시하고 있다고 가정한다. 이것이 두렵기는 해도 당신이 그 가능성의 느낌을 추구하고 싶어 한다고 가정한다. 당신이 어떤 상태에 있든, 이 책은 그것을 얻기 위한 가능성과 의지 그리고 용기가 당신에게 있음을 가정한다.

오래된 렌즈의 틴트 없이 자신의 삶을 어떻게 냉철하게 볼 수 있겠는가? 어떻게 자신을 알고 신뢰하며, 여러분을 둘러싸고 있을지도 모르는 방어를 어떻게 해체할 수 있겠는가? 새롭고 더 나은 삶을 어떻게 생각하기 시작하겠는가? 어떻게 하면 사람들의 좋은 점을 보고, 건강한 인간관계를 가질 자격 그리고 완전하고 보람 있는 삶을 살 수 있는 자격이 자신에게 있다고 느낄 수 있을까? 이 책은 당신이 많은 여러 가지 방법을 탐구하는 데 도움을 줄 것이다. 당신은 당신이 선택한 변화를 당신의 속도에 맞게 만들어 나갈 것이다. 비록 천천히 조용히 오긴 하지만, 보상은 엄청나다.

지난 몇 년간, 경계선 성격장애에 관한 몇 권의 훌륭한 책이 출간되었다. 과거와는 달리 요즘은 도서관이나 서점에 가면 이 장애를 가진 사람들과 그들의 가족들을 구할 수 있는 수많은 책들이 구비되어 있다. 또한 수많은 웹사이트, 채팅방, 기타 온라인 자원도 많이 있다. 1장에서는 경계선 성격장애의 역사와 개요를 제공한다. 우리는 이미 이루어진 작업을 반복하지 않고, 이전에 나온 모든 것을 향후의 탐험을 위한 발판으로 삼고자 했다.

이 책을 사용하는 방법

만약 여러분이 경계선 성격장애를 처음 들었거나, 더 알고 싶다면 1장을 보는 것을 추천한다. 1장은 이 장애의 징후와 증상을 설명하고 그러한 행동이 자녀들에게 어떤 영향을 미칠 수 있는지 설명한다.

만약 당신이 경계선 성격장애의 특징과 행동에 익숙하고 당신의 부모, 양부모, 혹은 돌보는 사람 중 한 명 이상이 이 장애를 지니고 있다면, 당신은 1장을 훑어보기만 해도 된다. 그렇다면 2장으로 가서 당신이 어릴 때 받은 메시지가 지금 당신에게 어떻게 지금도 여전히 영향을 미치고 있는지를 확인하라. 만약 당신의 배우자, 친구, 혹은 친척의 부모가 경계선 성격장애를 지니고 있다면, 이 책은 그들에게 영향을 주었던 경험이 무엇인지에 대해 통찰력을 갖게 해 줄 것이다.

이 책을 통해, 우리는 성인자녀라는 용어를 사용하여 경계선 성격장애를 지닌 부모의 성인 자녀에 대해 언급할 것이다. 읽기 쉽도록, 우리는 때때로 경계선 성격장애 특성을 지닌 사람을 언급할 때 경계선 부모라는 용어도 사용할 것이다. 부모라는 용어는 양부모, 조부모, 혹은 1차적인 양육 책임이 있는 다른 어른들을 지칭한다.

여러분은 이 책 전반에 걸쳐 "멈추고 생각하라"라는 부분을 발견할 것이다.

이 연습은 본문의 개념을 여러분 자신의 특별한 상황과 경험에 적용하도록 돕기 위해 고안되었다. 여러분은 자신의 반응을 기록하기 위해 노트나 일지를 사용하고 싶을 수도 있다. 따라서 당신은 자신의 진행상황을 측정할 수 있으며, 모든 항목의 날짜를 기입할 수도 있다.

이름뿐인 것은 아니다.

당신이 읽었듯이, 당신은 자신의 부모가 정말로 경계선 성격장애를 지니고 있는지, 부모가 전문가에게 진단을 받은 적이 있는지 의아해 할 것이다. 여러분의 부모는 주요 우울증, 조현병, 조울증과 같은 또 다른 질환을 진단받았을 수도 있다. 당신의 부모는 또한 약물 남용 문제를 지니고 있을 수도 있다. 경계선 성격장애는 진공상태에서 나타나지 않는다. 그것은 다른 진단들과 함께 존재할 수 있다. 게다가, 이러한 특성을 지닌 사람들이 도움을 청하지 않기 때문에, 혹은 그들이 도움을 청한다고 해도 임상가는 장애를 놓치거나 오진단할 수도 있기 때문에 경계선 성격장애가 늘 진단되는 것은 아니다. 요컨대, 여러분은 문제가 많고 건강하지 못한 행동을 인식하기 위해 자격증을 가진 임상 의사가 될 필요는 없다. 라벨이나 진단이 중요한 것이 아니다. 만약 여러분이 읽은 것이 여러분의 경험과 같고, 연습이 당신으로 하여금 기능적이지 않은 신념체계와 행동을 다루는 새로운 방법에 대해 생각하게 한다면, 우리는 공식적인 진단과 상관없이 여러분이 이득을 얻을 것이라고 생각한다.

여러분이 이 책에서 읽을 이야기는 성인자녀 및 다른 가족들과의 인터뷰와 임상 경험에 바탕을 두고 있다. 성인자녀와의 대화를 통해 우리는 그들의 경험이 놀라울 정도로 비슷하다는 것을 알았다. 경계선 성격장애의 증상은 극단(격노하거나 화를 표현할 수 없음, 타인을 이상화하거나 평가절하 함)을 왔다 갔다 하기 때문에 특히 진단하기 까다롭다. 그럼에도 불구하고 성인자녀들은 때때로 자신들이 거의 동일한 경험을 공유한다는 것을 알게 되고, 실제로 매우 전형적인 경계선 행동을 확인할 수 있다. 그 행동이 어떻게 관찰되고, 경험되고, 기억되는지에 대한 주목할 만한 유사성이 있다. 우리는 또한 그들이 한 이야기의 의미를 담으면서 인터뷰에 응해 준 사람과 그 가족들의 프라이버시를 보호하기 위해 개인의 특징과 상황 그리고 이름을 변경했다.

Part 1: 과거 The Past

Chapter 1

그런 게 있는지 몰랐다

I Never Knew It Had a Name

"네, 그런데 그게 뭐죠?" '경계선 성격장애'라는 말을 듣고 사람들은 흔히 나에게 이렇게 묻는다. 감정을 조절하는 능력의 부재와 버림받는 것에 대한 내면의 공포를 주 특징으로 하는 경계선 성격장애는 인식의 증가, 관련 기관의 출현, 임상 연구를 위한 연구비 지원이 이루어짐에 따라 달라지고는 있지만, 아직까지는 많이 연구되거나 이해되지 못했던 심리장애 중 하나이다.

'경계선' '성격' '장애'라는 세 개의 단어는 임상가(practitioner)의 호기심을 자극한다. 이질적인 증상과 다양한 심각도 때문에 상담자들은 경계선 성격장애라는 진단을 쉽게 내리지 못한다. 진단을 내린다고 해도 어떻게 상담할지 확신이 서지 않고, 장애가 복합적일 때는 상담을 꺼리기도 한다.

치료의 부재

우리는 미디어에서 경계선 성격장애에 대해서 많이 듣거나 보지 못하는데, 이는 경계선 성격장애로 인해 고통받는 미국인의 숫자를 고려할 때 놀랄만한 일이고, 자신의 경험을 타당화하고 정보를 찾고자 하는 경계선 성격장애 가족들은 지속적으로 좌절감을 느낀다. 미국의 경우 경계선 성격장애 환자는 전체 인구의 약 2% 혹은 6백만 명에 달한다(Swartz et al, 1990). 더욱이 이로 인해 매일 고통받는 배우자와 자녀, 부모와 형제자매, 친구와 직장동료를 모두 포함하면 그 숫자는 족히 3천만 명에 이를 것이다. 여성지에서는 탄력 있는 가슴 만드는 법에서부터 케익 굽기까지, 똑똑한 아이로 키우기에서부터 성공한 여성의 옷 입기까지, 그리고 남성지에서는 인간관계, 육아, 자신의 진짜 감정에 접촉하는 것, 심지어는 요리에 대한 조언까지 제공한다. 그러나 아무도 경계선 성격장애에 대해서는 말하지 않는다.

경계선 성격장애에 대해서 침묵하는 한 가지 이유는 치료약이 없기 때문일지도 모른다. 끊임없이 채널을 돌리면서 가만히 있지 못하는 사람들에게 기억하기 쉽게, 그리고 짧은 몇 마디로 경계선 성격장애를 설명하기는 어렵다.

렌디 크레거(2001)는 "임상가들에게 경계선 성격장애를 이해시키려면 30분 정도는 설명해야 한다. 하물며 TV를 통해 대중들에게 어떻게 그렇게 짧게 설명할 수 있겠는가?"라고 말한다. 유명인들도 경계선 성격장애로 인한 개인적 고통에 대해서 말하지 않는다. 존 크로포드('엄마 같은 사람'이라고 불림), 마릴린 먼로, 빈센트 반 고흐와 같이 경계선 성격장애와 관련이 있는 유명 인사 중 대부분은 많은 비난을 받으며 살았다. 그러나 그들이 명성을 얻기 위해 침묵했던 것은 아닌 것 같다.

경계선 성격장애에 대해서 아무도 언급하지 않기 때문에, 경계선 성격의 부모를 둔 자녀가 어른이 된 후 이 장애에 대해서 처음으로 자세히 알게 될 때 눈물을 흘린다. 이것은 혼란스럽고 모순된 어린 시절의 경험에 이름을 붙이고, 설명을 해 주고, 무엇보다 중요한 것은, 타당화("그럴만 하다")를 해 주는 것이다. "제가 미쳤다고 생각했어요." "무언가가 잘못되었다는 것은 알았지만, 그게 뭔지는 몰랐어요." "그게 제가 알고 있는 전부예요. 그래서 정상처럼 보였죠." "어릴 때 우리는 눈치를 엄청 보면서 살았어요. 하지만 다른 사람은 그렇지 않다는 걸 몰랐죠." 이런 말들이 공통적인 반응이다.

경계선 성격장애가 있는 사람들은 앞뒤가 맞지 않고, 일관되지 않은 방식으로 행동하지만, 주변 사람들이 그들의 정상성과 현실지각에 대해서 의심하게 될 때까지는 아주 정상적이고, 논리적이며, 합리적이고, 스스로를 확신하는 사람처럼 보인다. 경계선 성격장애가 있는 사람들은 "행동으로 옮기거나" 혹은 격노할 때 자신이 그렇게 화를 낼 만하고 적절하다고 확신하지만, 가족들은 그들의 현실 지각과 지금까지의 분노에 대해서 의심한다. 당신의 잘못이 아니었고, 그들이 왜 그런지에 대한 설명은 정말 큰 위로가 될 것이다.

성별에 따른 차이

경계선 성격장애는 성적 학대로 인해 생긴다고 하는데, 그 결과 역사적으로 여성이 남성보다 경계선 성격장애로 진단되는 경우가 더 많다. 연구 결과 여성과 경계선 성격장애 간에 분명히 상관성은 있었지만 단순하고 직접적으로 관련짓는 것은 과도한 일반화이고, 학대의 특징 및 심각성과 같은 요인들은 고려하지 않은 것이었다. 즉, 다른 유형의 트라우마와 학대도 경계선 성격장애의 원인이 될 수 있다.

『살얼음판 위에 서 있는 것처럼 살지 말아라(Stop walking on eggshells)』라는 제목의 책에서 크레거와 메이슨(1998)은 경계선 성격장애가 여성들에게서 더 많이 나타나는 이유를 추가로 설명했다. 즉, 여성은 남성보다 타당하지 않고 비일관적인 메시지를 받는 경우가 더 많으며, 타인에게 더 많이 의존하도록 사회화된 결과 거절에 대해서 더 민감하기 때문이라는 것이다. 크레거와 메이슨은 경계선 성격장애가 있는 남성들이 통계적으로 확인된 것보다 더 많을 수 있다는 점도 지적했다. 남성은 문제가 있어도 정신과 의사의 도움을 받는 경우가 적기 때문에 문제가 진단되지 않고 지나갈 수 있다는 것이다. 또한 임상가들은 환자의 프로파일이 비슷할 때 여성에게 경계선 성격장애를 보다 쉽게 진단하는 경향이 있다.

회복에 이르는 오랜 과정

경계선 성격장애를 치료하는 것이 아주 어렵기는 해도 불가능하지는 않다. 비록 수년이 걸리지만 경계선 성격장애가 있는 사람은 호전될 수 있다. 치료방법은 주로 상담을 동반한 약물(항불안제와 항우울제) 복용이다. 그러나 심각하지 않은 경계선 성격장애자가 기질적인 부인(inherent denial)을 사용하면 호전을 예측하기가 좀 더 힘들다.

경계선 성격장애를 치료하는 보다 일반적인 접근 중 하나는 마샤 리네한이 개발한 변증법적 행동치료(Dialectical Behavior Therapy, DBT)인데, 리네한은 시애틀을 중심으로 경계선 성격장애 환자를 치료하는 심리학자이다. 리네한은 DBT를 "'거친 사랑(touch love)'의 전문가 버전과 약간 비슷하다"라고 설명한 바 있는데, 그 순간 환자 개인의 수용과 변화를 동시에 기대하는 것이다. 리네한의 방법은 환자들이 자신의 양극화된 사고를 통합하고, 인지적 왜곡을 재구성하게 만든다. 즉, 경직된 사고를 느슨하게 만들고, 극단적인 감정을 다루게 하며, 자신의 삶 속에 나타나는 현재의 이슈에 보다 건강한 행동을 적용하도록 돕는다. DBT를 사용하는 치료자들은 경계선 성격장애 환자가 왜 역기능적인 행동에 의존하는지 타당화하면서("화가 나면 당연히 화를 표현할 수 있고, 사람들은 당신이 원하는 것을 하는 것에 동의한다"), 그와 동시에 대안을 찾기 위해 환자와 함께 작업한다. 변화는 천천히 일어나지만, 환자들은 호전이 가능하고, 자신의 주변에서 일어나는 일을 인식하고 해석하는 다른 방법이 있음을 배우게 된다.

증상을 알아차리기

임상가들은 DSM-IV-TR(APA, 2000)의 9개 기준 중에서 5개 이상 해당될 때 경계선 성격장애라고 진단한다. 그러나 분명히 해야 할 점이 있는데 이러한 특질(traits)은 지속적인 패턴으로 나타나야만 한다. 같은 정도는 아니지만 때론 누구나 그러한 증상이 있는 것 같을 때가 있기 때문이다. 증상들을 보면, 사람들은 종종 이렇게 말한다. "어? 나도 그런데..." 혹은 "가끔은 나랑 딱 맞네."

아마도 어느 정도는 맞는 말일 수 있다. 『살얼음판 위에 서 있는 것처럼 살지 말아라』의 공동저자인 폴 쉘리는 다음과 같이 설명했다. "모두는 아니지만 대부분의 정신적 질병은 어떤 정상적인 특질의 과장이다. 누구나 때로는 문이 제대로 잠겨 있는지 돌아가서 확인하지만, 그렇다고 해서 모든 사람이 다 강박장애가 있는 것은 아니다(Shirley, 2001).” 그는 의과대학 학생들의 행동신드롬을 인용했는데, 이 행동신드롬이란 학생들은 공부하는 병의 증상이 자신에게 있다고 인식하는 것을 말한다. 그러나 어떤 행동을 보이는 것 혹은 부정적인 생각을 하는 것만으로 진단을 내릴 수는 없다.

다음에 소개될 증상들을 읽을 때 명심해야 할 것이 있다. 경계선 성격장애는 반복적 패턴을 포함하고 있어서, 시간이 지남에 따라 지속적으로 나타나고, 건강한 관계와 일상생활을 방해한다. 경계선 성격이 있는 부모[1)2)]를 둔 자녀가 지금 그리고 과거에 경계선 성격장애와 유사한 행동을 실제로 보일 수도 있지만, 그렇다고 실제로 그들에게 경계선 성격장애가 있다고 말할 수는 없다(만약 계속 그런 걱정이 들면, 정신건강 전문가를 만나보는 것이 좋겠다).

또한 다음도 명심해야 한다. 현재는 기준에 맞는다고 해도, 증상은 경계선 성격이 있는 사람의 숫자만큼이나 다양해서 DSM의 새 버전이 나오면 진단기준은 변경될 수도 있다. 이 때문에 진단을 내리는 것은 어렵고, 가족들이 장애를 이해하기도 어렵다. 예를 들어, 어떤 자녀는 부모가 갑자기 폭력적으로 화를 내는 것을 피해서 화장실에 문을 잠그고 숨었던 것을 기억하지만, 어떤 자녀는 분노를 전혀 표현하지 않았던 부모를 기억하기도 한다. 그렇게 다른 행동들이 같은 경계선 성격장애의 증상이라는 것을 이해하기는 어렵다.

---

1) 원서에는 경계선 성격장애 특성이 있는 부모(또는 아버지, 어머니), 경계선 특성이 있는 부모, 경계선 성격장애가 있는 부모, 경계선 부모 등 다양하게 표현했으나, 번역서에서는 예외적인 경우가 아니면 ‘경계선 성격이 있는 부모(또는 아버지, 어머니)’로 통일했다.

2) 영어로 parent는 양친 중 한 사람을 지칭한다. 원서에서는 parent와 parnets가 혼용되었으나, 번역서에서는 특별히 구분하지 않고 ‘부모’라고 번역했다.

경계선 성격장애의 증상들

경계선 성격장애를 설명하기 위해서 DSM-IV-TR(APA, 2000)[3]을 바탕으로 일반인들이 이해할 수 있는 용어로 기술한 특징과 예시는 다음과 같다. 또한 경계선 성격장애 부모로부터 자녀들이 받기 쉬운 메시지들도 제시되었다.

1. 실제적인 혹은 지각된 버림받음이나 거부의 느낌을 느끼지 않기 위해서 미친 듯이 노력한다.

경계선 성격장애가 있는 사람은 자신이 가치 있는 사람이고, 정서적으로 돌봄을 받고 있다고 느끼기 위해 다른 사람에게 의존한다. 버림받거나 거절당하지 않기 위해서 처절하게 행동하지만, 결국은 버림받게 되어 자

---

3) 원서는 DSM-IV-TR을 기준으로 경계선 성격장애를 설명하였다. 2013년에 미국심리학회는 DSM-V를 발표하였기 때문에 이에 따른 경계선 성격장애의 진단기준을 소개한다.
다음 중 5가지를 충족시켜야 경계선 성격장애로 진단된다. (참고: 현대이상심리학, 권석만 저)

1. 실제적인 또는 가상적인 유기(버림받음)를 피하기 위한 필사적인 노력.
2. 극단적인 이상화와 평가절하가 특정적으로 반복되는 불안정하고 강렬한 대인관계 양식.
3. 정체감 혼란: 자아상이나 자기지각의 불안정성이 심하고 지속적이다.
4. 자신에게 손상을 줄 수 있는 충동성이 적어도 2가지 영역에서 나타남(예: 낭비, 성 관계, 물질 남용, 무모한 운전, 폭식).
5. 반복적인 자살 행동, 자살 시늉, 자살 위협 또는 자해 행동.
6. 현저한 기분 변화에 따른 정서의 불안정성(예: 간헐적인 심한 불쾌감, 과민성, 불안 등이 흔히 몇 시간 지속되지만 며칠 동안 지속되는 경우는 드묾).
7. 만성적인 공허감.
8. 부적절하고 심한 분노를 느끼거나 분노를 조절하기 어렵다(예: 자주 울화통을 터뜨림, 지속적인 분노, 잦은 육체적 싸움).
9. 스트레스와 관련된 망상적 사고나 심한 해리 증상을 일시적으로 나타낸다.

신의 예상이 맞았다고 생각한다.

"끔찍한 시어머니를 만났다고 사람들은 농담을 하죠." 경계선 성격이 있는 엄마를 둔 39살 롭이 말했다. "하지만 전 제 아내가 대단하다고 생각해요. 결혼하기 일주일 전 저녁에 식당에서 저희 엄마는 아내 리사에게 싸움을 걸었죠. 리사는 설명을 했지만, 엄마는 리사를 매춘부라고 부르더니 식당을 나가 버리셨어요. 그 후 며칠간 엄마가 문자를 여러 번 보냈지만 우린 답을 안 했죠. 그리고 결혼식 이틀 전, 이모가 전화로 엄마가 자살 시도 후 병원에 계신다고 말했어요."

아이들은 다음과 같이 생각한다.

- 난 떠날 수 없다(집, 차, 관계 등).
- 엄마(혹은 아빠) 곁에 머무는 것이 나의 책임이다.
- 내가 달라지면(더 오랜 시간 함께 있고, 원하는 것을 하고, "사랑해요"라고 더 많이 말하면), 엄마(혹은 아빠)는 나아질 거다.

2. 강렬하고 불안정한 관계 패턴을 보인다. 즉, 사랑하고 미워하는 극단을 왔다 갔다 하는 경향성을 반복적으로 보인다.

"분열(splitting)"되었다고 일컬어지는 경계선 성격장애를 지닌 사람들은 한 번에 두 가지의 감정상태를 경험하는 것, 예로 어떤 사람의 좋은 점과 나쁜 점을 동시에 보는 것이 어렵다. 이들은 어떤 사람이 몇 가지 결점이 있지만 전반적으로 괜찮다고 보는 것이 아니라, 완전히 좋거나 완전히 나쁘다고(영웅 혹은 악인, 동지 혹은 적) 본다. 때로 이들은 형제들도 분열해서 보는데, 어떤 형제는 완벽하고, 어떤 형제는 문제라고 생각한다. 또 이들은 같은 사람을 분열하기도 하는데, 한 주(하루 혹은 한 시간)는 상사를 병신 같은 놈이라고 보고, 다음 주(다음 날 혹은 다음 시간)엔 상사를 믿을 수 있는 멘토이며 친구라고 여긴다. 한 사람에게 하든 혹은 여러 사람에게 하든, 분열(흑백 혹은 전부/전무 사고)은 아무런 자극이나 상호작용이 없음에도 불구하고 발생한다.

경계선 성격이 있는 엄마 리타는 딸 리오나가 제대로 하는 것이 아무것도 없다고 생각했다. 리오나는 리타가 어릴 때 가출한 뒤 결혼해서 낳은 아이로 가족 중 미운오리새끼였다. 리타는 리오나에 대한 험담을 가족, 친구, 동료에게 했고, 리타의 딸인 손녀에 대한 생각은 눈꼽만큼도 없었다. 리타의 아들인 진은 이야기가 달랐다. 진은 10대때 엄마를 떠나 알코올 중독이 되었지만 엄마 리타의 눈에 아들 진은 완벽한 아들이었고, 아들을 존중했다. 진이 리타의 생일을 잊었을 때도 리타는 진이 바빠서 그랬을 거라고 이해했고, 진이 직장을 잃었을 때도 상사가 관리자로서 문제가 많았던 거라고 말했다.

아이들은 다음과 같이 생각한다.

- 내가 잘하면, 변덕스런 엄마의 마음을 돌릴 수 있다.
- 모든 것은 좋은 것/나쁜 것, 흑/백, 전부/전무로 나뉜다.
- 사람들은 영웅이지만 단점이 있으면 악인이고, 동지이거나 적이다.
- 회색지대, 중간은 없다.
- 부모가 원하는 것을 내가 계속 하면, 나는 부모에게 사랑받을 것이다.
- 난 경멸 받고 있다. 내가 열심히 노력하면 사랑받을 수 있다. 하지만 만약 그렇지 않으면 난 쓸모없는 인간이다. 따라서 부모님을 귀찮게 하면 안 된다.
- 어느 날은 사랑받고, 다음 날은 미움을 받는다. 세상은 일관되지 않

고, 무엇이 일어날지 혹은 다른 사람이 나를 어떻게 대할지 내가 통제할 수는 없다.

3. 자신, 관심, 혹은 포부를 설명하는 것이 어렵다. 자기지각이 자주 변한다.

아이들은 경계선 성격이 있는 부모를 카멜레온, 해파리, 표범이라는 단어로 표현한다. 누구와 함께 있는지, 다른 사람에게 보여주고 싶은 것이 무엇인지에 따라서, 경계선 성격장애자들은 자신의 생각, 의견, 심지어 가치까지 자주 바꾼다. 경계선 성격장애를 지닌 사람들은 12월에 어떤 휴일에 쉴 건지, 혹은 어떤 종교를 가질 건지도 결정할 수 없다.

"엄마 당신은 정말 어떤 사람인가요? 나에게 뭔가 잘못된 점이 있다는 것을 깨닫고 내 방으로 간 뒤 나는 이렇게 독백했어요"라고 로즈는 말했다. "그건 나에게 있어 의식과 같은 것이었어요. 방문을 닫고, 침대에 앉아서, 그렇게 자문하곤 했죠. 43살이 되었지만, 난 아직도 그에 대한 대답을 얻지 못했어요. 엄마는 오랫동안 자기 자신의 피부로 사는 것이 견딜 수 없는 사람처럼 항상 바뀌었어요."

"매일이 할로윈 같았어요." 경계선 성격이 있는 아버지를 둔 마리아가 말했다. "우리는 아버지가 다음 주에 어떤 가면을 쓰고 어떤 분장을 할지 몰랐어요. 어느 날은 앞마당에 할리데이비슨 오토바이를 세우고는 검은색 가죽 옷을 입고 집에 오셨죠. 이른 봄이었어요. 아버지는 회계사였는데 한 달 후 사무실에서 엄마에게 전화를 해서 우리 모두를 요트클럽으로 데리고 오라고 했어요. 갔더니 아버지는 그 새로 산 보트를 우리에게 보여주셨어요. 그 때 우리가 장난으로 '선장 옷'이라고 부르던 카키색 트윌 달린 바지, 하늘색 면 셔츠, 휘장 달린 남색 자켓, 보트 신발을 신고 있었죠. 아버지는 항상 자신이 물을 싫어한다고 말했는데, 이 모든 것들이 현실적이지 않았어요. 우리 모두는 그 날을 생생하게 기억해요."

아이들은 다음과 같이 생각한다.

- 경계선 성격장애자는 나를 몹시 필요로 한다. 그래서 나는 매수되었고, 우리는 하나다.
- 경계선 성격장애자는 진짜가 아니다.
- 난 그가 말한 것을 믿을 수가 없다. 왜냐하면 내일 또 변할 테니까.
- 자기(self)는 변한다.
- 우리는 모두 가면을 쓰고 있다. 우리가 세상에 보여주는 것이 실제로 우리여야 할 필요는 없다.

4. 충동적이고, 무모하고, 스스로를 해치는 행동을 한다. 예를 들면 약물 사용, 과식, 과소비, 난잡한 성관계, 위험한 운전, 도둑질.

연구에 따르면, 경계선 성격장애자들 중에 약물중독자는 약 30%, 식이장애는 약 20%에 이른다(Gunderson, 2002). 경계선 성격장애자들은 반복적으로 바람을 피우거나 안전하지 않은 성관계를 통해 충동적인 행동을 보일 수도 있다. 어떤 경우 자신을 규정하기 위해서 물건을 구입하거나, 강박적으로 도박을 하는 등 무모하게 돈을 쓰기도 한다. 충동적 행동은 어린 아이의 행동처럼 보일 수도 있는데, 어린 아이들은 자신이 원할 때 원하는 것을 하고, 그로 인한 결과는 알지 못한다. "지금! 지금 해 줘"라고 말하는 유아는 경계선 성격장애자와 매우 유사하다.

한 젊은 남자는 엄마가 아버지와 이혼한 뒤 쓰레기 같은 남자친구들을 계속 만나고 다녔던 것을 회상했다. "외모로 사람을 평가하지 않지만, 그 남자들은 무서운 사람이었고 헤어진 뒤 만나는 남자도 마찬가지였습니다. 난 그때 어렸지만, 엄마가 건강하지 않은 습관을 가지고 있다고 생각했지요."

또 다른 남자는 술 취한 아버지가 차를 운전했던 것을 기억했다. "아버지는 혼자 운전했는데, 너무 위험했습니다. 괴물처럼 속도를 냈고, 도넛을 먹으며, 타이어가 터질 정도로 브레이크를 밟았어요. 아버지를 보호하고 싶은 마음에서, 나는 경찰이 아버지를 잡아서 가두기를 바랬죠. 그래야 아버지가 그만둘 수 있으니까요. 그는 우리 모두를 죽일 작정인 것처럼 보였어요."

아이들은 다음과 같이 생각한다.

- 나는 이 사람을 보호해야만 한다.
- 내가 ~하면, 그 사람이 충동적으로 행동하는 것을 막을 수도 있다.
- 내가 더 좋은 아들/딸이 되면, 엄마(혹은 아버지)는 그런 행동을 하지 않을 거다(혹은 그런 문제를 가지지 않을 거다).
- 나는 다른 사람에게는 아무런 영향력(그리 많은 영향력)을 미칠 수 없다.

5. 반복된 자살 시도, 위협, 혹은 자해 행동

경계선 성격장애자의 자살률은 높은 편이다. 즉, DSM-IV(APA, 1994)에 따르면 이 장애가 있는 사람 중 8~10%는 목숨을 끊는다. 나머지는 자살하겠다고 위협하거나, 치명적이지 않은 자살 시도를 하거나, 혹은 타인에게 자신이 원하는 반응을 이끌어내기 위한 위협으로서 자살을 사용하기도 한다.

경계선 성격이 있는 부모를 둔 어떤 사람은 엄마와 이혼하면 엄마가 자살할지도 모른다고 아버지에게 이혼하지 말 것을 간절히 부탁했던 과거를 회상했다. 어느 날 밤, 엄마는 자신의 침대로 와서 말했다. "네 아빠가 떠나면 난 무엇을 해야 할지 모르겠다. 머리에 총을 쏘고 말지도 몰라. 그래도 너와 남동생은 내가 없어도 괜찮을 거다. 아빠와 새 엄마가 너희를 키울 수 있을 거야."

아이들은 다음과 같이 생각한다.

- 경계선 성격장애가 있는 사람이 죽으면, 혹은 자살을 시도하면, 그건 내 잘못이다.
- 엄마 혹은 아버지가 죽지 않도록 혹은 다치지 않도록 하는 것은 내 책임이다.
- 나는 나쁘다. 만약 내가 더 잘했다면, 부모는 스스로를 해치지 않았을지도 모른다.
- 타인의 어떤 반응도 내 잘못이고, 내 통제하에 있다.

6. 잦은 기분 변화, 강렬한 정서 반응, 몇 시간에서 며칠간 불안이 지속된다.

경계선 성격이 있는 부모를 두었던 사람은 경계선 성격장애의 기분 변화를 "지킬박사와 하이드"와 같다고 말한다. 즉, 몇 시간 사이에 행복하고 사랑스러웠다가 포악하고 무섭고 우울하게 바뀌는 변화이다. 종종 그 자신은 잠시 전의 기분이나 느낌일 때 자신이 한 말이나 행동을 기억하지 못하거나, 기억이 안 난다고 말한다. "내가 두 시간 후에 집에 왔는데, 아버지는 아무 일도 없었던 것처럼 행동했어요!"

"전 아마 대학 졸업식 날을 절대 잊지 못할 거예요." 경계선 성격이 있는 아버지를 둔 41살의 조셉은 말했다. "아버지는 매우 자랑스러워 했고,

친구들에게 제가 학위를 받았고, 맨해튼에 좋은 직장을 잡았다고 말했어요. 실제로 제가 이룬 일들에 대해서 얼마나 자랑스럽게 생각하는지 말씀도 하셨는데, 평소에 아버지는 칭찬을 하거나 자신의 감정을 잘 표현하는 사람이 아니라서 그건 정말 대단한 일이었죠. 졸업식 후 저녁식사를 하고 집에 오는 차 안에서, 제 동생이 이모가 만든 음식이 맛이 없었다는 농담을 하자 제가 웃었어요. 그러자 아버지는 갑자기 브레이크를 밟고, 나를 무섭게 쳐다보았죠. 그리고는 내가 뿌리를 잊고, 가족 중에 처음으로 대학을 나왔다고 자만하고 있다고 나를 무섭게 야단쳤어요. 몇 분 동안 악담을 퍼부었고, 가장 상처가 되는 말을 했어요. 지금까지도 뭔가 특별한 일이 생겨도 나는 그것을 잘 즐기지 못해요. 언제 또 이런 일이 벌어질지 불안해요."

아이들은 이렇게 생각한다.

- 나는 다음에 무슨 일이 벌어질지 모른다.
- 아주 사소한 단서도 알아차리는 것을 배웠다. 그래야 다음에 무슨 일이 벌어질지에 대한 단서를 알 수 있기 때문이다.
- 나는 당신이 나에게 말하는 것을 믿지 않는다. 왜냐하면, 며칠, 몇 분, 몇 시간 후에 바뀔 수 있기 때문이다.
- 상황 혹은 내가 이룬 것에 대해서 흥분하거나 좋아하는 것은 좋지 않다. 왜냐하면 나의 행복은 폭력적인 반응을 일으킬 수도 있기 때문이다.
- 좋은 일들을 즐기기 어렵다. 왜냐하면 즐기면 수치심을 느끼게 되기 때문이다.

7. 공허하고, 빈, 가짜의 감정을 지속적으로 혹은 종종 느낀다.

경계선 성격장애 환자는 공통적으로 깊은 지루함 혹은 공허함을 느끼는데, 이 때문에 그들은 약물이나 알코올에 빠지고, 돈이나 소유에 집착하거나, 스스로를 해친다. 스스로 믿을 수 있는 강력하고 핵심적인 자기감이 부족해서 통제감을 느끼지 못하고 타인에게 의존하며, 평생 희생당하는 삶을 산다. 경계선 성격장애 환자는 가족과 상담자들의 눈에 공허해 보이고, 외모에 신경 쓰는 것처럼 보인다.

"우리 엄마는 다른 사람들에게 자신이 요리를 얼마나 잘하는지, 육아를 얼마나 잘하는지, 우리에게 얼마나 최선을 다하는지에 대해 말하면서 '완벽한 엄마'처럼 행동했어요." 한 여성이 회상했다. "물론, 엄마는 가끔 그럴 때도 있긴 했어요. 하지만 보통은 비일관적이었고, 아무것도 하지 않았죠. 언제 화가 나서 싸늘하게 말도 없이 우리를 밖에 못나가게 하고, 혹은 알지도 못하는 일로 언제 우리를 혼낼지 전혀 알 수 없었어요. 엄마는 완벽한 엄마의 이미지만 갖고 그 모습이 자신에게 맞다고 믿었어요. 대부분의 경우 엄마는 그렇지 못했고 그것에 대해 우리를 탓했어요. 우리 집에서 벌어지고 있는 것은 비밀이었고 아무도 몰랐죠. 아무튼 항상 엄마는 우리가 당한 것은 모두 그럴만한 것이고 누구에게 말하는 것은 창피한 일이라고 말했어요."

아이들은 이렇게 생각한다.

- 난 당신에게 의지할 수 없다. 왜냐하면 당신은 실제 거기에 없으니까.
- 아무에게도 말하지 말고, 부모를 지켜야 한다. 그렇지 않으면....
- 난 엄마의 자기상(self-image)에 책임이 있다.
- 엄마가 어떻게 느끼는가의 책임은 나에게 있다.

8. 분노를 충분히 표현하지 못하거나 혹은 과도하게 표현하고, 짜증, 분노, 반복적인 신체적 싸움, 혹은 과도한 비아냥이나 철회가 자주 나타난다.

격노. 경계선 성격이 있는 부모의 자녀들은 부모를 아주 잘 안다. 경계선 성격이 있는 부모는 옷장에 옷을 삐뚤게 걸었거나, 음료수를 흘렸거나, TV 소리가 크거나, 아프거나, 혹은 이혼할지도 모르는 상황들이 모두 그들의 화를 촉발한다. 겉 보기에 사소하거나 심각한 것으로 인해 촉진되어서 폭풍(보통은 언어적 공격 혹은 신체적 학대)이 일어난다. 이런 분노를 당한 사람은 집 밖, 차 밖, 혹은 문을 걸어 잠근 방과 같이 안전한 곳으로 도망가야 한다. 그렇지 않으면 너무나 두려워서 통제감을 잃고, 경계선 성격이 있는 부모의 폭력을 당하게 된다.

스스로도 분노를 어찌할 수가 없어서, 경계선 성격이 있는 부모는 공격적 행동을 보이기도 하는데, 예를 들어 어떤 엄마는 10대인 딸과 머리카락 뽑는 경쟁을 하기도 한다. 손에 머리카락이 한 웅큼 잡힐 때까지 혹은 너무 고통스러워서 누군가가 포기할 때까지 머리를 뽑을 수도 있다.

"내가 4살 때였어요." 46세 리즈베스가 회상했다. "전 식탁 아래 숨어 있었고, 엄마가 몸을 숙여 나를 찾고는 음식이 담긴 그릇을 내 얼굴에 문질렀어요. 머리에 에그 스크램블이 엉켜있는 상태로 걸으라고 하고는 한참 뒤에야 씻겨 주었어요. 수년간, 엄마는 그 이야기를 다른 사람들에게 하면서 이렇게 말했죠. '그래서 얘가 약간 덜 떨어지게 되었나봐. 쟤는 학대당했어' 하며 웃었어요. 아니 낄낄댔다는 게 더 맞겠네요."

경계선 성격장애자는 어떻게 하든 자신의 분노를 피하다 보니, 진실한 감정을 소통하려고 노력하는 가족들을 화나게 만든다. 경계선 성격이 있는 부모는 자신의 행동에 대한 책임을 인정하지 못하고, 자신이 타인에게 정서적 혹은 신체적으로 어떻게 해를 주고 있는지를 들으려고 하지 않는다.

만약 당신이 그들의 행동을 지적하면, 욕하거나 무시하면서 공격하고 당신을 비난하려고 한다("만약 네가 이렇게 하지 않았다면, 내가 널 때릴 이유도 없었어").

"나는 아이처럼 화를 낼 수도 없었어요." 로버트는 말했다. "어떤 식이든 내가 경계선 성격이 있는 엄마를 조정했다고 오해를 받을 때마다 내가 소리를 지르면, 엄마는 나를 방에 가두었죠. 내가 저항하면 엄마는 이렇게 말했어요. '네가 이성적이 되면 그때 얘기하자.' 우리는 결코 얘기한 적은 없어요. 난 며칠간 아무 말 없이 지냈고, 갑자기 불이 켜지듯 진정이 되면 엄마는 나에게 말을 걸었어요. 난 거짓말을 하지도, 조정하지도 않았다고 설명하는 긴 글을 썼죠. 그건 엄마가 놓친 조각들을 채우는 것이예요. 엄마에게 남길 글을 밤에 적어 놓고, 엄마를 화나게 만들어서 죄송하고, 엄마를 사랑한다고 말하면서 항상 끝냈죠. 다음 날, 엄마는 내 편지를 읽지도 않고 쓰레기통에 버렸어요. 엄마에게 제 편지를 보셨냐고 물으면 '나중에 얘기하자'고만 하셨어요. 그렇게 몇 년이 흐른 뒤, 제가 10대가 되어서 엄마는 나에게 말하죠. '너 화난 것 같구나?' 상상해 보세요. 내가 하지 않은 것에 대해 비난받고, 이성적으로 행동하지 않는 사람에게서 비이성적이라는 말을 들으며, 말할 기회조차 없이 숨이 막혀서 살아온 16년의 세월을 말이에요. 상대 변호사는 당신에게 입을 닥치라 하고, 당신은 자신의 목숨을 구하기 위해 3분간 증인석에 섰다고 상상해 보세요. 난 이렇게 말하고 싶었어요. '엄마는 자신을 어떻게 생각하죠?' '엄마는 천벌을 받을 거예요. 너무 화가 나요.'"

아이들은 이렇게 생각한다.

- 나는 내 감정 특히, 분노를 표현하면 안 된다.
- 난 말을 조심해야 한다. 그렇지 않으면 엄마를 폭력적으로 만들지

도 모른다.

- 분노와 참회의 순환은 아주 빨라서, 관련이 없어 보일 수도 있다. 감정은 외부 자극과는 상관없이 무작위로 생기는 것 같다.
- 감정은 억누르는 것이 제일 안전하다.

9. 단기간의 극단적 불신, 망상, 비현실감의 기간(무감각, 단절)

경계선 성격장애자는 짧게 현실감을 잃거나, 정신병적 에피소드를 경험하기도 한다. 경계선 성격장애자에게 자신의 부적절한 행동을 직면시키면, 멍한 표정이 된다. 그때 그들은 멍해지거나, 기억을 못할 수도 있다.

경계선 성격이 있는 부모의 자녀는 비난받았던 기억들, 혹은 부모가 다른 사람을 탓하거나, 타인의 의도를 나쁘게 가정했던 기억들을 회상할 수도 있다.

29살 데이브는 말했다. "오븐 타이머가 다 되었을 때도 라자냐가 다 익지 않았으면, 누군가가 고의로 온도를 낮췄다고 생각해요. 제가 3시 30분에 엄마에게 전화해서 학교 다녀왔다고 말하면, 제가 친구를 데리고 와서 파티를 하고 있다고 생각하시죠. 만약 엄마가 좋아했던 펜이 없어지면, 애들 중 하나가 훔쳐갔다고 여기고요. 비난이 끝나지 않았어요. 하지만 제일 무서운 건 엄마가 생각한 시나리오가 아무리 진실과 동떨어진 것이라 할지라도 자신이 만든 시나리오를 끝까지 믿는다는 거예요."

아이들은 이렇게 생각한다.

- 난 당신과는 다르게 현실을 기억한다. 하지만 엄마는 성인이고 자신의 기억이 옳다고 확신하기 때문에 내가 틀린 걸 거다.
- 나는 세상의 일들을 오해한다.

- 나는 나의 판단을 믿을 수 없다.
- 내 주변에는 사람이 없다.
- 내가 완벽하고 모든 것을 제대로 하면, 더 이상 잘못된 비난을 받지 않을 것이다.
- 내가 나를 증명해야 하고, 내 행동을 방어할 준비를 해야 한다. 나의 필요와 선호 때문에 결정하면 타당하지 않거나, 받아들여지지 않을 것이다.

동화 모델

『경계선 성격이 있는 엄마를 이해하기』 책에서 저자 크리스틴 앤 로슨(2000)은 동화에 나오는 인물들(부랑자, 왕비, 은둔자, 마녀)을 사용해서 경계선 성격장애의 특징을 설명했다. 이런 유형이 장애와 장애의 여러 가지 측면을 이해할 수 있게 하고 당신의 어린 시절 경험을 이해하는 데 도움을 주지만, 경계선 성격장애자는 여러 가지 유형의 특징을 함께 가진 행동을 보일 수도 있다. 남녀 모두에 적용할 수 있는 간략한 설명을 읽고, 당신의 부모가 한 가지 유형 이상의 특징을 보일 수 있고, 가족 구성원에게 각기 다른 특징이 노출될 수 있음을 명심하라.

부랑자

부랑자는 무기력한 희생자처럼 느낀다. 그녀(혹은 그)는 사교적으로 보이지만, 결코 타인과 깊이 관계를 맺지 않는다. 그녀는 "부적절하게 개방"한 다음, 자신과 얘기를 나누었던 사람들을 거부한다. 칭찬을 받고 싶어

하지만 칭찬을 해 주면 거절한다. 불평을 하지만 제안은 거부하고, 다시 도움을 요청한다. 부랑자는 무기력하게 느끼고, 어떤 증거도 없음에도 불구하고 부정적인 것을 기대한다.

부랑자인 부모의 특징은 방임적이다. 다시 말해서, 아이들을 버릇없이 만들고, 방치하며, 현실과 멀어지도록 하는 동화적 삶의 판타지를 사용한다. 부랑자는 분노하기보다 울어버리고, 불안과 우울을 경험한다.

부랑자인 부모는 아이들에게 다음과 같은 메시지를 준다. '삶은 몹시 힘들다. 아무도 나를 사랑하지 않는다. 나는 너나 다른 사람보다 훨씬 더 힘들다.'

왕비

왕비는 공허하지만 권위 있다고 느낀다. 그녀는 물질적인 부, 아름다움, 주목과 충성을 동경한다. 왕비인 부모는 아이보다 더 주목받으려 하고, 아이의 성취에 질투심을 느끼며, 이기적이고 거만한 방식으로 행동한다. 누군가가 왕비의 믿음이나 행동에 대해 지적을 하거나 도전을 하면, 그녀는 그를 적으로 간주한다.

왕비인 부모는 아이들도 그런 식으로 생각하기를 바라고, 충성하기를 기대하며, 극단적이고, 과장되기를 바란다. 왕비는 타인의 경계와 선호를 인정하기까지 오랜 시간이 걸린다. 자신의 필요에도 불구하고, 그녀는 아주 강하고 독립적이라는 인상을 줄 수도 있다.

왕비인 부모를 둔 자녀가 받는 메시지는 다음과 같다. '너는 나를 사랑해야 한다. 나에게 뭔가를 요구하면 난 널 싫어할 거다.'

은둔자

은둔자는 공포를 느낀다. 그는 위험의 가능성에 대해 항상 경계한다. 때로 의심하고, 다른 사람은 느끼지 못하는 위협을 지각한다. 공포 혹은 미신이 일상을 방해한다. 타인이 도움이 되는 지적을 해도 위협이나 공격으로 해석한다. 은둔자는 과도하게 자기 보호적이고, 소유적이며, 거만하다. 이들은 과도하게 예민하고, 누군가가 자신의 것을 만지거나 빌리면 침범당했다고 느낀다. 이들은 화가 날 때, 갑자기 분노하거나, "완전히 무시한다."

은둔자인 부모가 주는 메시지는 다음과 같다. '세상은 무섭고, 위험한 곳이다. 사람들은 나를 잡을 때까지 멈추지 않을 것이다.'

마녀

마녀는 대단히 흥분된 분노를 느낀다. 경계선 성격이 있는 부모는 마녀와 같은 행동을 지속적으로 보이지는 않는다. 오히려 거절 당했다고 느끼거나 자신이 미울 때, 부랑자, 왕비, 은둔자에서 마녀로 바뀌는 것 같다. 마녀는 자녀의 수치심과 당혹감을 양육의 도구로 사용한다.

마녀인 부모는 거만하고 보복한다. 갈등이 생겼을 때 반복적으로 갈등의 중심에 있다. 타인의 경계를 존중하기 어렵고, 아이의 소중한 물건들을 망치는데, 예를 들면 아이의 강아지를 버리거나 죽이고, 혹은 돌보지 않는다. 또한 신체적으로도 아이를 학대한다.

마녀인 부모는 다음과 같은 메시지를 준다. '너희는 후회할 거다. 네가 자초한 일이다.'

분류를 무시하기

어른이 된 아이는 2장에서 검토할 경험들을 공통적으로 갖는다. 가장 어려운 것 중 하나는 자신의 어린 시절 고통에 대한 타당화가 부족하다는 점이다. 경계선 성격장애자가 항상 "미친" 것처럼 보이지는 않는다. 그 중 많은 사람들은 기능을 잘 하고, 완벽하게 건강한 것처럼 외부에 보여진다. 이 때문에 아이들은 자신의 판단을 의심하게 되고, 자기 가치감을 낮출 수도 있다. 아이들은 엄마 혹은 아빠가 사람들이 있을 때는 정상적으로 행동하지만 집에서는 끔찍해지는 것을 보고, 부모의 부정적이고 비일관적인 행동의 원인이 자신이라고 믿게 된다.

행동화하기 vs. 행동화하지 않기

『살얼음판 위에 서 있는 것처럼 살지 말아라: 부모가 경계선 성격장애일 때 당신의 삶을 뒤돌아 보아라』의 저자 크레거와 메이슨(1998)은 경계선 성격이 있는 부모를 행동화하는 부모와 행동화하지 않는 부모, 두 그룹으로 나누어 설명했다.

행동화하는 부모는 사람들 앞에서는 괜찮다. 그들은 의사이며 매니저이고, 변호사이며 부모이고, 가장 친한 친구이고, 이사진이다. 또한 그들은 정치가이며 교사이다. 사람들 주변에 있는 것을 좋아한다. 야망이 강하고, 전문직으로 성공했고, 파티를 좋아하고, 사람을 좋아하며, 이야기를 잘한다. 그들은 사람들을 잘 다루는 재주가 있다. 그러나, 사람들이 없을 때 자신의 부정적인 감정을 타인(주로 가족)에게 쉽게 보인다. 가족을 탓하고, 불가능한 요구를 하며, 가족에게 언어적·감정적, 때로는 신체적 학대를 한다. (이런 부모 밑에서 자란 사람은 청소년기에 자신이 더럽고, 인기도 없고, 별 볼일 없다는 말을 부모로부터 들었다고 회상한다). 경계선 성격장애자의 외모는 자신감이 있는 정상적인 사람처럼 보인다. 실제로 스트레스가 많거나, 특정 영역만 아니라면 그렇다. 예로, 유명한 전문가이며, 명석하고 존경받는 사람이지만, 집안일이 제때에 제대로 되어있지 않으면 아이와 남편 앞에서 완전 다른 사람이 된다. 개인적인 삶과 친밀한 관계가 엉망이며, 가족 특히 아이들이 도움을 청할 때 힘들어하고, 심지어 뭔가가 잘못되었다는 것을 깨닫는 것도 어렵다.

행동화 하지 않는 경계선 성격장애자는 부정적인 감정이 자신에게로 향하여, 그 결과 자해, 알코올이나 약물 남용, 자신이 통제할 수 없는 상황이나 사건에 대해서 강한 죄책감을 느끼고, 자신에 대해서 합리적이지 않은 높은 기준을 정하며, 자살 시도와 같은 자기 파괴적인 행동을 보인다. 그들은 정신건강과 건강관리 서비스를 많이 이용하며, 일을 지속적으로 하는데 어려움을 겪는다(경계선 성격장애자는 외래 정신건강 환자 집단의 약 10%, 입원환자 집단의 15~20%를 차지한다(APA, 2001)).

행동화 하지 않는 (높은 기능의) 그리고 행동화 하는 (낮은 기능의) 집단이 서로 정확히 구분되는 것이 아님을 아는 것이 중요하다. 장애가 있는 사람은 두 가지 모두를 보이기도 한다. 수년간에 걸쳐 자살위협과 자살 시도를 한 엄마와 단절한 한 여성은 자신의 엄마가 일을 계속하는 데 어려움이 있었고, 처방 약에 중독되었지만, 친구들 사이에서는 인기가 많았다고 말했다. "엄마는 다른 사람에게는 아주 좋은 사람이었어요. 자기 옷도 벗어줬을 거예요."

경계선 성격장애자는 증상의 정도에 따라 다르고, 다른 정신적 증상을 동반하는가에 따라서도 다르다. 경계선 성격이 있는 부모에게서 자란 사람은 아동기가 피상적으로는 정상이었다고 회상할 수도 있다. 왜냐하면 물질적으로 풍요로웠고 성공적이었으나, 이상하고 별난 행동과 미묘하지만 이상한 정서적 학대가 이루어지는 상황에 갇혀서 자랐기 때문이다. 어떤 사람은 아침에 침대에서 일어나지 못하고, 집을 청소하거나 장을 보지도 않으며, 반복된 자살 시도 혹은 심각한 중독으로 병원에 입원하기도 했던 부모를 회상했다. 경계선 성격장애가 있다는 점만 같을 뿐, 그 양상은 모두 다르다.

신호를 알아차리기

아이들은 부모에게서 배운다. 세상에 나오자마자, 당신은 세상이 어떤 곳이고, 이 세상에서 당신의 역할이 무엇인지를 부모에게서 나온 단서를 통해 알게 된다. 만약 당신의 첫 번째 교사가 학생들을 어떻게 가르칠지 모른다면 성장하는 동안 당신은 도움이 되지 않고 건강하지 않은 메시지를 습득하게 될 것이다.

아이들이 경계선 성격이 있는 부모에게서 받은 메시지는 다음과 같은 것들이다.

- 나는 피해자다. 당신이 나에게 상처를 주었으며 나를 보살피는 것은 당신의 책임이다.
- 나는 통제할 수 없다. 나는 내가 말한 것이나 행동한 것에 대해 책임지지 않는다. 나는 무슨 일이 일어났는지 정확하게 기억조차 나지 않는다.

- 내 필요가 우선이다. 내가 너를 위해서 무언가를 할 때는 나의 필요를 만족시키기 위해서 하는 것이다(너에게 선물을 주는 이유는 그것이 내가 좋은 부모라고 느끼게 해 주기 때문이다. 너를 위해서가 아니라 나를 위해서 선물을 주는 거다).
- 아무도 나를 이해하지 못한다. 내가 그것을 얼마나 어렵게 가졌는지, 나의 삶이 얼마나 힘들었는지, 내가 어떤 경험을 해 왔는지는 아무도 이해하지 못한다.
- 나는 자격이 있다. 만약 내가 가치가 없다면, 그건 내 자기감을 지지해야 하는 네 책임이다. 나는 너에게 의지한다. 나를 실망시키지 말아라.
- 나의 관점은 옳다. 세상의 나머지는 틀렸다. 그러나 아무도 내 말에 귀기울이지 않는다.

멈추어 생각하기: 당신의 메시지를 기록하라

부모에게서 들은 다른 메시지가 있는가? 그것을 일기장에 적으라. 메시지를 포함하고 있는 부모의 말과 행동을 적으라.

멈추어 생각하기: 교훈은 분명하다

다음의 리스트를 읽고, 어릴 때 다음 교훈 중 어떤 것을 배웠는지 그리고 그것이 지금도 당신에게 영향을 주고 있는지를 스스로에게 질문하라.

당신 자신을 판단하지 말아야 한다("나는 그렇게 느껴서는 안 된다"). 그냥 무언가가 울려 퍼지고 있는지 아닌지만을 보라.

- 당신은 타인을 믿을 수 없다. 비록 그들이 당신과 가깝다고 해도 당신의 신뢰가 종종, 무작위로 배신당하기 때문이다.
- 당신은 해도 욕먹고 안 해도 욕먹는다. 당신은 할 수 있는 것이 전혀 없다.
- 당신의 진실한 느낌을 표현하는 것은 안전하지 않다. 왜냐하면 사람들이 조롱하고, 모욕하며, 무시할 테니까.
- 당신은 스스로를 믿지 못한다. 왜냐하면 당신의 지각은 보통 수정되었기 때문이다.
- 사람들은 조종하고 있다. 선물에 줄을 달아서 나를 조종한다.
- 살면서 안아주거나, 머리를 쓰다듬어 주는 것 같은 신체적인 애정은 거의 받아 본 적이 없다.
- 당신은 사랑과 애정, 칭찬, 혹은 물질적인 것을 충분히 받지 못했다.
- 스스로가 짐이 된 것, 부모가 당신에게 한 희생, 부모의 분노, 부모의 비동의, 당신 자신의 필요, 아이라는 사실, 당신 자신이 된 것, 이 모든 것의 책임은 당신에게 있다.
- 뭔가 주장하는 것은 위험한 일이다. 다른 사람의 필요, 욕구, 의견이 먼저다.

당신이 배웠던 다른 교훈이 있나요?

자랑스럽지 않고, 행복하지도 않은 이런 긴 리스트를 확인할 때마다 고통스러웠을 수 있다. 혹은 당신은 어느 것에도 해당되지 않거나 이런 경험이 혼자가 아닐 수도 있다는 점에서 안심했었을 수도 있다. 숨을 깊이 쉬고, 안심하라. 장애와 그로 인한 결과를 이해하는 것은 당신이 진정한 자기를 찾고, 긍정적이고 건강한 미래를 만드는 첫 번째 단계니까.

Chapter 2

성인이 되어

All grown up

이 장에서는 경계선 성격이 있는 부모에게서 자란 자녀가 지닌 몇 가지 문제(conditions)와 성인 자녀에게 미치는 통상적인 영향에 대하여 논의할 것이다. 또한 당신이 지니고 있을 수 있는 긍정적 유년기의 경험, 성인 역할 모델의 영향, 내적 회복력과 자원의 개발에 대하여 이야기할 것이다.

이 책의 목적은 경계선 성격이 있는 부모 또는 그 기질을 비난하려는 것이 아니라 그것이 오늘날 자신의 삶에 영향을 미친 양식(patterns)을 알아보고자 한다는 점을 명심하라. 그 양식들이 어떻게 발전되어 왔는가에 대해 보다 잘 이해함으로써, 변화를 향한 구상(envisioning)과 작업을 더욱 순조롭게 할 수 있을 것이다.

당신이 경험한 것

당신은 혼란, 학대와 방치, 경계 침범(boundary violations), 무효화(invalidation)와 같은 문제와 경험을 인식할 수도 있고, 혹은 약간 다르거나 반대되는 경험을 했을 수도 있다. 성장하면서 배운 생각, 신념, 감정, 행동과 그것이 현재의 내 모습에 어떻게 영향을 주었는지 숙고해 보라.

혼란

경계선 성격장애자는 분명한 정체감이 없기 때문에 누군가에게 버려지거나 휩쓸릴까봐 두려울 수 있는데, 『네가 미워-날 떠나지마(Kreisman and Straus, 1991)』라는 제목의 책은 이를 잘 설명하고 있다. 우리가 수행한 인터뷰에서 성인 자녀들은 혼란스럽고 예측 불가능한 세계에서 성장했다고 말한다. 그들은 자신이 칭찬받을지 야단 맞을지, 자신을 안아줄지 내칠지, 숨 막히게 과보호할지 방치될지 알지 못했다. 부모의 허락을 받기 위해 무엇을 생각하거나 해야 할지 항상 초조해 했던 사람도 있었다. 한 번은 "의식이 또렷했던 순간(lucid moment)"도 있었는데, 이때 부모는 타인과 교제를 끊거나, 부인하거나, 투사하지 않고 그 순간에 건강한 방식으로 관계하는 것처럼 보였기 때문이었다. 이때 부모는 자녀가 자아를 발전시키도록 격려하지만 얼마 지나지 않아 그런 자녀에게 노골적으로 화를 낼 수도 있다. 혹은 방해를 하거나 무시하는 방식으로 자녀들을 좌절시킬 수도 있다.

지금은 50대인 메리는 어머니가 때때로 자신에게 더 외향적인 사람이 되라고 격려하던 일을 기억했다. “넌 왜 친구가 없니?” 어머니는 잔인하게 묻곤 했다. “좀 더 노력할 필요가 있어.” 15-16세에, 메리는 같은 학교의 친구 몇 명과 친하게 되었다. 친구들 집에서 자겠다고 하면 엄마는 메리가 ‘늘 붙어 다니는 여자애들도’ 모자라서 남자애들과 늦게까지 놀려고 거짓말 하는 거라고 비난하곤 했다. 엄마는 메리를 친구 집까지 태워주는 것을 거절했는데 그때마다 이렇게 말했다. “걔들이 널 좋아하니까 걔네한테 태워달라고 해.”

메리는 여전히 엄마의 모순된 행동을 이해할 수 없다. “해도 혼나고, 안 해도 혼날 거예요. 엄마가 친구 얘기는 안 했으면 좋겠어요. 엄마는 제가 친구 사귀는 걸 진심으로 원치 않았어요. ‘좋은 엄마’는 자식을 격려해야 한다는 걸 알고 있을 때도 있었겠지만, 엄마는 친구가 엄마와 저의 관계를 위협한다고 생각했어요. 저를 비난하고, 친구들과의 관계도 망치는 엄마의 모습은 잔인할 정도였어요. 경계선 성격장애에 대해 머리로는 이해하지만, 30여 년이 지난 지금 엄마가 왜 그랬는지 이해할 수 없어요.”

경계선 성격장애 특징이 있는 사람들은 하나의 위기에서 다음 위기로 옮겨가는 것처럼 보인다. 그들은 체계적이지 못할 수도 있다. 집은 정리되지 않고, 더럽거나 혹은 완전히 그 반대일 수 있다. 경계선 성격이 있는 부모의 성인 자녀들은 항상 위기가 있었고, 위기가 없으면 부모가 자녀에게 시비를 걸어 격렬히 화를 내거나, 건강하지 못한 관계를 시작하거나, 배우자와 헤어지거나(그러나 금방 화해를 청할 가능성이 매우 높음) 하는 방식으로 위기를 만들거나 찾는 부모의 모습을 기억했다.

인지적으로 왜곡하거나 이상화와 투사를 통해 실제를 다르게 지각하기 때문에, 경계선 성격이 있는 부모는 자신을 실제와는 다르게 본다. 무관심하거나 잔인할 때조차 자신은 남을 배려하고 보살핀다고 여기며, 스스로를 완벽한 부모, 주부, 혹은 부양자라고 보기도 한다. 그들은 자신의 실제 행위가 주변 사람들에게 얼마나 영향을 미치는지 혹은 그러한 왜곡으로 인해 자녀는 얼마나 혼란스럽고 혼돈스러운지 알지 못한다.

영향: 현실로부터 도피

경계선 성격장애 부모를 예측하기 어렵기 때문에 자녀는 침실, 옷장, 혹은 자신이 창조한 다채로운 상상의 세계로 도망치곤 한다. 성인 자녀들은 잃어버린 기억 덩어리(chunk)를 떠올리고, 어릴 때 도대체 무엇을 했는지 스스로 기억하지 못한다. 그들은 몇 초 혹은 몇 시간 동안 멍한 상태에 빠지기도 한다.

"아주 다정하지만(all loving)" 때로는 "수류탄을 지니면서 언제 안전핀을 뽑을지 알 수 없는 사람처럼 소리치고, 비명지르고, 격렬하고, 화나고, 격분한 사람" 사이를 왔다 갔다 했던, 경계선 성격이 있는 어머니 밑에서 자란 한 여성은 자신의 분열(dissociation)이 어머니의 폭발에 대해 지속적으로 두려워하며 성장했기 때문이라고 말했다. "저는 감정을 얼려버렸죠. 나 자신이 느낄 수 없도록 했어요. 주된 대처 방식은 '난 여기 있지 않아'라고 말하는 것이었죠. 학교에서 일어난 많은 것들을 놓칠 정도로 그렇게 했어요. 제 유년시절의 많은 부분은 텅 비어 있죠."

이제 그 여성은 과거에 그랬던 것만큼 상상 속에(in her head) 살지 않고 자신이 어디 있으며 무엇을 하는지에 대해 좀 더 유념하고 있다. 그래도 그 분열로 인해 남편과 자주 싸우곤 한다. 물건을 엉뚱한 곳에 놓거나, 집에서 할 일들을 잊고, 함께 있지만 곁에 없는 느낌을 주기 때문에 남편은 절망하곤 한다.

성인 자녀들은 상황과 사람을 이상화하는 경향이 있으며, 공상이나 백

일몽에 잠길 수도 있다. 눈앞의 실체를 보는 것이 아니라 실체를 감춘 동화를 본다. 때로는 어릴 때 자신이 바랐던 가정과 가족관계의 모습을 본다. 혹은 경계선 성격이 있는 부모가 이상화하고 투사했던 것("이것이 네게 있어야만 하는 가족의 모습이야…")을 볼 수도 있다. 성인이 되어, 이러한 이상화는 친구, 아들과 딸, 배우자와 같은 타인들에게 비현실적인 요구를 함으로써, 그리고 관계에 대해 비현실적인 기대를 함으로써 분명히 나타날 수 있다. 완벽함을 기대하지만, 그 어떤 것도 그 누구도 완벽하지 않다 보니 결국 실망한다.

학대와 유기

정서적 잔인성, 가혹한 육체적 폭력, 또는 유기를 겪으며 살았다고 말하는 성인 자녀들도 있다. 52세 로슬린은 고등학교 때 제대로 먹지 못하고, 병원도 못 가고, 낡은 옷만 입고, 욕설과 구타를 당하며 살았던 자신을 "야생(feral) 아이"로 묘사했다. 식사 준비를 제대로 하지 않거나, 늦잠을 자거나, 구토를 하거나 하는 사소한 일로 심하게 맞았던 것을 회상하는 사람도 있다. 그들은 어릴 때 부모의 증오와 분개를 경험했고, 왜 부모가 자신을 낳았는지 궁금해 했던 기억이 있다.

경계선 성격장애자들이 물질 남용, 자해, 충동적 행동을 흔히 보인다는 점을 고려할 때 부모가 되었어도 음주, 마약, 성중독, 절도, 도박이 양육의 책임보다 우선했을 것이다. 41세 이블린은 10대 때 했던 자살 시도를 기억했다. 어머니가 바륨(신경안정제)이 없어졌다고 몹시 화를 내며 방에 들이닥쳤을 때 이블린은 약을 먹고 정신이 혼미한 채 방바닥에 누워 있었다.

또한 경계선 성격장애자들은 심각한 유기불안이 있고, 자기감이 약하기 때문에, 정서적으로 미숙한 사람에게 끌리는 경우가 많다. 부모 중 한 사람이 경계선 성격이 있는 경우, 다른 한 사람은 맞서지 못하고 극도로 상호의존한다. 혹은 극도로 자기애적인 경우도 있다. 이런 부모에게서 양육된 아이는 자신의 정서적 욕구만을 좇는 부모에 의해 정서적으로 버림받는다.

영향: 외상후 스트레스와 만성 질환

언어적, 정서적, 육체적 혹은 성적 학대를 당하면서 양육된 성인 자녀들은 원가족을 떠난 몇 년 후에도 외상후 스트레스장애(PTSD)로 고통받을 수 있다.

33세 여성으로 현재 기혼이며 건축가인 모리아는 경계선 성격장애 엄마와 집에 잘 들어오지 않았던 아버지 밑에서 자랐다. 아버지는 엄마가 하라는 대로 했고, 세 아이와 관련된 문제도 엄마의 의견을 따랐다. 심리치료자는 모리아가 20대 후반일 때 PTSD 진단을 내렸다. 가족에 대한 괴로운 악몽을 꾸어 왔었는데, 대개 꿈속에서 엄마에게 소리지르다가 깨곤 했다. 18세 이후로는 부모와 같이 살지 않았지만 모리아는 엄마에 의해 오랫동안 억압된 격렬한 분노를 여전히 느낀다고 말했다. 악몽을 꾸는 일 말고도, 모리아는 정서적으로 무감각하게 느꼈으며, 과다 각성 상태이거나, "공격(육체적, 정신적, 혹은 정서적)"을 암시하는 다른 사람의 극히 작은 단서와 신호를 끊임없이 예상했다. 모리아는 그럴 때 그 누구도, 이제는 남편도 믿을 수 없었다. 쉽게 놀라고, 갑작스런 소음이나 움직임에 벌떡 일어서곤 했다. "어릴 때 신체적으로 학대받은 적은 전혀 없지만, 성인이 될 때까지 거의 언제나 긴장해 있었어요. 남편이 가까이 다가오면 저는 경직되거나 놀라곤 했죠. 다정한 모습이라는 것은 알지만 전 그게 싫었어요.

어떤 신체적 접촉도 어려웠어요. 저의 성생활은 생각도 하기 싫네요."

부모로부터 신체적, 정서적 학대를 받고 살았던 일부 성인 자녀들은 그 학대가 과민성대장증후군(IBS), 섬유근육통, 천식, 편두통, 그리고 다른 자가면역 및 스트레스 관련 장애 등의 신체적 질환으로 나타난다고 보고 한다.

경계 침해

경계선 성격장애가 있는 사람들은 자신과 다른 사람들 사이의 경계를 정하는 데 어려움을 느낀다. 아이가 의도적이든 아니든 자신을 주장하거나, 자신과 부모 사이에 경계를 두려고 할 때마다 경계선 성격이 있는 부모는 거부당했거나 버려진 느낌을 받는다.

경계선 성격이 있는 부모의 경계 침해는 신체적 혹은 성적 학대로 나타나기도 한다. 욕실이나 침실에 노크를 하지 않고 들어가는 것과 같은 사적 공간 침해나, 아이의 사생활이나 소유에 대한 권리를 존중하지 않는 것(예를 들어, 일기를 읽거나, 묻지도 않고 아이의 소유물을 버림) 등이다. 부모가 아이의 사생활에 대해서 자세히 묻거나, 스스로 말하지 않은 것까지 알려고 할 때 아이의 정서적 공간의 경계를 침해하는 것이다.

23세 캐서린은 어머니가 자신을 딸이라기보다는 친구처럼 대했던 것을 기억했다. 캐서린의 엄마는 자신의 성생활과 외도까지도 캐서린에게 말하고는 아버지에게 비밀로 하라고 했다.

34세 마이클은 이혼한 아버지 집에 다녀오면 엄마가 "너무나도 많은" 질문을 하던 일을 기억했다. 마이클이 커서 데이트를 하고 집에 돌아왔을 때에도 엄마는 너무 많은 질문을 해 댔다.

관계에 말려듦

경계선 성격이 있는 부모는 타인과의 관계에서 자기감이 분명하지 않기 때문에 관계에 말려들거나 혹은 정서적으로 얽히는(entanglement) 일이 흔하다. 경계선적 특징이 있는 자녀를 또 하나의 자신이라고 여겨서, 자녀가 자신이 좋아하는 옷을 입거나, 자신과 같은 의견을 갖거나, 배우자나 가족 누군가와 의견이 다를 때 자신의 편에 서기를 기대한다.

부모는 자신의 배우자, 조부모, 형제자매, 친구, 심지어 애완동물과 자녀와의 관계도 질투할 수 있다. 22세 낸시는 엄마가 "알겠어. 방에 가서 그 더러운 개에게나 우는소리를 해"라고 말하던 일을 회상했다. 32세 킴은 엄마가 자신과 언니를 지속적으로 비난하던 일을 기억했다. "너희들이 한 패가 되어 엄마인 나에게 대들고 있구나." 경계선 성격장애가 있는 사람에게 인생이란, 특히 사랑이란 문제에 있어서, 가져갈 몫이 충분하지 않은 것처럼 보인다. 즉, 제로섬 게임이다. 그 사고 과정은 "아버지를 사랑하면, 나를 사랑할 수 없어" 또는 "다른 누군가와 시간을 보내고 싶다면, 나를 버리는 거야. 다른 사람과 관계를 맺는다면, 나에게 충실하지 않은 거야"라고 생각하는 것처럼 보인다.

경계선 성격장애가 있는 엄마를 둔 34세 리사는 엄마로부터 분리하려 애쓰던 시간을 기억했다. "엄마는 마치 동그란 구멍 안에 들어가려는 네모난 못 같았어요. 제 인생 내내 엄마는 저와 함께 동그란 구멍 안으로 들어가려 했던 거예요. '저는 네모난 못이 아니라고요!'라고 말하고 싶었어요. 엄마가 맘에 들어 하는지를 아는 것이 저에겐 가장 중요했어요. 저와 엄마는 하나였어요." 리사의 엄마가 아버지와 이혼하고, 다시 의붓 아버지와도 이혼했을 때, "난 이혼했어"라고 말하기보다 "우린 이혼했어"라고 말하던 일을 리사는 기억했다. 그 일은 수많은 예들 중 하나일 뿐이었다. "그 일은 자존감과 정체성을 앗아가 버렸어요. 저는 엄마를 위해 존재했던 거죠. 제 자신으로 존재하려고 할 때마다 엄마는 저에게 화를 냈어요."

37세 메이시는 자신이 10대 때 할머니 장례식에서 눈물을 터트리자 아버지가 놀란 표정을 지었던 일을 기억했다. 아버지는 자기 딸이 애도하는 데 대해, 또한 자신이 차분한 순간에 딸이 감정을 가지고 표현하는 데 대해 놀라 말을 못하는 것처럼 보였다.

영향: 살얼음판 위를 걷기

아이들은 소리나지 않게 걷고, 부모를 화나게 하는 행동은 가능한 하지 않고, 부모가 타인과의 관계에 대해서 화내지 않게 하려면 될 수 있는 대로 다른 사람을 만나지 말아야 한다고 배운다. 자녀들은 가능하면 집 밖에서 시간을 많이 보내고, 난잡하거나 다른 충동적인 행동에 관여하면서 반항하기도 한다.

어릴 때, 혹은 성인이 되어서까지 부모와 경계가 없는 관계를 경험했기 때문에, 경계선 성격이 있는 부모의 자녀는 부모와 관계를 유지하는 동안에는 삶을 독립적으로 살 수 없다고 느낀다. 자신의 삶에서 일어나는 일들이 부모의 두려움과 불안을 촉발하면 지속적으로 격분과 파국이 있었다고 회고했다. 예를 들면, 성인 자녀가 결혼하거나, 배우자에게 헌신하거나, 아이를 가지면, 부모가 어떤 방식으로든 간섭할 것 같은 두려움을 느꼈다.

50세의 니타는 그것을 놀라울만큼 간단하게 말했다. "때로는 죄책감으로 내 자신이 괴물같이 느껴지기도 했지만 사실 엄마가 죽기를 바랄 때도 있었어요. 내가 자유를 느낄 수 있는 유일한 방법이었으니까요."

성장하는 동안 경험한 경계 침해 때문에 성인 자녀들은 타인과의 관계에서 경계를 찾고, 적절한 한계를 설정하는 데 어려움을 느낀다.

무효화

경계선 성격이 있는 부모의 아이들은 드러나지 않거나, 드러난 무효화를 경험하기도 한다. 감정은 경시되거나 무시되며, 혹은 자신의 지각이 잘못되었다고 배운다. 어떤 성인 자녀는 자신이 감정을 표현하려고 할 때 부모에게 방해를 받았고, 무슨 일이 생기든 자신의 잘못임을 뜻하는 말("그래, 이런 일이 생기도록 넌 뭘 했니?")을 자주 들었다고 기억했다. 질문을 받고 대답하면 대답이 잘못되었다고 부모가 화를 내던 일도 기억했다.

성인 자녀들은 정보를 밝히거나 감정을 공유하고자 할 때 흔히 들었던 대답도 기억했다. "넌 실제보다 더 나쁘게 말하고 있어." "넌 이해하지 못해." "넌 그게 어떤지 몰라." "넌 ~을 인식하지 못해." "네 또래 여자애들/남자애들은 (슬프다고, 무섭다고, 화난다고 등) 느끼지 않아."

영향: 자신을 믿지 못함

아이들은, 나중에 어른이 되어서도 자신의 판단을 믿지 못하게 된다. 그들은 자신의 결정을 스스로 의심하고, 뭔가 놓친 것이 없는지 궁금해 한다. 자신이 오해하고 있다고 들어왔기 때문에, 자신의 감정이 정확히 무엇인지를 아는 것이 어렵다. 어릴 때부터 자신의 욕구보다 부모의 욕구를 먼저 생각하지 않는다고 야단을 맞았기 때문에, 자신의 감정을 느끼고, 자신의 생각을 하고, 자신이 원하는 것을 하는 것에 대해 엄청난 죄책감을 느낀다.

역할 반전

경계선 성격이 있는 부모의 아이들은 종종 부모화된다. 즉, 자신의 형제자매나 부모를 돌보는 사람(caretaker)이 되는 것을 배운다. 장난치고 철없는 아이처럼 느꼈던 시간을 회상하기 어렵다. 어릴 때 자신이 해야 할 일의 목록을 기억하는 사람도 있는데, 침대 정리, 방 청소, 쓰레기 버리기와 같이 어린아이에게 맞는 "해야 할" 일이 아니라 지하실 청소, 가족의 식사 준비, 조경, 가족들의 빨래와 같은 일이었다. 돈벌이를 하거나, 돼지저금통을 깬 돈으로 옷을 사야만 했다.

30세 비비안은 5살 때 개에게 물린 이후로 개를 무서워했지만, 자신을 물었던 그 개를 따라다니며, 집 마당을 매일 청소해야만 했다고 회상했다.

28세 후안은 어릴 때 아이를 보거나, 청소를 하곤 했는데 어느 날 집을 청소하고 장식하라는 지시를 기억했다. 알고 보니 그건 자신의 10살 생일파티를 위해서 엄마가 사람들을 초대했기 때문이었다.

자살을 시도하거나 물질 남용 문제가 있는 부모로 인해, 약병을 감추거나, 119를 부르거나, 술 취한 어른을 침대에 눕히는 일까지도 책임졌던 어린 시절을 기억하는 성인 자녀도 있다.

43세 에드는 약 8살 때부터 엄마가 심한 숙취로 출근을 하지 못할 때마다 엄마가 자기를 대신해서 회사에 전화하라고 시켰던 일을 기억했다.

영향: 다른 모든 이가 우선

아이처럼 행동하지 않고 부모화되어 버린 아이들은 일찍부터 자신과 타인을 책임지도록 배운다. 관심을 끌지 않게 행동하고 다른 이들이 중앙무대를 차지하도록 한다. 이는 성인기까지 계속되는데, 성인 자녀들은 타인의 욕구를 자신의 욕구보다 우선시하고, 누군가의 돌봄과 관심을 받아들이기 어려워한다. 이들은 행복하고 만족하다고 느끼기 어렵고, 애 늙은이처럼(어릴 때도 그랬듯이) 보일 수 있다. 그들은 해결사와 양육자라는 역할을 쉽게 떠맡는다. 친구들은 그들에게 의지하고, 사람들은 그들에게 문제를 털어놓는다. 그들은 다른 사람을 도움으로써 목적과 가치감을 느낀다.

겉모습이 전부

경계선 성격이 있는 부모의 손상되기 쉽고 변하기 쉬운 자기감으로 인해, 성인이 된 자녀는 물질적인 것을 중시하고, 남에게 뒤지지 않으려 애쓰곤 한다.

일라나는 엄마가 월급이 넉넉치 않아서 거실 가구는 바꾸지 못해도 고가의 최신형 자동차는 구입했었다고 회상했다. 빚은 계속해서 늘어났지만, 엄마에게는 그런 지위의 상징이 중요했다.

로베르토의 아버지는 매달 카드 대금을 갚을 돈이 없다고 불평하면서도 최고급 가전제품을 사곤 했다.

자기감이 불안정하고 경계선 성격이 있는 부모는 재력과는 상관없이 이상적이고 행복한 가정을 이루었다는 증거로 보석, 의류, 기타 과시적인 물건들을 구입한다. 무조건적 사랑, 돌봄과 양육, 개방적인 의사소통보다는 자신의 형편이 다른 사람에게 어떻게 보일까가 중요했다. 값비싼 승용차, 훌륭한 직업, 복종적인 자녀, 잘 꾸민 애완동물, 잘 관리된 마당이 필요한 것이다.

영향: 물질만능주의와 자기 부인

성인 자녀들 또한 겉모습을 과도하게 중시하고, 지위, 계급, 소유물, 출신 대학, 타고 다니는 차, 만나는 사람 등을 통해 타인을 판단하라고 배웠다. 자녀들도 부모와 같은 높은 물질적 기준을 지니고, 최신의 것, 가장 큰 것, 가장 비싼 것을 가지지 않으면 스스로에 대해 기분이 좋지 않을 수 있다. 혹은 그와는 반대로, 그럴 자격이 없다고 느끼기 때문에 자신에게 새롭거나 좋은 물품들을 허용하지 않을 수도 있다.

캐롤린은 작년에 40세 생일이 되어서야 남편이 준 온천 이용권과 고급 백화점 상품권을 죄책감 없이 자신을 위해 쓸 수 있게 되었다고 말했다. "그전까지 저는 옷장에 있는 아무 옷이나 입고 중고품 상점에서 쇼핑하는 것이 편안했어요. 이제야 나를 위해 무언가 좋은 것을 사고 가끔은 마사지를 받는 것도 괜찮다는 것을 깨달았죠. 그전에는 나는 그런 대우를 받을 자격이 없다고 느꼈어요."

예민한 지각

경계선 성격장애가 있는 사람은 타인의 얼굴 표정, 신체 언어, 목소리 어조를 포함한 외부의 자극에 대해 과민하게 반응할 수 있다. 성인 자녀들은 몸에서 악취가 나거나 입 냄새가 난다고 들었고, 이를 닦거나, 자주 샤워하거나, 신제품 땀 억제제를 사용하거나, 마늘을 그만 먹어야 한다는 말을 들었다고 말한다.

주변에 대한 이러한 예민함은 경계선 성격장애가 있는 사람들이 흔히 느끼는 불안과 관련이 있다. 그들은 종종 군중, 개방된 공간, 짧은 순간이라도 홀로 있는 것, 다치거나 어리석어 보이는 것, 일자리를 잃는 것, 운전

등 많은 것을 두려워한다. 흔히 타인이 자신을 음해하려 한다고 의심하거나 비난한다. “넌 나를 조종하고 있어” 또는 “넌 내가 행복해지기를 원하지 않아”와 같은 불평은 드물지 않다. 경계선 성격이 있는 부모에게 삶이란 주변 사람들이 악의로 설치해 놓아서 늘 조심해야만 하는 지뢰밭으로 보일 수 있다.

영향: 남의 시선을 의식하기와 완벽주의

성인 자녀들은 자신의 신체적 외모, 행동, 정서에 대해 수줍어하고 남의 시선을 의식하도록 배웠다. 그들은 무엇을 하든 결코 충분하지 않았기 때문에 완벽주의로 흐르는 경향이 있을 수 있다. 그리고 자신의 생각과 감정에 대해 죄책감을 느낄 수 있다.

투사

경계선 성격이 있는 부모는 감정을 자신의 것으로 받아들이지 않으려고 그 감정을 자녀(또는 타인)에게 투사할 수 있다. 예를 들어, 경계선 성격장애가 있는 사람이 식료품점에서 쿠폰을 잘라 계산원에게 준다. 그녀는 뒤에서 기다리는 다른 쇼핑객의 짜증이나 연민의 눈길을 의식한다. 그 쇼핑객이 실제로 짜증을 냈든 아니든(혹은 안쓰럽게 느꼈든 아니든) 이제 그녀는 계산이 지체되는 것이 당황스럽고 미안하다고 느낀다. 집에 도착해 딸이 빨래하는 것을 본다. “비누를 더 넣어.” 엄마가 지시한다. “넌 왜 그렇게 째째하니?” 실제로 그녀의 잠재의식 속에 흐르는 생각은 ‘내가 째째하다고 느끼지만, 그러한 감정을 수용하는 것 보다 네가 그렇다고 믿는 게 더 편안해’이다.

경계선 성격이 있는 아버지는 10대 아들인 보에게 제대로 된 아버지가 될 수 없으니 평생 총각으로 살아야 한다고 말했다. 보가 30대 중반이 되어서 결혼을 계획하고 예비신부와 가족 계획을 논의했다. 처음에 그는 아이를 결코 원치 않는다고 말했지만, 약혼녀는 그가 아이들에게 잘하고 즐거운 시간을 보내는 것으로 보인다고 말했다. 보는 조카들과 보내는 시간을 소중히 여겼다. 축구 코치를 했고 교회 청년부에서도 활동했다. 생각하면 할수록, 언제나 아이들과 함께 하기를 좋아한다는 걸 알았지만, 머리 속에서 맴도는 것은 아버지에게서 들은 말이었다. 보는 깨달았다. "이런 삶과 상관없는 사람은 바로 아버지야. 아버지야말로 결코 아이를 낳지 말아야 할 사람이었어."

영향: 분노와 약한 자기감

부모가 투사를 하기 위한 화면이었던 성인 자녀들은 부모가 자신의 생각과 신념을 계속해서 무시했던 것에 대해 강렬한 분노를 느낄 수 있다. 그들은 잘 정의된 자기감이 부족할 수 있는데, 왜냐하면 누군가가 자신의 관점을 자녀에게 덧붙이고, 그것이 정말로 자녀가 믿거나 원하는 것이라고 말할 때 자녀는 진정으로 자신이 누구인지 알기 어렵기 때문이다.

우리가 아는 것

알코올 중독, 우울 또는 일반적인 정신병이 있는 부모가 자녀에게 미치는 영향을 확인하기 위해 수많은 연구들이 행해져 왔지만, 경계선 성격장애에 초점을 맞춘 연구는 많지 않다. 1996년 캐나다 정신의학지에 출판

된 한 연구는 경계선 성격장애[4] 엄마를 둔 자녀 21명과 비경계선 성격장애 엄마를 둔 자녀 23명을 대상으로 수행되었다. 연구결과 경계선 성격장애 엄마를 둔 자녀의 경우 정신의학적 진단, 충동조절장애, 경계선 성격장애 위험이 더 많았음이 발견되었다(Weiss et. al, 1996).

역기능적 원가족이 성인 자녀에게 미치는 영향도 이와 매우 유사한 것으로 확인되었다(Rubio-Stipec et al, 1991). 이러한 영향들은 다음과 같다.

- 우울 위험 증가
- 자살 시도
- 약한 자존감
- 사회불안
- 친밀감 관련 문제들

"빙빙 돌아라(Ring around the Rosie)" 게임에서 노래하는 아이들이 모두 넘어지는 것처럼 성인 자녀들은 자신도 넘어지는 것처럼 느낀다. 어릴 때는 실패했다고 느끼고, 결점이 있거나 결함이 있다고 느낀다. 그들은 성인이 되어서도 어릴 때 느꼈던 것처럼 느낀다.

자신이 이룬 성취 혹은 관계와 상관없이, 기본적인 수치감과 고집 센 완벽주의에 대해 이야기하는 사람도 있다. 매리언은 자신이 정말 정서적으로 친밀한 관계를 맺을 수 있을지, "세상에서 숨 쉴 공간"이 주어진다고 느낄 수 있을지 궁금해 하며 인터뷰 내내 눈물을 흘렸다.

---

4) 이 연구에서는 경계선 성격장애 진단을 받은 엄마들을 대상으로 수행되었기 때문에 '경계선 성격이 있는 엄마'가 아니라 '경계선 성격장애 엄마'로 기술함.

애착의 유형

경계선 성격이 있는 부모가 자신의 아이들에게 지속적으로 끼친 영향은 정신과 의사인 존 보울비(1969)와 다른 사람들이 정의한 불안정 애착 유형과 관련된다. 아이들이 언어를 말하거나 이해할 수 있기도 전에 영향력이 미쳐서, 이후의 삶에 설명하기 더욱더 어려운 결과를 낳는다. 부모나 보호자(caretakers)에 대한 애착 유형은 사춘기 후반을 거쳐 계속 발전하여 평생 동안 그들에게 영향을 미친다.

애정에 대한 욕구에 호응해 주는 가족 안에서 자랄 때 아이들은 타인들과 관계를 형성할 능력이 있다는 자신감을 갖게 된다. 또한 자신이 안락과 친절을 누릴 자격이 있다는 사실과 타인은 자신을 지원하기 위해 있다는 사실도 배운다. 신뢰를 배우고, 어려운 시기에 어떻게 도움을 요청하는지 배우며, 애정에 대한 욕망을 설명하고 찾는 법을 배운다. 아이들은 어려운 상황에 대해서도 낙관적인 관점을 지닌다.

불안정 애착

불안정 애착은 일관성이 없거나 학대적이며 정서적으로 자신의 욕구와 불안정에 사로잡힌 부모 밑에서 자라는 아이에게서 나타난다. 아이들은 가용한 안전망에 대한 신뢰가 거의 없어서 타인들로부터 지원과 돌봄을 받고 싶은 자신의 욕구를 부인한다. 일찍부터 자신과 형제자매를 돌보는 경우가 많으며, 타인들을 가까이하거나 신뢰하는 것을 배우지 못한다.

불안정한 애착유형으로 인해 자녀는 스스로를 의심하고, 주장해도 되는지 자신이 없으며, 어떤 선택을 하거나 스스로를 돌보거나, 타인에게 다가갈 때 주저한다. 부모 관계에서 경험한 불일치와 불안정으로 인해 성인이 되어도 자녀는 타인의 동기를 신뢰하지 못하고 숨은 의도를 경계하며 자신의 정체성, 판단, 무조건적으로 수용되고 사랑 받는 것에 대한 가치를 확신하지 못한다. 이는 친척, 직장동료, 친구, 배우자와의 관계에도 영향을 준다.

맹목적 수용

성인 자녀가 자신을 의심하는 일은 대부분 아주 뿌리가 깊어서 성인 자녀 자신은 이를 의식적으로 깨닫지 못할 수 있다. 주의가 환기되었을 때조차 자신의 아동기 경험 때문임을 이해하지 못한다. 대부분의 사람들에게 있어서 원가족은 자신이 알던 유일한 현실이므로 완전히 정상적으로 보이고 다른 관계와 상호작용을 측정하는 기준이 된다. 그리고 완전히 "정상적"이지 않다거나, 그들이 아이로서 또는 성인으로서 행복하지 않았다는 것을 깨닫는다고 해도 상황이 어떻게 달라질 수 있을 것인지에 대해서 잘 모를 수 있다.

이상적 관계

아이들은 부모가 보호를 제공할 것이라 믿고 싶어 하며, 부모는 보호를 제공할 필요가 있다. 부모가 자신을 돌볼 능력이 없다는 것은 생각할 수 없는 일이다. 부모가 말하는 것이 논리적이고, 정직하며, 자녀의 이익을 위한 것이라고 믿을 필요가 있다. 경계선 성격이 있는 부모와 매우 가깝게 느꼈던 성인 자녀들이 많으며, 부모와의 관계는 건강했다고 말한다. 그 시기를 "좋은 세월"이라고 기억하는 사람들도 있는데, 사실은 자신이 부모와의 관계를 이상화했음을 깨닫는다.

좋은 세월이 있지 않았다는 것을 말하려는 게 아니다. 아마도 그 좋은 세월이란 아이가 부모와 경계를 두지 않아서 부모로부터 위협받거나 거부당한다고 느끼지 않을 때였다. 이상화된 관계는 존 브래드쇼가 그의 저서 『사랑 창조하기(Creating Love)』에서 언급한 최면상태 같은 것일 수도 있다. "우리가 성장하는 곳을 정상이라고 보기 마련이다. 아동기는 우리가 숨쉬는 공기와 같아서 우리는 그것을 당연시 여긴다(1992, p. 24)."

사람들은 가족관계나 가족 구조 안에서 행하는 역할에 대해 의문을 가질 수 있다는 사실을 깨닫지 못하는 경우가 많다. 가족은 하나의 사회체계로서 역할이 있는 구조를 필요로 한다고 브래드쇼는 설명했다. 기능적 가족의 경우 역할은 융통성이 있어서 환경, 외적 요구, 가족구성원의 욕구에 따라 이해할 만하고 어느 정도 예측 가능한 방식으로 달라진다. 역기능적 가족의 경우 역할이 경직되고 예측 불가능한 경향이 있는데도 도전받거나 검토되지 않고 흘러가는 경우가 많다.

건강한 자녀를 키우기 위한 여섯 가지 씨앗

자녀를 키우는 것이 엄청나게 어려우면서도 보람찬 일이라는 데는 의심할 여지가 없다. 어떤 부모도 완벽하지 않다. 누구나 인내심이 부족하고, 생각 없이 반응하며, 지나고 나서야 후회하는 경우도 있다. 건강한 가족의 경우 이런 경우가 상대적으로 매우 드물고, 있다고 해도 부모는 그런 일들을 고심하여 논의하며, 자녀에게 사과하기도 한다. 부정적인 사건은 자녀를 위한 긍정적인 가족역동 모델을 만드는 기제로 사용될 수도 있다.

그러나 경계선 성격이 있는 부모의 경우 이러한 씨앗을 자녀에게 지속적으로 뿌리기가 매우 어렵다. 자녀는 부모에게서 씨앗을 받지 못했거나, 어릴 때 부모가 이런 모습을 보여주지 않았기 때문에 적절하고 건강한 판단기준이 없다. 그리고 취약한 자기감으로 인해 도움을 요청하거나 자신의 결점을 수용할 수도 없다.

육아 문제를 무시하지 않으면서, 건강하고 자신감 있고 잘 적응하는 자녀를 기르는 기본원칙들은 사실 꽤나 간단하다. 아이들은 지지, 존중과 수용, 발언권(voice), 무조건적인 사랑과 애정, 일관성, 안전(security)이 필요하다.

지지

아이들은 부모나 보호자가 뒤에서 정서적으로 응원하고 있으며 성공할 수 있다고 믿고 있음을 알아야 한다. 아이가 부모를 지지할 거라고 기대하거나, 부모와 동등한 어른 혹은 가장 가까운 동맹자나 친구라고 생각해서는 안 된다.

존중과 수용

아이들은 자신이 고유한 가치를 지니고 있고, 세상에서 신체적·정신적·정서적 공간을 차지할 권리가 있으며, 그 공간은 안전하고 인정받고 침범당하지 않으리라 기대해도 좋다는 사실을 알 필요가 있다.

발언권

아이들은 누군가가 자신의 말에 경청해서, 자신의 주변 상황을 어느 정도 통제할 수 있다는 자신감이 서서히 생기도록 하는 힘(agency)과 자율감(autonomy)을 필요로 한다. 자녀들에게 힘과 발언권을 갖게 하는 부모는 자녀들의 의견과 욕구를 소중하게 여기며 그들의 감정을 공감할 수 있다. 부모 타당화를 하는 것이다. 즉, 아이가 부모의 세상으로 들어오기를 기대하는 것이 아니라 부모가 아이의 세상으로 들어간다(Grossman, 2003).

무조건적인 사랑과 애정

아이들은 자신이 사랑받고 있고, 자신이 누구인지, 무엇을 하는지, 어떻게 행동하는지, 어떻게 입는지, 신체적 외모와 정신적 능력이 어떤지, 타인이 자신을 얼마나 좋아하거나 사랑하는지 등에 상관없이 사랑받을 것임을 알 필요가 있다. 또한 누군가가 포옹하고 껴안고 사랑한다고 말하는 것과 같은 애정을 필요로 한다.

일관성

건강한 아이를 위한 가장 중요한 씨앗 중 하나는 일관성이다. 일관성 있게 양육된 아이들은 자신감과 안도감을 배운다. 세상에는 어떤 질서가 있다는 것, 약속은 지켜지고 규칙은 준수된다는 것을 알 때 아이는 안전하다고 느낀다. 부모는 월요일에 괜찮다고 해 놓고 화요일이나 목요일 혹은 일요일에, 혹은 자신이 피곤하거나 기분이 좋지 않을 때 아이를 혼내서는 안 된다.

안전

아이들은 음식, 옷, 거처, 정서적 지지, 사랑을 받는 데 대해 안전감과 안심을 느껴야 한다. 이러한 일관성이 있을 때 아이들은 안도감을 느낀다.

멈추어 생각하기: 여섯 가지 씨앗

여섯 가지 씨앗(지지, 존중과 수용, 발언권, 안전, 무조건적인 사랑과 애정, 일관성) 중 부모가 제공했던 경험 두세 가지를 떠올려 보라. 그때 어떤 상황이었는지, 당신이 느낀 정서는 무엇이었는지, 당신 자신에 대해서 알게 된 것은 무엇인지 적으라.

이번에는 여섯 가지 씨앗 중 부모가 주지 않았던 경험 두세 가지를 생각해 보라. 이는 당신이 무엇 때문에 부모님께 혼났지만 모욕으로 느낀 경우일 수도 있고, 부모에게 속마음을 털어놓았으나 감정이 무시당한 경우일 수도 있다. 혹은 이걸 하라고 하다가 곧이어 다른 것을 하라고 하지만 부모는 그 어떤 것도 원하지 않았던 경우가 될 수도 있다. 혹은 굴욕을 당하거나 학대를 받았을 수도 있다. 그때의 상황, 느꼈던 감정, 이후 그 사건을 스스로에게 어떻게 설명했는지를 적으라. 당신은 그 경험에서 무엇을 알게 되었는가?

이 모든 일 혹은 그와 유사한 일이 안전감, 독립심, 가치감, 사랑받는 느낌을 발달시키는 데 어떻게 영향을 주었다고 생각하는가? 이러한 일이 당신의 자기감에 어떻게 영향을 주었는가?

어떻게 회복하는가

힘든 과거를 회상하는 것과 그것이 어떻게 자신의 발달과 현재의 삶에 영향을 주었는지를 알아보는 것은 고통스러운 일일 수 있다. 앞으로 나아가는 것이 때로 압도적으로 보일 수 있지만, 인간은 놀라우리만치 회복력 있는 생물이다. 당신을 지금까지 버틸 수 있게 해 주었고, 당신이 가진 모든 것을 성취하게 해 주었던 강점과 자질을 스스로 믿는 것이 중요하다.

간단히 말하면, 회복력은 역경을 극복하는 능력이다. 사회적 지능(타인들과 상호작용하는 능력), 호감도, 적응성, 기분안정성, 부모 이외의 건강한 지지자들, 호기심, 육체적 건강을 포함한 많은 요소들이 회복력을 발전시킨다.

멈추어 생각하기: 회복력을 만드는 것들

자신이 아이로서 경계선 성격이 있는 부모를 극복하기 위해 가장 많이 의지했던 특성들을 표시하라. 그때 그 특성들을 어떻게 사용했고, 지금은 어떻게 사용하고 있는지를 일기장에 적어 보라.

___ 적응력

새롭거나, 변화하거나, 어려운 상황에 비교적 용이하게 적응한다.

___ 자신감

최소한 몇 가지 삶의 중요한 영역에 자신감을 느끼며, 자기 존중감을 지니고 있다.

___ 호기심

주변 세계에 대해 타고난 호기심과 흥미를 가지고 있다.

___ 관계

타인과 관계를 맺고, 지지를 주고받을 수 있는 능력이 있다.

___ 유머

어떤 상황에서든 유머를 할 수 있다.

___ 직관력

타인과 타인의 행동을 이해할 수 있는 훌륭한 직감이 있다.

___ 창의력

사물을 다른 방식으로 보는 능력이 있는데, 문제에 대해 대안을 제시하거나 창의적인 노력을 통하여 자신을 표현하는 것을 말한다.

___ 낙관성

미래가 좋거나 더 나을 것이라는 희망과 굳은 신념이 있다.

___ 집념

집요하며, 자신에게 중요한 무언가를 끈질기게 작업하는 능력이 있다.

___ 자기주도성

무언가를 반드시 끝낼 필요가 있을 때, 스스로 그것을 인식하고, 해내기 위해 내적 자원을 동원할 수 있다.

___ 영적신념

자신과 자신의(그리고 타인의) 인간적 능력보다 더 큰 어떤 힘이 있음을 믿는다.

역할 모델의 중요성

멘토와 역할 모델은 아이들이 대처기술과 회복력을 발달시키도록 돕는다. 이는 아이들이 건강한 행동을 모델링하거나, 부모의 정서적 도전을 통찰하게 하거나, 역기능적인 가정에서 주기적으로 나오게 함으로써 이루어진다. 다음 사례를 생각해 보라.

경계선 성격이 있는 어머니에게 양육된 42세 회계사인 엘리자베스는 어릴 때 방과 후에 친구 집에 갔던 일을 기억했다. 친구와 텔레비전을 보고, 심부름을 하고, 친구의 동생들을 함께 돌보고, 친구가 저녁을 준비하는 모습을 지켜보았다. "그것은 혼란스러운 저희 집에 있을 때 느끼던 긴장감에서 벗어난 순간이었고, 부모가 자녀와 상호작용하는 또 다른 방식을 볼 기회였어요. 그때 그 차이를 설명할 수 없었지만, 더 나은 느낌이란 걸 알았죠. 또한 사람들이 저와 함께 있는 것을 좋아한다는 사실도 알았어요. 저는 언제나 엄마에게 큰 골칫덩어리라고 생각했거든요"라고 엘리자베스는 말했다.

경계선 성격이 있는 의붓아버지 손에 자란 27세 병원 레지던트인 릭은 8살 때부터 할머니가 키워주셨는데, 13살 여름이 되어서는 할머니가 더 이상 릭을 돌볼 수 없게 되었다. "부모님이 8월 말에 저를 데리러 왔을 때 집으로 돌아오는 차 안에서 계속 가라앉는 느낌이 들었어요. 부모님은 제가 차멀미를 한다면서 창문을 열라고 말씀하셨죠. 하지만 차멀미를 한 게 아니었어요. 전 집으로 돌아가길 원치 않았던 거죠." 릭과 할머니는 산책을 나가 과일을 따곤 했다. 릭은 할머니가 통조림 만드는 걸 도와드렸고, 커다란 개 두 마리를 돌보곤 했다. 자신이 존중받는다고 느꼈지만 그 무엇보다도 할머니 집에 배어 있는 평화로움을 기억했다. “저희 집과는 아주 달랐어요. 거기에서는 갑작스런 격노를 걱정할 필요가 없고, 문을 꽝 닫는 소리나 고통스러운 비난에 이어지는 며칠간의 침묵과 차디찬 눈길도 없었어요. 지금 돌이켜 보면, 몸이 아프다고 느꼈던 건 당연한 거죠.”

경계선 성격이 있는 어머니를 둔 19세의 마리엘은 약 13살 때부터 이모와 주말을 보냈다. “실없이 들릴지 모르지만 다른 무엇보다도 이모에게서 빨래와 수건 개는 법을 배웠어요. 이모 댁은 깨끗했죠. 저희 집은 모든 게 정리되지 않았고 엉망이었어요. 수건들은 옷장에 쑤셔 박혀 있었어요. 저는 정리하는 법도 배웠어요. 이모가 우편물을 분류하고, 공과금을 내고, 신용카드 내역을 정리하고, 일정 관리 수첩을 사용하는 것도 보았죠. 할 일을 체계적으로 하고, 다음 주 일을 미리 생각하는 이모의 모습을 보면서 긴 시간 동안 있었던 안개 속을 벗어나는 방법이 있다는 것도 배웠어요. 이모에게서 그런 일을 배우지 못했다면 아마 전 고등학교도 졸업하지 못했을 거예요.”

멈추어 생각하기: 긍정적인 영향

잠시 시간을 내서 자신의 아동기에, 이모나 삼촌, 선생님, 조부모, 오래된 친구, 또는 학교 친구의 부모 중에서 긍정적이고 안정적인 힘을 보여준 어른이 있었는지 생각해 보라. 당신의 삶에서 그러한 영향을 미친 사람은 누구였는가?

그들 주변에 있을 때 어떻게 느꼈는가? 그들로부터 무엇을 배웠는가?

당시에 경계선 성격장애에 대하여 알지 못했을지라도 당신이 배우거나 관찰한 것이 집안 상황 또는 경계선 성격이 있는 부모를 더 잘 대처하는데 어떻게 도움이 됐는가? 그 어른은 집안에서 당신이 경험한 것을 인정(validate)했는가? 예를 들면, 어머니/아버지가 언제나 옳은 것만은 아니라고 말했는가? 부모의 행동이 당신의 모습은 아니라고 말했는가? 그러한 인정이 당시에는 무엇을 의미했으며, 지금은 무엇을 의미하는가?

자신의 회복력에 대해 스스로 칭찬하라. 당신에게는 분명히 오늘날 자신을 있게 한 재능, 통찰력, 지식이 있다. 인지하고 있는 결함과 약점에 대해 스스로 비판하는 일은 쉽지만, 힘든 환경을 극복할 수 있는 당신의 강점과 능력을 인식하는 것은 중요하다.

Chapter 3

잃어버린 어린 시절을 슬퍼하기

Grieving a Lost Childhood

자라면서 무언가 잘못되었다고, 자신의 가족이 남들과 다르거나 건강하지 않은 것 같다고 의심도 해 봤지만, 구체적으로 무엇이 원인인지 알지 못했을 수 있다. 부모에게서 경계선 성격장애의 단편적인 증상과 특성을 보았지만 그것이 더 큰 무언가의 일부라는 사실은 잘 몰랐을 수 있다. 또한 부모의 행동과 반응이 예측 가능하지 않고, 분별력도 없으며, 합리적이지 않고, 이성적으로 보이지도 않았기 때문에 미쳐버릴 것 같이 느꼈을 수도 있다. 혹은 자신이 부모의 행동을 촉발한 책임이 있다고 느끼거나, 자신이 보다 잘 처신하고, 더 귀엽고, 더 영리하고, 더 조용하고, 부모의 욕구를 보다 잘 예상했다면, 상황이 한층 더 좋았을 것이라고 생각했을 수도 있다. 무엇이 문제인지, 혹은 그 모든 것이 자신과는 전혀 상관없는 일이라는 것을 알 길은 없었다.

발견과 반응

경계선 성격이 있는 부모의 성인 자녀들은 여러 가지 방식으로 경계선 성격장애에 대하여 배울 수 있다. 부모의 행동을 상기시키는 신문이나 잡지 기사를 읽었다고 말하는 사람들도 있고, 관계 문제나 자존감과 관련된 문제들로 인해 심리치료를 받는 과정에서 경계선 성격장애에 대해 알게 된 사람들도 많다. 대학 심리학 강좌, 부모의 증상에 대한 인터넷 검색, 병원 의료진, 혹은 정신건강 분야에서 일하는 친구들과 친척들을 통해 부모의 경계선 성격장애를 알게 되었다고 말하는 이들도 있다. 그러나 부모가 경계선 성격장애라고 공식적으로 진단받은 적이 없다 해도 그 증상과 행동이 낯설지 않고 이 책에서 기술된 영향이 자신의 경험과 맞아떨어진다면, 이 책을 더 읽음으로써 도움을 받을 수 있을 것이다.

경계선 성격장애에 대해 알게 되면 비일관적이고 학대적인 행동의 원인이 자신에게 있지 않다는 사실을 마침내 이해하게 되어 크나큰 안도감을 느낄 수도 있다. 자신이 경험한 것에 대해 달리 설명할 수도 있다. 당신은 마침내 타당화(validation)되고, 부모의 애먹이는 행동이 실제로 있었고, 건강하지 못했다는 것, 그리고 자신은 혼자가 아니었다는 사실을 깨닫게 되면서 환희를 느낄 수도 있다.

다른 반응으로는 부인(예를 들면, “뭐, 그게 그렇게 나쁘지는 않았어.” “그렇게 심하게 맞진 않았지.” 혹은 “그렇게 자주” 혹은 “그렇게 비난받지는 않은 것 같아”)과 합리화(예를 들면, “우리 아버지 어머니도 어릴 때 외상을 겪었기 때문에 어떻게 하는 게 더 좋은지 몰랐을 수도 있어”)가 있다. 그리고 그것은 실제로 사실일 수 있다. 경계선 성격장애가 있는 사람들의 약 3/4이 어떤 형태로든 초기 외상을 경험한다. 그렇다고 해서 그 사실 때문에 부모가 자녀에게 한 행동이 용납될 수는 없다. 어려운 아동기를 겪은 사람은 많이 있다. 아이들이 누려야 할 무조건적인 사랑과 지지를 받지 못한 사람도 많다. 그러나 그럼에도 불구하고 건강하고 다정한 부모가 되는 이도 많다. 중요한 것은, 부모의 정서적 어려움 이면에 나름대로 이유가 있다고 해서 당신이 경험한 진실이 무효가 되거나 최소화되지는 않는다는 사실이다.

변화에 대한 희망

경계선 성격장애에 대해서 알게 되고, 그것이 자신의 발달과 관점에 영향을 미친 방식을 확인하게 되면, 행복, 분노, 슬픔, 비탄, 혼란과 같은 여러 정서에 압도될 수 있다. 그러한 정서들은 건강하고 정상적이며, 앞으로 나아가는 데 도움을 줄 것이다. 당신은 자신의 삶에 변화를 줄 수 있으며 그렇게 할 힘도 있다는 사실을 기억하라. 어릴 때 받은 메시지를 재구성하고, 새로운 렌즈를 통해 삶을 바라보며, 일을 다르게 처리하는 방식을 제대로 배울 수 있다. 쉽지 않겠지만, 작정을 하고 전심전력을 다하면 실현 가능한 일이다. 그것은 마치 당신이 평생 빙상 스케이트를 탔는데, 갑자기 누군가 새로운 롤러스케이트를 건네는 것과 같다. 새로 받은 롤러스케이트 타는 법을 배우고 싶지만 신어 보면 휘청거리다 넘어진다. 그러나 계속해서 다시 일어나서 타 본다. 시간이 갈수록 롤러스케이트를 덜 휘청거리며 탈 수 있으며, 얼마 지나면 거의 넘어지지 않게 된다. 머지 않아 뒤로도 타고 8자를 그리기도 하면서 과거에 빙상 스케이트를 신고 타는 것만큼 수월하게 된다. 마침내 새로운 방식을 배운 것이다.

멈추어 생각하기: 동기부여

변화를 위한 동기부여에 대해 생각해 보라. 통찰과 이해, 자신과 타인과의 관계 개선이라는 측면에서 뭔가를 얻기 위해 무엇을 준비할 것인가?

이 책을 읽고 연습하는 이유들을 곰곰이 생각하라. 아마도 당신은 상처를 받았기 때문일 수 있다. 혹은 관계와 만족감을 방해하는 것들을 생각하고, 느끼고, 행동하고 있기 때문일 수도 있다. 이해하고 도전하고 싶은 생각, 정서 혹은 행동은 어떤 것인가?

이 책을 읽음으로써 성취하고 싶은 또 다른 것은 무엇인가?

슬퍼할 필요성

어릴 때 경험했던 여러 가지 정서 중에서 비탄은 아마도 가장 중요한 경험일 수 있다. 당신에게 부모만큼이나 중요한 누군가가 정신적·정서적 문제로 고통받는다는 사실을 알게 되면 여러 가지 비탄을 느끼게 된다. 비탄은 사랑하는 이가 죽었을 때와 같이 상실을 겪었을 때 느끼는 정상적이고 자연스런 반응이다. 관계의 상실, 혹은 관계에 대해 가졌던 희망과 기대의 상실은 마치 죽음과도 같아서 이에 대해서도 슬퍼할 수 있다.

정서적 결손이 있는 부모의 성인 자녀들은 이것을 흔히 경험한다. 자신을 언제나 사랑하고, 수용하며, 소중히 여기고, 존중하고 있음을 느끼게 해 주는, 안정적이고 타당화해 주며 신뢰할 수 있는 부모가 없었던 사실에 대해 슬퍼할 수 있다.

어릴 때 성인 역할과 부모 역할을 떠맡았던 성인 자녀는 자신의 아동기에 대해 슬퍼할 수 있다. 보호자 역할을 맡았던 부모화된 아이들은 놀고, 자유롭고, 호기심 많은 시절을 건너뛰어, 빨리 자라야만 한다. 성인이 되면 그들은 늙고 지친 느낌으로 아동기 추억이 거의 없다.

성인 자녀들은 또한 그들 자신으로서(who they were) 사랑받지 못했다는 것을 깨닫고 한탄할 수도 있다. 그들이 받은 사랑은 조건적이어서, 외모, 지능, 행동, 혹은 부모의 기분에 따라 달라졌다. 『천재 아동의 드라마(Drama of the Gifted Child)』에서 앨리스 밀러는 다음과 같이 적었다.

> 환자 자신이 그토록 많이 노력하고 스스로를 부인하면서 얻은 사랑이 사실은 자신에 대한 것이 아니며, 아름다움과 성취에 대한 칭찬이 그 아름다움과 성취 자체를 위한 것일 뿐 자신을 대상으로 한 것이 아니었음을 정서적으로 통찰할 때가 바로 심리치료의 전환점 중 하나이다. 심리치료에서 자신의 성취 뒤에 숨은 작고 외로운 아이는 깨어나 이렇게 묻는다. "제가 부모보다 먼저 슬프고, 궁핍하고, 분노하고, 몹시 화나 보였다면, 어떤 일이 벌어졌을까요? 그래도 부모는 저를 사랑했을까요? 그게 바로 저였어요. 부모는 그런 저를 사랑한 것이 아니라, 노력하는 모습의 저를 사랑했던 건가요? 아이로서는 도저히 할 수 없을 만큼 품행이 바르고, 믿을 만하고, 공감적이고, 이해심 많은 착한 아이만을 사랑한 건가요? 제 어린 시절은 어떻게 된 거죠? 절 속인 건가요? 이젠 그때로 돌아갈 수도 없고, 만회할 수도 없어요(1996, p. 39)."

성인 자녀들은 또한 부모의 사랑을 얻어내기 위해 써야 했던 거짓 자기라는 가면을 벗게 될 때 비통함을 느낄 수도 있다. 얼마간의 시간이 흐르면

가면을 쓰고 있는 아이 자신조차 가면을 쓰고 있다는 사실을 느끼지 못하고, 가면을 벗어 진짜 자기를 드러낸다는 것은 생각조차 할 수 없게 된다. "내가 아버지의(또는 어머니의) 어린 딸이 아니라면 도대체 난 누구지?" "슬프고, 궁핍하고, 분노하고, 몹시 화가 난다면 난 과연 누구일까?"

성인 자녀들은 결코 있던 적이 없는 이상화된 어머니나 아버지에 대해 슬퍼할 수도 있다. 가까운 관계를 맺었다고 생각했지만 그것은 자신이 쓰고 있는 가면 때문이었고, 부모의 욕구를 따르고 자신의 욕구는 부인했기 때문이었음을 알게 되면 슬퍼할 수 있다.

성인 자녀들은 부모가 외상을 경험했거나 무조건적인 사랑, 수용, 또는 타당화를 받아 보지 못했다는 사실에 대해 슬퍼할 수 있다. 그리고 부모가 경계선 성격장애를 이겨내기 위해 애쓰는 모습을 보며 슬퍼할 수도 있다. "저는 아무리 제가 미워한다고 해도 그 사람이 이 장애로 고통받지는 않았으면 해요." 한 남성이 자기 어머니에 대해 말했다. "엄마도 자신의 행동방식에 대해 좋게 느끼지 못해요. 엄마도 행복감이나 안정감을 못 느끼세요. 저는 때론 누군가가 내 것을 훔쳐갔다고 느끼지만 엄마도 마찬가지라는 것을 알기 때문에 엄마에 대해서 슬픔을 느껴요."

마지막으로, 성인 자녀들은 경계선 성격장애가 없는 다른 한쪽 부모가 자신을 보호하거나, 구해 주거나, 학대적이고 태만한 부모와의 경험을 타당화해 주지 않은 것에 대해 환멸을 느끼며 한탄할 수 있다. "아버지는 사실상 저희를 늑대굴에 던져두었죠." 경계선 성격이 있는 어머니를 두었던 요한나는 말했다. "아버지는 어머니가 저희 중 한 명에게 뭔가 적대적인 것을 말하고 나면 어머니를 방어하듯 비위를 맞췄어요. '엄마는 진심으로 그런 게 아니야.' 혹은 '네가 엄마에게 그렇게 하면 안 되지.' 아버지는 가정의 평화를 위해 그랬다고 믿지만 저는 아버지가 저희 편을 들었어야 한다고 생각해요. 저희는 아이고, 아버지의 자녀이고, 아버지는 부모였으니까요. 그렇게 하는 게 부모의 책임 아닌가요?" 어떤 이들은 가출해 버린 다른 한쪽 부모나, 당신 자신의 정신 건강 문제나 다른 이유 때문에 자녀를 보호할 수 없었던 부모를 원망하기도 한다.

슬픔 다루기

슬픔을 다루는 일에 관해서라면, 비결이란 없다. 모든 이는 다양한 기간에 걸쳐 다르게 슬퍼한다. 슬픔에서 결승선은 없다. 수개월 혹은 수년 동안 충분히 슬픔의 감정을 다루었다고 생각하지만, 기억, 사진, 혹은 누군가의 말로 인해 여전히 슬픔은 진행 중이라는 것을 깨닫게 된다. "어떤 영화를 볼 때, 혹은 자녀에게 매우 참을성 있고 다정한 어머니를 보면, 제 어린 시절이 생각나서 슬퍼지곤 해요." 경계선 성격장애로 진단받은 어머니를 둔 패트리샤는 말했다. "엄마는 과거에 그렇지 못했고, 그것이 바뀔 수도 없다는 사실을 인정해요. 제게 진실한 엄마는 없다는 것도 알고 있어요. 오랫동안 이 문제에 대해 작업했지만, 여전히 슬퍼질 때가 있어요."

『죽음과 죽어감(On Death and Dying)』에서, 정신과 의사 엘리자베스 퀴블러-로스(1997)는 죽음을 수용하는 다섯 단계의 방식을 발견했는데, 부인, 분노, 타협, 우울, 수용이 그것이다. 그 단계들은 정확한 순서로, 같은 정도로 혹은 같은 시간만큼 발생하지는 않는다. 슬픔은 긴 과정이며 각자에게 독특한 것이다.

살아있는 관계의 죽음에서 경험하는 슬픔은 실제 죽음에서 경험하는 슬픔과 유사점이 있다. 즉, 그 사람은 살아있고, 그 사람이 어떤 식으로든 당신 삶의 일부이지만, 박살난 희망, 꺾여버린 기대, 마음속에 그린(혹은 사회가 그려 준) 부모와의 관계를 결코 가질 수 없다는 사실을 깨달았을 때 느끼는 실망 때문에 슬퍼한다는 점에서 그렇다.

끊임없이 독서하고, 슬픔을 작업하면서, 함께 작업할 누군가(심리치료자, 신뢰할 수 있고 통찰력 있는 친구, 혹은 적어도 자주 쓰는 일기라도)가 있는 것이 중요하다. 때로 감정은 압도적이다. 또한 많은 성인 자녀들은 부모의 병을 알게 되고 그로 인한 정서를 헤쳐나가면서 깊은 우울에 빠졌었다고 말한다(이것이 당신에게 나타난다면, 전문적 도움을 구하는 것이 좋다).

슬픔을 다루는 것이 어려운 이유 중 하나는 상실에 대해 가지고 있는 신념 때문이다. 어릴 때 상실에 대해 배운 교훈들을 생각해 보라. 개가 죽었다면 약간 우는 것은 괜찮지만 그 개를 묻고 새로운 개를 구하게 되면 이젠 슬픔도 끝나야 한다는 것을 배웠을 수 있다. 좋아하는 동물 인형을 잃었거나 친구가 실망시켰다면, 당신은 "이런 일이 있을 수도 있다"는 것 혹은 "다 큰 아이는 울지 않는다"는 것을 배웠을 수 있다. "그것을 이겨내" "부정적인 것을 곱씹지 마" "행복한 표정을 지으면 기분이 나아질 거야" "과거는 과거이고, 이제 거기에 대해 할 수 있는 건 아무것도 없어"와 같은 말은 당신이 내면화한 메시지들이다. 좋아하는 선생님에 대한 신뢰를 잃거나 다른 어른이 당신을 실망시켰을 때 받았던 분명한 메시지는 어른들을 믿지 말라거나 그토록 높은 기대는 갖지 말라는 것이다.

상실을 경험할 때 당신이 받았을 수 있는 몇 가지 다른 메시지들은 다음과 같다.

- 감정을 묻어. 감정은 너무 강하거나 비합리적이지. 아무도 그런 감정을 계속 느끼지는 않는다구.
- 상실을 대체해. 네가 원하는 것을 줄 수 있는 다른 누군가(또는 무언

가)를 찾아.

- 홀로 슬퍼해. 누구도 네 슬픔에 대해 듣고 싶어하지 않아. 그것은 우울하고 칭얼대는 것으로 들려. 사람들은 네가 약하다고 생각할 거야.
- 시간을 갖고 기다려. 그에 대해 곱씹지만 않는다면 곧 극복할 거야.

멈추어 생각하기: 상실에 대한 메시지들

슬픔과 상실에 대한 위의 메시지들 중 가족, 친구, 대중매체로부터 어느 것을 들어봤는가? 이 중에서 어떤 것을 믿는가? 슬픔과 상실에 대해 갖고 있는 다른 신념들은 어떤 것이 있는가? 그것들은 어디서 유래된 것 같은가?

있는 그대로 말하기

당신이 슬퍼할 때 선의를 지닌 대부분의 친구들과 친척들은 당신이 그들의 충고를 받아들이기를 바라는데, 이를 통해 그들은 스스로가 도움이 되었다고 느낀다. 그들은 당신이 낙관적인 느낌을 지속적으로 갖기를 바라고, 고통스런 감정을 피하려면 부인(denying)하거나 바쁘게 지내는 것이 도움이 된다고 생각한다. 그러나 슬픔을 다루기 위해서는 최우선적으로 당신 스스로에게 진실을 얘기할 수 있는 능력을 키워야 한다.

멈추어 생각하기: 진실을 드러내기

부모에게서 경험한 상실들을 나열하라. 일지에 연대표나 기록 형식(log format)을 사용하여, 지각된 상실들을 찾기 위해 자신의 삶을 마음속으로 훑어보라. 당신은 무엇이 슬픈가? 예를 들어, "나는 나의 잃어버린 어린 시절이 슬프다. 11살 때 술에 취한 우울한 부모를 대신해 음식을 하고 빨래를 해야만 했다." 혹은 "엄마가 내 결혼식에 오시면 어떤 일이 벌어질까 생각하면 너무 슬프다."

이와 같은 각각의 상실과 어떤 감정이 서로 연결되는지 주목하라. 위의 예와 관련된 정서는 분노, 분개, 슬픔 등이 될 수 있다.

슬픔에 대한 신념 중 어떤 것이 당신으로 하여금 감정을 부인하도록 했는가? 만약 그렇다면, 지금 자신의 정서에 대해 어떻게 다르게 생각할 것인가?

상실을 받아들이는 법을 배우는 다른 방법도 있다. 다음 연습들 중 일부가 도움이 될 수 있다. 다음에 적힌 모두를 해 볼 수도 있고, 혹은 자신에게 가장 효과적일 것 같은 것을 선택할 수도 있다.

1. 부모에게 진실을 말하는 편지를 쓰라(반드시 보낼 필요는 없다). 슬픔에 대한 이유들과 당신이 어떻게 느끼는지 설명하라. 당신의 핵심은 다음과 같은 것들을 포함할 수 있다.

- 자라면서 정서적으로 경험한 것
- 필요하고 원하던 것
- 긍정적인 상호작용들(긍정적인 것을 강화하라)
- 달리 말하거나 할 수 있었기를 바라는 것은 무엇인가?

- 어쩔 수 없는 것에 대한 수용과 부모의 한계에 대한 인정의 표현
- 관계에 대한 현실적인 기대는 무엇인가?
- 아동기 경험 때문에 성인으로서 지금 당신이 경험하고 있는 정서와 이슈는 무엇인가?

2. 부모의 장례식 추도문을 작성하도록 한다(부모가 살아 있어도 이 연습은 할 수 있다). 친척들의 반응은 고려하지 말고, 당신의 진심을 적으라.
3. 이상적인 부모의 장례식 추도문을 작성하도록 한다. 자신의 기대, 희망, 소원의 상실과 관련된 느낌에 대해서 적으라.

위의 연습을 한 번 이상 해 본 뒤에, 현재 관계(그리고/혹은 당신이 바라던 관계)의 비유적인 죽음을 나타내기 위해 자신에게 의미 있는 정신적인 의식을 고안하라. 예를 들어, 자신의 이상적인 부모를 위한 추도문(세번째 연습)을 적은 뒤에, 그 부모의 상실을 추모하는 촛불을 밝히고, 그 편지를 묻을 수 있다.

수용: 경계선 성격장애를 받아들이는 법을 배우기

지나치게 단순하거나 당연하게 들리겠지만 당신 삶의 어떤 영역에서 고통을 이겨내려면 그것을 좋아하든 좋아하지 않든, 그것이 공정하다고 생각하든 아니든, 당신이 그 상황을 바꿀 힘을 가지고 있든 아니든, 그 상황을 있는 그대로 받아들여야만 한다. 이러한 수용의 개념은 불교 신앙에 기반을 두고 있다. 심리학자 마샤 리네한(Marsha Linehan)에 따르면 수용이란 "용인될 수 없는 괴로움(suffering)을 용인될 수 있는 고통(pain)으로 바꾸는

방식이다. 고통(pain)은 삶의 일부분이다. 고통(pain)은 정서적일 수도 있고 육체적일 수도 있다. 고통(pain)은 무언가가 잘못되었거나 무언가를 해야 할 필요가 있음을 알리는 자연의 방식이다(Linehan 1993b, p. 102)."

멈추어 생각하기: 고통의 신호들

고통이란 무언가를 바꾸어야 한다는 것을 알리는 건강한 반응이 될 수 있다. 이를 보여주는 다음의 예들을 생각해 보라.

- 당신은 오늘 아침 아주 바빠서, 아침 먹는 것을 잊었다. 지금 오후 1시인데 두통이 있다.
- 여자친구와 서로 모욕을 주면서 싸운 뒤, 목이 메고 가슴이 조여드는 느낌이 들어 밖으로 나갔다.

삶에서 육체적 또는 정서적 고통이 당신에게 무언가를 말했던 예를 생각해 볼 수 있는가?

그 고통에 대한 당신의 반응은 무엇이었는가? 그 반응이 당신에게 도움이 되었는가? 만약 당신이 그 고통을 부인했다면, 어떤 결과가 있었는가?

수용은 승인한다는 것을 의미하지 않으며, 무언가에 만족한다는 것을 의미하지도 않는다. 수용은 상황이나 상황에 대한 당신의 반응을 바꾸지 않는다는 뜻도 아니다. 수용이란 어떤 특정한 시점에서, 현실을 있는 그대로(현실의 슬픔, 유머, 역설, 재능 모두를) 인정한다는 것을 의미한다.

자신이 미적분학 강좌를 듣고 있고, 숙제를 하느라 고생을 하고 있다고 상상해 보라. 그러나 당신은 자신이 어려움에 빠져 있음을 인정하지 않는다. 무슨 일이 벌어지는가? 당신은 한층 더 뒤쳐지고 좌절감은 증가한다. 반면에, 자신이 힘든 시간을 보내고 있다는 것을 받아들이면 당신은 변할 수 있다. 강사에게 도움을 요청할 수도 있고, 참고도서를 살 수도 있다. 당신은 이제 조금씩 나아지기 시작한다. 수용하는 것, 인정하는 것은 첫 번째 단계이다.

멈추어 생각하기: 동력으로서의 수용

당신에게 고통을 지속적으로 야기하는 경계선 성격이 있는 부모와의 이슈는 무엇인가? 이슈를 일지에 적으라.

그 이슈가 계속되는 괴로움의 원인이었음을 인정하는 문장을 적으라. 예를 들어, "몇몇 친구들이 얘기하는 모녀 관계를 나는 절대로 가질 수 없다고 생각할 때, 나는 괴로웠다."

낙인에 직면하기

부모에게 경계선 성격장애가 있다는 사실을 받아들이는 법을 배우는 일은 정신질환(사회적 기준에서 바람직하지 않은)의 오명을 직면하는 것을 의미한다. 사실 그것은 남의 웃음거리와 험담의 주제이거나, 사람들을 불편하게 만들기 때문에 그저 무시되는 경우가 많다. 그리고 모든 정신질환 중에서도 경계선 성격장애는 가장 비난받는 장애 중 하나이다. 왜냐하면 경계선 성격장애는 분노, 변덕, 기분의 현저한 변화 등을 수반하고 있기 때문일 것이다. 이들의 가족은 속수무책이라 느끼고, 임상가라고 해서 항상 그 장애를 진단하는 것도 아니다. 또한 진단한다 해도, 치료하기를 원하지 않는 임상가도 있다.

나는 어떤가?

나에게도 경계선 성격장애가 있지 않을까? 궁금해 하는 성인 자녀들이 많다. 그 질문을 한다면 장애가 없을 가능성이 많은데, 그 이유는 경계선 성격장애가 있는 사람들은 자신의 생각, 감정, 행동이 자신의 것임을 알기가 매우 어렵기 때문이다. 34세 사이먼이 얘기하듯, "저희 아버지는 자신은 아주 괜찮고, 세상이 미쳤다고 생각했죠." 유전이 경계선 성격장애 발달에 중요한 역할을 한다는 점을 확인한 연구들도 있으나, DNA 이외에도 여러 요인들이 복잡하게 상호작용한다.

그럼에도 불구하고, 심각한 정서적 도전과 한계를 지닌 부모에게서 자라게 될 때 자녀는 세상에 대한 해석, 고통의 극복, 자신 및 타인과의 관계 등에서 부적응적인 방식을 배우게 된다. 이러한 점을 인정하고, 그러한 신념과 행동을 확인한 다음 변화까지 하는 것은 벅찬 일로 보인다.

부모의 질환을 받아들이려고 애쓰는 일 또한 극도로 고통스러울 수 있는데, 왜냐하면 성인 자녀는 자신에게서 부모의 모습을 볼 수 있기 때문이다. 아마도 나이가 들수록 "딱 엄마(또는 아빠)처럼" 되어 간다는 농담을 들어봤을 것이다. 심각하게 말하면 성인 자녀는 거울을 볼 때마다 부모의 눈이나 다른 얼굴 특징을 보거나, 자신의 손을 볼 때 부모의 손을 보거나,

말할 때 부모의 목소리를 듣거나, 자신의 움직임과 표정에서 부모의 친숙한 버릇을 볼 수 있다. "제 삶으로부터 아버지를 몰아내기 위해 그토록 열심히 노력했지만, 거울을 들여다볼 때마다(아버지와 저는 똑같은 눈과 입을 가졌죠) 아버지를 보지 않을 수 없어요."라고 사이먼은 말했다.

반대편을 이해하기

자녀가 부모의 정서적 문제를 받아들이는 일은 어려운데 그 이유는 극단적인 두 가지 면을 수용해야 하기 때문이다. 잔인하거나 태만했던 부모라도 가끔씩 아니면 훨씬 더 자주 사랑과 안락을 제공했던 순간이 있다. 이로 인해 자신의 경험에 대해 의문을 가질 수 있는데, 어떤 경우에는 기능적으로 보였던 부모가 다른 경우에는 극도의 육체적 혹은 정서적 고통을 가할 수 있다는 사실을 믿기 어렵기 때문이다. "그것이 나쁜 것만은 아니라고 생각해요. 엄마는 맹렬한 괴물일 때도 있었어요. 제가 옷장에 숨었다면 못찾았겠지만…. 엄마는 좋을 때도 있었어요." 43세 여성인 데보라는 말했다. "엄마는 저랑 같이 놀아주고, 친구들을 집에 데려오라고 하고, 가끔은 저를 안아주기도 했던 것 같아요." 경계선 성격장애의 흑백사고와 분열을 목격했던 성인 자녀들에게 부모의 양극단을 조화시키는 일은 특히 어려울 수 있다.

멈추어 생각하기: 극단을 탐색하기

자신에게 꽤나 다르거나 대립되는 것으로 보이는 반응이나 감정이 있었던 상황을 생각해 보라. 그 이유는 무엇이었는가?(예를 들면 그것은 당신 자신의 생각, 관련된 사람이나 사람들, 혹은 맥락상의 어떤 것과 관련되는가?)

이제 10배 또는 100배로 증폭된 자신의 반응을 상상하라. 어떻게 느낄 것 같은가?

이 연습의 목적은 부모가 모순되거나 반대로 보이는 반응을 보여주었던 상황에서 부모는 어떻게 느끼고 있었는가에 대해서 당신이 통찰을 하도록 돕기 위한 것이다. 모든 사람은 스트레스를 느끼는 환경에 반응할 때 약간의 오르내림이 있긴 하지만, 이미 극단으로 나아가는 경계선 성격장애가 있는 사람에게는, 그 오르내림이 확대되며 때로는 그때 상황과 거의 관련이 없다. 이 연습의 목적은 부모의 극단적인 행동을 변명하기 위한 것이 아니라, 부모의 경험을 이해하도록 돕기 위한 것이다.

자기 비난을 제거하기

부모의 불행을 수용하는 한 가지 방법은 어릴 때 부모가 당신에게 했던 방식이 당신 잘못이 아니라는 점을 이해하는 것이다. 그 방식은 당신이 못된 것과 아무 상관이 없고, 그 장애와 부모의 문제 때문이었다. 아이들은 부모가 자신을 양육하고 보호할 것이라 믿을 필요가 있다. 부모가 양육하고 보호하지 않거나, 육체적으로나 정서적으로 학대하거나, 부모의 혹은 가족의 문제에 대해 아이를 탓한다면, 자녀들은 그 문제의 원인이 부모가 아니라 자신 안에 내재하는 어떤 결함 때문이라고 믿게 된다. 숨쉬는 공기 말고는 거의 모든 것을 엄마 혹은 아빠로부터 얻는 아이에게 부모가 욕구를 충족시켜 주지 못한다는 것은 생각할 수도 없는 것이다. 따라서 그 문제는 틀림없이 자신의 잘못이라고 생각한다. 이러한 사고 패턴은 유아기에 시작해서 아동기 내내 강화되어, 근본적인 수치감과 자기 비난으로 이어진다.

멈추어 생각하기: 자기 비난을 제거하기

자신에게만 몰두한 사람의 자녀들에게 니나 브라운은 다음과 같이 말한다. "자기애성 부모가 성인 자녀를 비난한다고 해도, 성인자녀는 '완벽하지 못한 것, 부모의 욕구나 원하는 것을 예상하지 못한 것, 자신의 욕구를 적절히 충족시킨 것, 타인들과 다르거나 덜 만족스러운 것, 부모를 실망시킨 것'에 대해 자신을 비난할 필요는 없다(p. 87)."

자신을 얼마나 비난하는지에 대한 다음 항목들에 1에서 5 척도로 (1은 "전혀 아니다", 5는 "매우 그렇다") 평가하라.

___ 완벽하지 못한 것

___ 부모의 욕구, 욕망, 기대를 만족시키지 못한 것

___ 자신이 필요한 것을 요청한 것

___ 진실을 보고, 진실을 말한 것

___ 부모를 실망시킨 것

___ 가족구성원의 질병이나 재정적 부담과 같이 자신의 통제를 벗어난 상황들

이제 동일하게 1에서 5 척도를 사용하여 다음 신념들에 대해 어느 정도로 동의하는지 생각하라.

___ 내가 ~을 말했더라면/했더라면 부모는 나를 다르게 생각했을 것

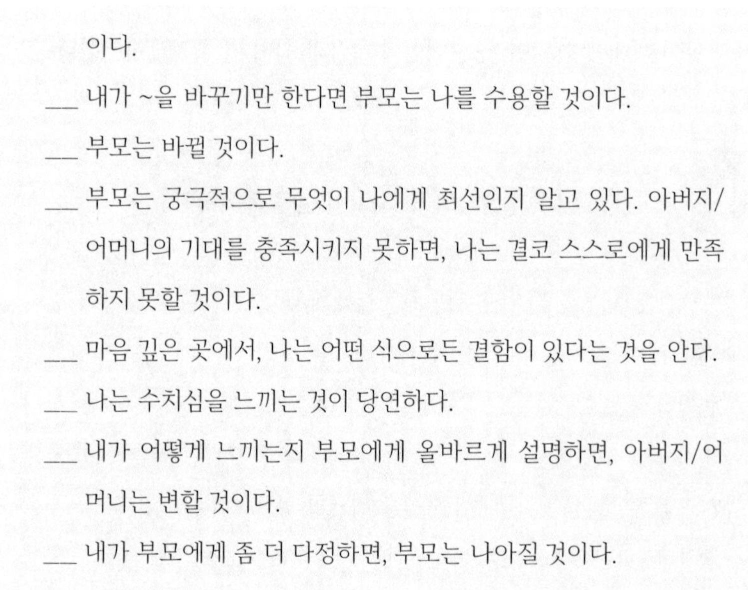
이다.

___ 내가 ~을 바꾸기만 한다면 부모는 나를 수용할 것이다.

___ 부모는 바뀔 것이다.

___ 부모는 궁극적으로 무엇이 나에게 최선인지 알고 있다. 아버지/어머니의 기대를 충족시키지 못하면, 나는 결코 스스로에게 만족하지 못할 것이다.

___ 마음 깊은 곳에서, 나는 어떤 식으로든 결함이 있다는 것을 안다.

___ 나는 수치심을 느끼는 것이 당연하다.

___ 내가 어떻게 느끼는지 부모에게 올바르게 설명하면, 아버지/어머니는 변할 것이다.

___ 내가 부모에게 좀 더 다정하면, 부모는 나아질 것이다.

이제 2 이상으로 응답한 위의 신념 각각에 대하여 이의를 제기하라. 일지에 응답을 적으라. 예를 들어, 처음 신념인 "내가 ~을 말했더라면/했더라면 부모는 나를 다르게 생각했을 것이다"에 대한 이의제기는 다음과 같다. "부모를 변화시키기 위해서 과거에 말하거나 행동할 수 있었던, 혹은 지금 말하거나 행동할 수 있는 것은 아무것도 없다." 또는 "내가 세상에서 가장 완벽한 아이였더라도 아버지는 무언가로 잘못을 찾아냈을 거다. 왜냐하면 그것은 나 때문이 아니라 아버지 자신에게 원인이 있기 때문이다."

경계선 성격장애가 있는 사람들이 자신의 감정, 신념, 행동을 변화시키는 것은 실제로 일어나지 않는다. 특히 그토록 오랜 세월이 지나서는 말이다. 자신의 상황을 수용하고 극복하려는 노력을 해야 하지만, 부모가 상당히 변화할 것이라는 희망, 공상, 소원은 포기해야만 한다. 이런 식으로 생각해 보라. 부모가 정말 변한다면 훌륭한 선물과 보너스가 되겠지만 현실적으로 볼 때 당신이 기대할 만한 것은 아니다.

자신이 느끼는 바를 느끼기

부모의 정신질환을 받아들이는 과정에서 또 다른 어려움은 자신의 정서를 느끼고 수용하는 일이다. 경계선 성격이 있는 부모는 타인의 정서가 위협적이라고 지각할 때 그 정서를 타당화하지 않으며, 부인한다. 성인 자녀들은 자신의 감정을 표현하도록 허용되지 않을 때가 얼마나 많았는지를 기억한다. 오랜 세월 정서를 억누르고 살게 된 결과, 성인 자녀들은 정서를 차단하거나, 숨기거나, 부인하거나, 혹은 음식, 약물, 알코올 사용을 통해 자신의 정서에 무감각해졌을 수도 있다. 또는 다음과 같은 일에 문제가 있을 수 있다.

- 정서를 알아차리기
- 정서를 느끼기 시작할 때 인식하기
- 정서를 경험하기
- 정서를 느낀다는 것을 수용하기
- 감정을 타인들에게 표현하는 데 있어 자신을 신뢰하기
- 정서를 타인들에게 표현하는 데 있어 안전하다고 느끼기

또한 자신의 정서를 관리하는 데 문제가 있을 수 있다.

- 자신의 감정에 의해 통제된다고 느끼는가?
- 속상하거나, 불안하거나, 화나거나, 슬프다고 느낄 때 통제불능이라고 느끼는가?
- 때때로 감정이 영원히 지속될 것이라 느끼는가?
- 자신이 대단히 감정적일 때, 나중에 후회할 것을 말하거나 행하는가?
- 자신의 정서를 다스릴 수 있거나 침착할 수 있기를 바랄 때가 있는가?

멈추어 생각하기: 정서적 도전

당신의 몇 가지 정서적 도전은 무엇인가? 이러한 문제는 어디에서 비롯되었다고 생각하는가?

자신의 정서를 인식하고 관리하기 위한 몇 가지 목표를 설정하라. 개선하기 위해 어떠한 작업을 하고 싶은가? 작업을 종이에 적고, 개선되었음을 어떻게 판단할지에 대해서 생각해 보라. 예를 들어, "소리 지르지 않고 내가 왜 화가 났는지를 말할 수 있을 때, 감정을 더 잘 통제한다고 볼 수 있다."

의미의 정서적 색채들

수백 개의 정서가 있는데 각각의 정서는 정도가 다르고, 같은 정서라고 해도 미묘한 차이가 있다. 예를 들어, 분노(anger)는 가벼운 짜증(irritation)이나 성가심(annoyance)에서부터, 격노(rage)와 격분(fury)까지 다양할 수 있고, 슬픔(sadness)은 약간 울적하게 느끼는 것에서부터 완전한 체념(despair)과 절망(hopelessness)에 이르기까지 다양하다. 어떻게 느끼는지 평가할 수 있는 것뿐만 아니라 정서들 사이의 차이를 이해하는 것은 중요하다. 누군가에게 짜증을 느낀다고 해서 갑자기 격분하여 다시는 그 사람과 말하지 않겠다고 맹세해야만 하는 것은 아니다. 오늘 벌어진 어떤 일에 대해 슬프다고 느낀다고 해서 세상이 끝장나는 것은 아니며, 기분이 나아질 희망을 모두 포기해야만 하는 것은 아니다. 정서조절장애는 경계선 성격장애의 특징이며, 그 질환이 있는 부모 밑에서 자란 아이들은 보고 배울 최선의 정서적 역할 모델이 없었다.

정서는 실제로 몇 가지 목적이 있다. 자신 및 타인과 의사소통을 할 수 있도록 도와주고, 자신의 욕구가 환경 및 타인의 행동에 영향을 주고 통제하도록 기여하며, 자신을 체계화하고 동기부여 하여 행동하도록 돕고, 주변 세상에 대한 지각을 타당화한다.

당신의 정서적 삶은 생활사, 기질, 타인에게 받는 외적 반응과 같은 여러 요인들에 의해 만들어진다. 또한 경험에 대한 해석과 같이 자신의 생각과 감정에 의해서도 영향받는다. 예를 들어, 크고 예기치 못한 소음은 어떤 맥락에서는 폭발처럼 들리지만, 다른 맥락에서는 도로 공사 소음으로 들린다. 정서는 상처나 실망이 분노로 이어지거나, 분노가 죄책감으로 이어지듯이 다른 원초적인 정서들에 의해 야기될 수 있다. 마지막으로, 신념은 정서적 삶에 영향을 준다. 슬픔과 자기 비난에서 논의한 바와 같이, 정서에 영향을 미치고 정서를 바꿀 수 있는 당신의 신념이 무엇인지 알아차리는 것이 중요하다.

멈추어 생각하기: 정서에 대한 일반적 신념

다음에서 당신이 동의하는 진술문에 표시하라. 그것이 당신의 정서적 삶에 얼마나 영향을 주었는지 생각해 보라. 그런 다음 각각의 진술을 더 건강한 신념으로 바꾸는 진술문을 적어 보라.

___ 나의 정서를 주변 사람들과 공유하면, 사람들은 나를 약하다거나 미쳤다고 생각할 것이다.
___ 환경에 따라 느껴야 하는 올바른 방식과 잘못된 방식이 있다.
___ 정말 감정적인 사람은 대부분 통제불능이다.
___ 내 정서를 분석하는 데 너무 시간을 많이 쓰면, 사람들이 나를 자신에게만 몰두하는 사람이라고 생각할 것이다.
___ 일반적으로 정서에 대해 너무 많이 말하지 않는 것이 보다 안전하다. 아무도 이해하지 못할 것이다.
___ 분노(질투, 기분 상함)를 느끼면 재빨리 빠져나올 수 있어야 한다.
___ 정서는 비생산적이다. 결국, 정서는 정말로 의미가 없다.
___ 부정적 정서는 보통 생리전증후군 혹은 아침부터 기분이 좋지 않은 것처럼 무언가 다른 일의 결과이다. 그 정서는 실제로 타당하지 않고 이유 없이 바뀐다.

정서에 대하여 자신에게 다른 어떤 신념이 있는지 생각하라. 이제, 각각에 대하여 이의를 제기하는 진술문을 적으라.

정서를 인식하기

정서가 역동적이고 주관적이라면, 어떻게 인식할 수 있는가? 자신이 느끼고 있는 바를 어떻게 확인할 수 있는가? 때때로 당신은 즉각 깨달을 수도 있다. 어떤 때는, 자신의 행동을 통해 알아차릴 수도 있다. 예를 들어, 목소리가 점점 커지는 것을 갑자기 깨달을 수 있고, 그러면 자신이 분노를 느끼고 있음을 깨닫게 될 것이다. 생각은 정서에 대해서 자신에게 말해 줄 수 있다. "이러한 모든 병적인 생각이 마음 속으로 퍼지고 있다는 것을 깨달았고, 그래서 슬픔을 느끼고 있다는 사실을 알았다." 그리고 신체적인 감각이 정서를 표현할 수 있다. 예를 들어, 마구 뛰는 심장, 조이는 듯한 근육, 가슴의 꽉 조임, 꽉 쥔 주먹이나 앙다문 턱, 떨리는 손, 울리는 귀, 상기된 뺨, 지끈거리는 관자놀이, 눈물, 땀나는 손바닥, 혹은 이완된 어깨 등은 정서를 나타낸다.

멈추어 생각하기: 당신의 징후는 어떤 것인가?

어떤 인지적 징후(생각), 행동, 신체적 신호가 특정 정서를 나타내는가? 일지에 그것을 적으라. 분노, 슬픔, 공포, 불안, 행복의 징후를 반드시 포함시키라.

고통스러운 정서를 수용하기

다음에 강한 정서를 느끼기 시작하면, 자신을 판단하지 말고("이것에 대해 화를 내선 안돼. 그것은 정말로 아버지의 잘못이 아니야") 그저 그 정서에 주의를 기울여 보거나 반응해 보라(자신을 화나게 만든 사람을 언어로 공격하기). 그 정서를 부인하지 않도록 하라("괜찮아, 난 화나지 않았어"). 대신에, 그 정서를 알아차리고 또한 어떻게 느끼는지를 알아차리라. 그 상황에 과잉반응하거나, 잘못 해석하고 있다고 가정하지 마라.

이것이 극도로 어려울 것이라고 예상하라. 잠시 동안 자신의 감정에 주목할 수 있게 된 후에 그것에 기반하여 행동에 옮겨 보라. 그 강렬함은 지나갈 것이며, 나중에 그 상황을 다룰 수 있다는 점을 기억하라.

정서를 보다 더 쉽게 다루라

고통스러운 정서를 없애는 일은 가능하지(혹은 바람직하지) 않다. 그러나 당신이 자기 스스로를 양육할 수 있는 능력이 있음을 알 때, 그리고 피로하지 않고, 머리가 복잡하지 않으며, 건강하고, 강하다고 느낄 때는 고통스러운 정서를 수용하고 관리하기가 훨씬 더 쉽다.

날씨, 사고, 다른 사람들의 행동과 같이 통제할 수 없는 환경은 불가피하게 발생한다. 그러나 자신의 감정에 대한 반응은 스스로 통제할 수 있는 경우가 많다. 다음과 같은 조언은 명백해 보일 수 있지만, 간과하기 매우 쉽다.

- 너무 많이도 적게도 말고 적당한 양의 휴식을 취하라. 수면 문제가 있다면, 수면 전문가를 만나야 한다. 일반적으로 처방약, 알코올, 취침 전 식사, 스트레스, 수면성 무호흡, 기타 요인들과 상태들은 수면 양식과 그 뒤에 깨어있는 시간 동안 어떻게 느끼는지에 영향을 줄 수 있다. 너무 오래 자면 정신이 혼미하고 나른해진다.

- 자신의 신체를 돌보라. 예방적 돌봄 식이요법을 따르고 신체적으로 문제가 있다면 치료를 받으라.
- 건강하고 균형 잡힌 식사를 하라. 신체적 상태(예를 들어, 알레르기 또는 당뇨병)로 인해 음식 조절을 해야 한다면 반드시 지속하라.
- 운동하라. 현재 건강 상태에 기반을 두고 현실적인 목표를 설정하라. 주로 앉아서 지내왔다면, 다음 6개월 동안은 마라톤을 뛴다는 목표를 세우지 마라. 차라리, 한 달간 1주일에 3일 10분씩 걷기를 목표로 한 다음, 1주일에 4일, 다음에 5일, 그리고 나서 한 번에 15분 걷기를 시도하라.
- 알코올, 마리화나, 코카인, 카페인과 같은 물질을 줄이거나 피하라. 내과의사 혹은 정신과 의사의 치료하에서만 처방약을 복용하라.
- 외관상 작아 보일지라도 자신 있고 능숙하다고 느낄 수 있는 일을 하라.
- 자신을 고립시키지 마라. 정기적으로 친구들에게 전화하거나 함께 시간을 보내라.
- 행복함과 감사함을 느낄 수 있는 소박한 일의 목록을 작성하여(꽃 감상하기, 촛불 켜기, 좋아하는 노래나 CD 듣기, 아침에 일어나기 전에 독서하기) 매일 그중에 적어도 한 가지씩 실천하도록 노력하라.

자신의 진실을 가족과 친구들에게 말하기

부모의 단점과 자신의 환경을 수용하는 한 가지 방법은 자신의 과거와 정서를 가까운 사람들과 얘기하는 것이다. 이 질환과 이 질환이 자신에게 미치는 영향을 알게 되면서, 다른 사람들에게 비밀을 털어놓고 싶은 것은 지극히 당연한 일이다. 그러나, 다른 사람들이 당신의 얘기을 경청하지 않거나, 타당화하지 않을 수도 있라는 점도 명심해야 한다. 이상적인 세상에서는, 사람들은 사적인 얘기를 들을 때 깊이 타당화하겠지만, 불행히도 우리가 사는 세상은 이상적인 세상이 아니다. 그리고 당신은 자신의 감정과 지각을 인정받고 반영받으며 자라지 못했기 때문에, 주변 타인들의 무효화에 민감할 수 있다.

무효화

민감한 가족 상황이나 부모에게 경계선 성격장애가 있다는 의심을 친구에게 털어놓은 결과, "뭐, 그렇게까지 나쁘지는 않은 것 같아." 또는 "그렇지만 너네 아버지/어머니는 아주 좋은 분이잖아. 네가 생각하는 것처럼 그분들이 그런 의도로 그렇게 하진 않으셨을 거야."라는 소리를 들었던 적이 있는가? 당신을 이해한다고 생각했고 그런 걸 털어놓을 만큼 신뢰했던 누군가가 당신의 감정과 지각을 묵살하면 화가 나고, 슬프며, 좌절감을 느끼고, 실망스러울 수 있다. 그러나 타인의 반응이 나 자신의 지각을 무효화하지는 않는다. 왜냐하면 누군가가 동의하지 않고, 당신이 이야기하는 것을 이해하지 못한다고 해서 당신이 틀렸다는 의미는 아니기 때문이다.

어떤 사람이 무효화하는 언급을 할 만한 이유를 몇 가지 생각해 보라. 그것은 가족과 친족에 대한 사회의 신념과 신화 때문일 수 있다.

- 피는 물보다 진하다.
- 부모를 공경하라.
- 사랑은 모든 것을 이긴다.

- 평화를 지키라.
- 치부를 드러내지 마라.
- 이웃사람들이 뭐라고 생각하겠느냐?
- 다른 신념이나, 신화, 속담을 생각해낼 수 있겠는가?

보통 "비밀리에 벌어지는 것"에 대한 논의를 사회적 환경에서는 금지로 생각하기 때문에, 어떤 이들은 가족 역기능과 지극히 정서적인 문제들에 대해 이야기하는 것을 불편해 한다. 따라서 그들은 경험이 많지 않을 수 있고, 어떻게 남의 말을 잘 들어주는 사람이 되는가 혹은 어떻게 다른 누군가가 말하는 것을 타당화해 주는가를 정말로 모를 수 있다. 어쩌면 그들은 진실로 돕거나, 의견(feedback)을 주거나, 해법을 제공하고 싶어 할 수도 있다.

모두가 받아들여야 할 이슈가 있다. 누군가 상대방에게 자신의 이야기를 말할 때 그것이 상대방에게 어떤 생각, 정서, 고통스런 기억을 야기시키는지는 결코 알지 못한다. 상대방이 말하지 않아도(그리고 그들은 스스로 자각하지 못할 수 있다) 당신이 한 말이 정곡을 찌를 수도 있다. 그들의 반응은 사실 당신의 자기공개와 아무런 상관이 없고 오히려 자신의 불안정, 공포, 투사와 더 관련이 있을 수 있다.

자기공개의 원칙

당신이 원하지 않는 사람과는 정보를 공유할 의무가 없다는 사실을 기억하라. 당신의 부모에게 절실하게 원했던(원하는) 모습을 보여주는 누군가에게 유혹되기 쉽다. 따라서 아는 사람이나 친구가 당신과 당신의 삶에 관심을 가지는 것처럼 보일 때, 개인적인 이야기를 빨리 털어놓고 공유하고 싶은 마음이 든다. 한 가지 훌륭한 규칙은 정보를 천천히 드러내는 것이다. 차가운 물이 있는 수영장에 익숙해지는 비유를 명심하라. 처음에 발을 담그고, 다음에 잠시 동안 무릎까지 담가 헤치며 걷다가, 팔과 상체에 약간의 물을 뿌린 후 물속에 들어간다. 당신이 그 사람을 얼마나 잘 알든 간에, 그 사람에게 얼마나 자기공개를 할 것인지는 당신이 결정하라.

멈추어 생각하기: 무효화의 위험을 최소화하기

비밀을 털어놓을 만큼 자신을 편하게 해 주는 누군가의 자질 혹은 행동의 목록을 작성하라. 예를 들어, “말을 끊지 않고, 험담을 하지 않고, 세심하고 공감적이다”와 같은 항목을 나열할 수 있다.

이번에는 그 사람이 자기공개를 할 만한 사람이 아님을 경고하는 행동과 자질의 목록을 작성해 보라. “엄청나게 험담하고, 말 중간에 ‘그건 아무것도 아니야, 나한테 무슨 일이 있었는지 들어봐야 해’와 같은 말로 내 말을 끊는다”와 같은 항목을 나열할 수 있다.

위의 연습은 당신으로 하여금 누가 진정한 친구인지에 대해 더 생각하게 할 수 있다. 인생의 여러 시점에서 그 점을 생각해 보는 것은 중요하다. 당신이 성장하고 변화하며 더 많은 통찰을 하게 되면, 친구들 역시 변할 가능성이 있다. 당신이 어떤 친구와는 맞지 않게 되었음을 알 수 있다. 당신과 가까운 친구가 경계선 성격이 있는 부모처럼 행동하고 있음을 깨닫게 될 수도 있다. 어떤 사람과 시간을 보내는 것이 과거에 그랬던 것만큼신이 나지 않거나, 그들과 만나면서 지루하거나 피곤해진다는 것을 알아차리기 시작할 수 있다. 한 번 더 말하지만, 친구들을 선택하는 것은 당신에게 달렸다. 그 사람이 친구가 되고 싶어하거나, 당신을 필요로 한다고 해서 그 관계가 당신에게 필요하다는 의미는 아니기 때문이다.

정보를 공유하고 싶지 않은 누군가와 함께 있거나, 대화 중에 더 이상 정보공유하기가 불편하다고 느낄 때, “그 이야기는 지금 하고 싶지 않아” 혹은 “오늘은 그 이야기를 하고 싶지 않네” 혹은 “그건 좀 복잡한 이야기야”라고 말하는 게 좋다.

멈추어 생각하기: 제동 걸기

당신 자신의 말과 스타일을 사용해서, 더 이상 자세히 말하지 않겠다고 단호하면서도 예의 바르고 분명히 말할 수 있는 진술문을 3~5개 정도 생각해 보라. 의사소통은 신체 언어와 목소리 어조에 아주 많이 의존한다는 사실 역시 기억하고, 소심하게 허락을 구하는 것처럼 들리지 않도록(거울 앞에서 혹은 친구나 치료자와 함께) 똑바로 서서, 그 사람을 똑바로 보고 진술문을 신중하게 말하라.

당신이 들은 무효화 발언에 대해서 어떻게 반응할 것인지 생각하고 연습하라. 예를 들면 “그것이 당신의 경험인 것 같고, 제 경험은 뭔가 다른 것을 말하고 있어요” 또는 “다른 사람은 그런 식으로 보지 않을 수도 있겠지만 저는 제가 무엇을 아는지 알고 있어요”가 될 수 있다. 사람들이 당신이 말하는 것을 수용하지 않을 것이라는 가정하에 끊임없이 사람을 찾아다닐 수는 없다.

가족 투자

경계선 성격이 있는 부모와 당신이 어떤 경험을 했는지를 가족 구성원들과 이야기할 때는 또 다른 어려움이 있다. 타인이 아니라 가족 구성원들은 당신이 말하는 내용에 보다 관련이 되어 있기 때문이다. 가족 구성원들은 다음과 같이 느낄 수 있다.

- 당신 부모의 질환이 왠지 자신의 잘못은 아닌지 혹은 자신이 어떤 식으로든 원인이 된 것은 아닌지 궁금해 한다.
- 무언가 잘못되었다는 것을 깨닫지 못한 것 때문에 스스로에게 화가 난다.
- 자신의 희망과 기대가 내동댕이쳐진 것에 대해 화나고, 슬프고, 실망스럽다.
- 당신과 형제자매들을 좀 더 보호하지 못한 것에 대해 죄책감을 느낀다.
- 자신에게 경계선 특성이 있거나 커질까 겁을 먹는다.
- 생존자의 죄책감과 유사한 무언가로 고통받는데, 그 경우 왜 자신은 그 장애가 없고 부모는 있는지 의아해 한다.

무효화가 가족 구성원에게서 나올 때, 대단히 충격적일 수 있다. 어머니에게 경계선 성격장애가 있다고 믿고 있는 댄은 이모에게 그 장애에 대해 말했던 일을 회상했다. 한 인터넷 포럼에서 그 장애에 대해 막 알게 되었는데, 그가 읽은 증상들과 이야기들이 자신의 경험과 너무나 똑같아서 "무서웠다." 그가 아동기 때 경험했던 것을 마침내 이해함에 따라 엄청난 안도감을 느끼면서, 이모와 다른 몇 명의 친척들에게 말했다. 이모는 듣고 나서 별 말은 없었지만, 댄이 거짓말을 한다고 이모가 생각한다는 사실을 누나를 통해서 들었다. "이모는 누나에게 제가 어떻게 그런 막돼먹은 놈이 될 수 있는지, 그리고 '명백하게 진실이 아닌'데도 '이 모든 문제를 일으키는지' 물었어요."

친척들에게서 그와 같은 말을 들었을때, 그들이 문제를 부인하는 이유가 무엇인지 생각해 보면 도움이 될 수 있다. 또한 모든 이가 당신 부모에 대해서 같은 경험을 한 것은 아니라는 사실을 기억하는 것도 도움이 될 수 있다. 앞서 논의된 것처럼 경계선 성격이 있는 부모나 그 특성은 어떤 사람은 천사 같이 좋은 사람으로, 어떤 사람은 모든 악의 근원으로 대하여, 형제자매를 갈라놓을 수 있다. 아동기에 대한 지각은 자신의 관점에 따라 매우 다르게 보일 것이다. 다른 친척들, 특히 형제자매는 여전히 부모와 얽혀 있어서 그 역동에 이의를 제기하지 않는, 혹은 할 수 없는, 서로의 관계에 휘말려 있다. 하지만 당신은 자신이 경험한 것을 알고 있다는 사실을 기억하라. 누군가 그것을 달리 보거나 당신의 해석에 이의를 제기한다고 해서 당신이 틀린 것은 아니다. 그 사실이 당신의 감정을 약화시키지도 않으며, 진실을 바꾸지도 않는다.

Part 2: 현재 The Present

Chapter 4

죄책감, 책임감, 용서

Guilt, Responsibility, and Forgiveness

경계선 성격이 있는 부모를 두었던 성인 자녀들이 흔히 경험하는 죄책감은 무엇인가? 죄책감을 흔히 수치심과 혼동하지만, 사실 두 가지는 다른 것이다. 죄책감은 정서이며, 자신이 무언가를 잘못했다는 느낌이다. 작가 존 브래드쇼에 의하면, "건강한 죄책감은 양심의 정서적 핵심으로, 신념과 가치에 반하는 어떤 방식으로 행동하는 것에서 생기는 정서이다. 죄책감은 내면화된 규칙이 무엇인지 예상케하며, 수치심보다 더 늦게 발달한다. … 죄책감은 한 사람의 정체성을 직접적으로 반영하지 않고, 개인적 가치감(sense of personal worth)을 감소시키지 않는다(1988, p. 17)." 이러한 관점에서 볼 때 무언가를 훔치는 것이 나쁘다고 믿고 있으나 어떤 이유에서든 훔쳤다면, 죄책감을 느끼는 것은 건강한 반응이다. 당신은 자신의 신념과 가치에 반하는 행동을 했고, 자신의 내적 규칙을 어겼다.

왜 죄책감을 느끼는가?

죄책감이 건강한 반응일 수 있지만, 유해한 죄책감은 또 다른 얘기다. 마음속에서 반복적으로 떠오르는 죄스러운 생각들은 내면화된 죄책감으로 자리 잡고, 책임질 수 없었던 것들까지도 책임지는 느낌으로 내면화된다. 이런 종류의 죄책감은 경계선 성격이 있는 부모에게서 양육되어 성인이 된 자녀에게 흔하게 나타난다. 그러면 그것은 어디에서 비롯되는가?

죄책감의 근원은 다음 중 어느 하나 혹은 여럿이 될 수 있다.

통제감의 욕구. 막중한 책임감은 무력하고 통제할 수 없다고 느끼는 상황에서 강력함과 통제감을 줄 수 있다(Bradshaw, 1988). 예를 들어, 어떤 소녀가 아버지의 반복된 자살 시도에 대해 책임이 있다고 느낀다. 아버지가 하는 행동이 그 자신의 선택이라는 사실을 깨닫기에 소녀는 너무 어리다. 그 소녀는 학교에서 돌아왔을 때 죽기 직전인 혹은 죽어 있는 아버지를 발견할 것 같은 끊임없는 두려움 속에 산다. 죄책감과 책임감이 있기에 소녀는 불안정한 가정생활을 다소 통제할 수 있다고 느낀다.

가족 내에서 하거나 했던 역할들. 부여된(assigned) 가면을 제거하거나, 가식을 거부하거나, 심지어 자신의 경험에 대하여 타인들에게 공개적으로 말하기 시작하면, 비록 잠자코 암암리에 동의한 것일지라도, 약속을 깨고 다른 사람을 폭로했다는 죄책감을 느낄 수 있다. 예를 들어, 경계선 성격이 있는 엄마에게 아주 착한(all-good) 아이로 보였던 남성은 심리치료 회기를 시작하여 자신의 아동기에 대해 말하면서 죄책감을 느낄 수 있다. 어릴 때는 엄마의 보호자이면서 친구였지만, 상담시간에 자신의 경험에 대해 비판적으로 생각할 때마다 어머니를 배신하는 것처럼 느껴졌다.

약한 경계와 투사적 동일시. 다른 누군가와 휘말려 있을 때 혹은 경계가 분명히 정의되어 있지 않을 때, 어디까지가 자신의 의무와 책임이고, 어디까지가 부모의 의무와 책임인지를 판단하는 것은 어려운 일이다. 부모는 무의식적으로 자신의 죄책감을 자녀에게 투사할 수 있다. 이는 경계선 성격장애에서 흔한데, 부모는 자신의 죄책감을 피하려하며 아이는 그 투사를 동일시하여 부모를 대신해 죄책감을 느끼기 쉽다. 이를 투사적 동일시라고 하며, 그것이 어떻게 작용하는지에 대한 예는 다음과 같다. 엄마는 어느 날 유난히 아이에게 조급하고 참을성이 없어진다. 아이가 "엄마 배고파. 지금 밥 먹을 수 있어요?"라고 묻자 엄마는 침착함을 잃고 소리 지른다. "넌 어떻게 너밖에 모르니? 아직 밥 먹을 시간 아니잖아?" 엄마는 아이에게 자신의 정서를 투사하고 있는데 진실로 전달하고 싶은 것은 "엄마는 지금 너무 피곤해. 지금 밥 차릴 힘이 하나도 없단다. 하지만 그렇게 느끼면 난 이기적인 사람이 되고, 그런 나를 인정하기 힘들어. 그래서 난 지금 내 정서가 너에게 있고, 네가 잘못했다고 말하는 거야." 엄마가 자신에게 한 말이 사실이라고 생각한 아이는, 배고플 때 밥을 달라고 한 것이 왜 잘못인지를 이해하려고 애쓴다. 결국 아이는 a) 자신이 엄마의 반응에 책임이 있고, b) 자신은 이기적이라고 생각한다. 아이는 그 생각을 내면화하고, 유해한 죄책감은 내면에 쌓인다.

죄책감은 어떻게 작용하는가

성인 자녀들은 죄책감을 느낀 후에 경계선 성격이 있는 부모가 과연 죄책감을 의식적이고 고의적으로 이용하는지 알고 싶어 한다. 의식적으로든 무의식적으로든, 정서적 문제(challenges)가 있는 사람들은 다음과 같은 시도를 통해 타인들로 하여금 죄책감을 느끼게 만든다.

- 자신의 환경을 통제하고, 알 수 없는 것들은 최소화한다.
- 다른 사람에게서 원하는 결과를 도출하거나, 상황에서 원하는 결과를 이끌어낸다.
- 자신의 행동에 대해 책임지거나, 자신의 감정을 수용하거나, 혹은 자신의 생각에 직면하기를 피한다.

중요한 발달과정 동안 수많은 정서와 그 정서의 복잡성을 고려할 때, 죄책감의 기원을 알아내는 일은 지극히 어려울 수 있다. 죄책감은 한 가족 내에서 아주 미묘한 방식으로 작동할 수 있으며, 어떻게 작용하는지는 단지 몇 가지 기억할 만한 사건만으로는 명백하지 않을 수 있다. 사실 수많은 외관상 좋은 경험이 세월이 흐르면서 당신의 정서를 강화했을지도 모른다.

다음은 경계선 성격이 있는 부모의 성인 자녀들이 과도하게 죄책감과 책임감을 느끼게 되는 몇 가지 방식이다.

현실을 다르게 지각함. 현상을 다르게 인식하는 것은 허락되지 않는다. 경계선 성격이 있는 부모는 자신의 지각이 올바른 방식이라고 타인에게 강요한다. 예를 들면, 성인 자녀인 미카는 특정한 주말에 시간이 있고 너무 피곤하지 않다면 부모가 거실 페인트칠하는 것을 돕겠다고 제안했다. 부모는 (그들이 원하기 때문에) "제가 틀림없이 거실 페인트칠하는 것을 도울게요"라고 들었다. 주말이 다가오면서, 미카는 그 일을 감당할 수 없다고 결론 내리고 부모에게 도와줄 수 없다고 말했다. 부모는 이렇게 대답했다. "너만 믿고 시작했는데 이제 와서 그렇게 말하면 어떻게 하니? 네가 하겠다고 말했잖아. 너 없으면 우리는 이거 다 못해."

비판과 비난. 부모의 가차없는 반대와 부적절한 비난은 죄책감으로 이어질 수 있다. 무언가를 망쳤다고, 부적절하게 행동했다고, 무언가를 해서는 안 되었다고(혹은 무언가를 했어야 했는데 안 했다고), "너는 항상…"이라는 말을 끊임없이 듣는다면 책임이 자신에게 있고, 자신이 다른 사람을 실망시킨다고 믿기 시작할 수 있다. 심지어 부모가 비난하던 일을 자신이 했을지도 모른다는 의심이 들기 시작한다. 이제 당신이 문제라는 부모의 믿음은 확실시된다.

승산이 없는 상황에 처한 자신을 발견하기. 무엇을 하든 간에, 당신은 틀렸다. 예를 들어, 비난에 맞서 의견을 말하면 부모는 당신이 왜 "그토록 방어적인지" 묻거나, 위로하거나, 너무 예민하다고 말할지 모른다. 그렇다고 스스로를 방어하지 않고 가만히 있으면 당신이 잘못을 인정했고, 부모의 생각이 맞았다고 해석한다. 어느 쪽이든 당신은 진다. 그리고 당신은 자신에게 책임이 있고, 자신이 잘못했다고 느끼기 시작한다. 릴리는 자신이 하지 않은 행동에 대해 비난받았던 일을 회상했다. 진실을 말했을 때 의심받은 것과 신뢰를 받지 못한 것에 대한 좌절감으로 울곤 했다. 엄마는 놀리듯 말하곤 했다. "뭐가 문제니? 나한테 들켜서 우는 거니? 양심에 가책이 되는구나." 다른 사례에서 셔럴은 엄마의 최근 생일을 기억했다. "엄마는 제게 생일선물은 필요 없다고 하셨어요. 선물 살 돈으로 저금하라고 하셨어요. 엄마 생신날에 카드를 보내고, 전화를 드렸죠. 엄마는 실망한 목소리로 이렇게 말하시더군요." "카드는 고맙지만 약간 실망했다. 네 언니는 비싼 꽃다발을 보냈더라."

부인과 투사. 경계선 성격이 있는 부모는 자기 행동의 영향을 부인하고 대신 당신을 비난한다. 예를 들어, 부모는 당신을 놀리는 심한 농담을 하고는 당신이 웃지 않으면 "넌 내 유머 감각을 제대로 알지 못하는구나. 왜 그렇게 모든 것에 대해 심각하니?"라고 말할 수 있다. 혹은 부모에게 어떻게 그런 말을 할 수 있는지 물으면, 다음과 같이 투사할 수 있다. "넌 내가 까다롭다고 생각하니? 네 생각에서 벗어나면, 까다로운 사람은 바로 너라는 걸 알게 될거다."

순교자인 척 하는 부모. "결국 내가 너를 위해 했던 모든 것이…" "너는 내가 했던 모든 희생을 알지 못해" "네가 결국 나를 이렇게 대할 줄 알았다면…" "네가 나를 어떻게 대하든, 나는 너를 언제나 사랑한다"와 같은 말을 들었거나 들을 수 있다.

애정을 주지 않기. 부모는 어떤 문제의 책임이 당신에게 있다고 생각하여 애정을 부인하거나, 침묵하거나, 당신이 고백하거나 사과할 때까지 걷잡을 수 없이 격노할 수 있다.

멈추어 생각하기: 죄책감

죄책감이 당신의 삶과 부모와의 관계에서 어떻게 작용했는지 생각해 보라. 당신이 죄책감을 느끼는 것들은 무엇인가? 생각이 떠오르는 것은 무엇이든 열거하되, 스스로를 검열하거나 "…에 대해서 죄책감을 느껴서는 안 되는데"라고 생각하지 마라. 몇 가지 예를 들면, 다음과 같은 것들에 대해 죄책감을 느낄 수 있다.

- 부모와 함께 휴가를 보내지 않은 것
- 연락이나 방문을 하라는 부모의 요청을 거절한 것
- 오랜 세월 당신을 위해 부모가 한 모든 희생
- 자신의 성취에 자부심을 느낀 것
- 타인들로부터 도움이나 선물을 받은 것
- 부모가 죽었으면, "그저 사라져 주었으면" 혹은 영원히 당신을 혼자 놔두었으면 하고 바란 것

당신의 사고를 촉발하기 위해 『살얼음판 위를 걷기 워크북(Kreger and Shirley, 2002)』에서 각색한 연습을 할 수 있다. 각자의 경험을 생각해서 다음의 빈칸을 작성하라. 처음 시작은 "나는 죄책감을 느낀다. 왜냐하면…" 이다.

- ____을 생각하거나 생각하지 않아서
- ____을 하거나 하지 않아서
- ____을 느끼거나 느끼지 않아서
- ____을 말하거나 말하지 않아서

- ____을 믿거나 믿지 않아서
- ____에 도전하거나 도전하지 않아서
- ____을 가지거나 가지지 않아서
- ____하게 행동하거나 행동하지 않아서
- ____에 반응하거나 반응하지 않아서
- ____이거나 ~이지 않아서

나열한 각 항목에 대해, 왜 죄책감을 느끼는지 생각해 보라. 원가족 내에서 죄책감이 어떻게 작용했는가(하는가), 그리고 그것이 어떻게 당신의 책임감을 조장했는가?

오로지 자신의 감정만을 소유하기

죄책감을 느끼는 경우 긍정적인 점은 죄책감을 느낄 필요가 없었다는 것을 알게 되면 보상을 받는다는 사실이다. 그러나 경계선 성격이 있는 부모의 비난과 투사 속에도 진실의 일면이 있을 수 있기 때문에 그것이 그리 쉽지는 않다. 예를 들어 부모는 이렇게 말할지 모른다. "나에게 무언가를 말할 때는 항상 화가 난 것 같구나. 넌 왜 맨날 그렇게 나에게 화가 나 있니? 내가 너에게 도대체 뭘 그렇게 잘못했니?" 이 말은 부인과 투사라는 방어를 사용하여 당신의 분노에 대한 책임이 부모에게 있음을 인정하기 싫다는 것을 나타낸다. 그러나, 당신이 부모에게 말할 때 "항상 화가 난 것처럼 보인다"는 관찰에는 진실이 담겨 있을 수 있다.

멈추어 생각하기: 내가 잘못했나?

자세히 살펴보는 일이 혼란스러울 수 있지만, 자신의 죄책감과 책임감이 타당한지? 혹은 그럴 필요 없는 감정인지를 알 수 있는 방법이 몇 가지 있다. 스스로에게 다음과 같은 질문을 던져라.

- 그 비난의 정도는 실제로 내가 잘못한 만큼이었나?(비난의 정도와 당신이 잘못한 정도가 일치하든 아니든 인간은 실수할 수 있다는 점도 인정하라)
- 나는 상대방이 정한 경계를 넘었는가?
- 내가 지키지 못할 약속을 했는가?
- 정말로 나에게 책임이 있는가? 내가 결과를 바꿀 수 있었나?
- 나의 의도나 동기는 무엇이었나?
- 직감이나 직관은 그 상황과 나의 책임 수준이 어느 정도여야 한다고 말하는가?
- 여러 가지 유사한 환경에서 친한 친구들(혹은 존경하는 다른 누군가)은 내가 책임이 있었다고 생각할까?
- 나의 말이나 행동 중 어느 것이 자기 보호 또는 자기 보존 노력이었는가?

고려해 볼 다른 질문들은 다음과 같다.

- 당신의 책임이 아닐 때 죄책감을 느낌으로써 치루어야 할 대가는 무엇인가? 그 일이 당신의 에너지나 정서적 강점을 약화시키거나, 가족과 함께하는 시간을 빼앗거나, 건강에 영향을 미치는가?
- 죄책감을 느낌으로써 부모와의 관계에서 도움이 되는 것이 있는

가? 당신은 통제감을 더 느끼는가? 당신에게 도움이 되는 다른 이득이 있는가?

- 죄책감과 책임감을 포기함으로써 무엇을 얻는가?

죄책감이 실제로 정당하다면, 자신의 행동을 다루고 교정하는 방식을 생각하라. 죄책감의 일부가 정당하지 않다면, 자신이 잘못한 부분에 대해서만 죄책감을 느낄 수 있는 작업을 해야 한다.

놓아주기

놓아준다는 것은 타인의 생각을 자신이 바꿀 수 없다는 사실을 아는 것이다. 가족 논쟁에서 아버지 편을 들지 않았다고 아버지가 당신을 세상에서 가장 나쁜 아이라고 생각한다면, 그런 아버지의 생각을 바꾸는 것은 당신의 몫이 아니다. 당신의 에너지를 당신 삶의 다른 관심사에 쓰는 것이 낫다. 엄마가 생일선물을 하지 말라고 말해 놓고 정말로 하지 않은 일에 대해 실망했다고 말한다고 해서 당신이 죄책감을 느낄 필요는 없다.

또한 당신은 누구에게도 설명할 의무가 없으며, 비난이나 비판에 대해 자신을 방어할 필요도 없다. 단순히, "그것참 안됐군요. 그렇게 느낀다니 유감입니다"라고 말하면 충분하다. 랜디 크레거와 폴 셜리(2002)는 당신이 스스로를 설명하거나 방어할 필요가 있다고 느낄 때 사용할 수 있는 반응 목록을 제공했다. 그들의 목록을 각색한 반응 목록은 다음과 같다.

- 미안해요, 전 할 수 없을 것 같아요.

- 속상하게 해서 미안해요.
- 단지 그건 할 수 없어요.
- 그런 식으로 느끼는 것은 이해하지만, 저는 여전히 아니오라고 얘기할 수밖에 없어요.
- 그건 당신의 선택이고, 이건 제 선택이죠.
- 예전에는 당신을 위해서 했지만, 이제는 할 수 없어요.
- 당신 말에도 일리가 있지만, 제 대답은 여전히 '아니오'예요.
- 당신이 그렇게 느낀다는 것은 알지만, 다른 방법을 찾았으면 해요.

일치되는 비음성언어를 사용해서 자신의 말로 편하게 할 수 있을 때까지 거울 앞에서 혹은 신뢰할 수 있는 친구나 치료자와 함께 연습할 수도 있다. 막상 실제 상황이 닥치면 연습한 것과는 달리 "알겠어. 마지막 딱 한 번이야"라고 말할 수도 있다. 그러나 자신의 것이 아닌 정서를 수용하지 않는다면 자존감은 높아질 수 있다.

책임감

죄책감을 얘기할 때, "내가 부모의 행동과 반응에 책임이 없다면, 누가 책임을 지는가? 우리 부모가?"라고 물을 수 있다. 책임감에 대한 문제는 복잡한 것이다. 경계선 성격장애는 책임감의 문제를 특히 복잡하게 만든다. 경계선 성격장애가 있는 사람은 극도의 정서적 동요로 인해 감정과 해동이 혼란스럽고, 연결되지 않으며, 모순되어 보인다. 그리고 나서 엄청난 죄책감과 수치심, 심지어 후회마저 느끼는데, 이 때문에 그들은 자신의 행동을 소유하기가 어렵다. 그들은 수치와 후회의 감정을 어떻게 직면해야 하는지 모르거나, 자신이 타인들에게 미치는 영향에 대한 통찰과 정서적 예민함이 부족할 수 있다.

당신은 어릴 때(혹은 성인이 되었을 때) 부모가 당신에게 한 부정적인 말을 부모가 알고 있는지 궁금할 수 있다. 부모는 전혀 기억하지 못한다고 하지만, 밤 늦은 시간에 당신과 형이 집에 들어오지 못하게 문을 걸어 잠근 일을 정말로 부모가 기억을 못하는지 궁금할 수 있다. 엄마가 얼마나 당신을 공주처럼 키웠는지 얘기하지만, 실제로는 매년 겨울 입을 옷이 없었다는 사실을 엄마가 모른다는 게 도저히 이해가 가지 않을 수 있다. 부모는 정말로 기억하지 못하는가? 그들은 역사를 다시 썼는가? 그 당시 부모 자신이 했던 일들이 위험하거나, 건강하지 못하거나, 잔인했을 수 있다는 사실을 정말 몰랐을까?

부모의 대답은 사건과 맥락에 따라 다르다. 어떤 경우 부모는 자신의 분노를 매우 부끄러워하여 화났거나 투사한다는 것을 강하게 부인하며, 당신에게 투사할 것이다. 어떤 경우에는 격노하는 동안 해리가 되어 자신이 차 유리창을 깼다는 사실도 기억하지 못할 수 있다. 어떤 경우에는 실제로 기억함에도 불구하고 당신에게 끔찍한 말을 했다는 사실을 기억하지 못한다고 말할 수도 있다.

한 여성은 자신이 엄마에게 왜 그렇게 했냐고 물으면 엄마는 "내가 너희들을 사랑한다는 걸 알잖니. 나는 할 수 있는 최선을 다한 거야"라고 울면서 말하곤 했다고 회상했다. 그러나 어떤 경우 엄마는 화가 나서 소리를 질렀다. "너나 네 언니는 너희가 얼마나 건방지고 까다로운지 알기나 하니?" 또 어떤 때 엄마는 자신이 한 말과 행동을 절대로 인정하지 않았다.

어떤 반응도 자녀의 경험을 타당화하지 않는다. 부모가 자신의 행동을 기꺼이 소유하지 않는다면 앞서 논의한 대로, 자녀가 부모의 행동에 대한 책임을 의식적으로든 무의식적으로든 맡으려 할 수 있다. 부모에 대해 연민을 느껴서, "하지만 어쩔 수 없어. 엄마는 아프잖아" 또는 "아버지도 자기 부모에게서 배우지 못했으니까"라고 생각할 수 있다. 이런 진술은 타당하다. 그러나 누구도 부모에게 경계선 성격장애를 부여하지 않았다. 부모 또한 그 장애를 선택하지 않았고 그것을 지닌 채 살기는 쉽지 않다. 언제나 부끄럽게 느낀다고, 사람들이 자신에게 해코지할 것이라고, 모든 것이 안전하지 않다고, 사랑하는 사람들이 언제라도 불쑥 일어서서 떠날지 모른다고 상상해 보라. 매우 취약하고 통제하지 못한다고 상상해 보라.

그렇지만 경계선 성격장애나, 기능과 타인들과의 상호작용에 영향을 미치는 다른 어떤 일련의 증상이 있는 사람들은 그것을 무시하거나 관리하는 노력을 할 수 있다. 한 남성은 엄마가 증상을 인정하고 도움을 구하지 않는 것은 마치 당뇨병 환자가 반드시 후식을 먹으려는 것과 유사하다고 말했다. 한 여성은 인터넷 게시판에 다음과 같이 올렸다.

> 당신이 신체적 장애가 있는 사람을 알고 있다고 하자. 만약 그 사람이 노력하고, 물리치료를 받는다면(길고 고통스럽지만), 거의 정상적인 삶을 살 수 있는 기회가 생길 수도 있다. 그는 아마 걷고, 달리고, 운동하고, 놀 수 있게 될 것이다. 그러나 그 사람이 도움을 구하지 않고, 빈둥거리면서 하루 종일 불평만 한다고 생각해 보자. 자신의 괴로움에 대해 주변의 모든 사람을 비난한다고 상상해 보라. 다른 모든 사람이 자기의 비위를 맞추고 돌봐 주길 원한다고 상상해 보라. 그렇다면 당신은 얼마만큼 연민을 느낄 것인가?
>
> 경계선 성격장애의 특성으로 인해 자신이 결코 완벽하지 않으니 치료를 받아야 한다는 사실을 받아들이기 어렵다는 것은 나도 안다.

그러나, 회복된 경계선 성격장애의 사례들도 있다. 가능하다. 나의 부모는 치료를 받지 않기로 선택했다. 엄마는 고통받고 있어서 슬프다고 느끼지만, 고통을 받지 않기 위해서 뭐라도 할 수 있는 유일한 사람은 엄마 자신이다. 그러나 엄마는 아무것도 하지 않기로 선택했다는 사실을 나는 안다. 내가 할 수 있는 일은 아무것도 없으며, 책임감을 느끼지 않는다. 그리고 나는 엄마가 자신의 괴로움을 더 이상 나한테 떠넘기지 않도록 할 것이다.

부모가 자신의 특정한 행동을 인정하지 않는다면, 변화에 대한 희망은 거의 없다. 미시간 대학교 의학부 정신의학과 교수이며 성격장애자의 신경생물학에 관한 두 권의 책을 편집한 케네스 실크에 따르면,

"치료법은 그리 많지 않아서 경계선 성격장애가 있는 사람들이 해야 할 일 중 하나는 자신은 극복할 수 있고, 기량이 있으며, 능력이 있다고 스스로를 믿는 것이다. 그들은 자신의 행동에 책임질 필요가 있다. 그들이 누군가를 조정한다거나, 실제로 증상이 없다는 게 아니다. 그러나 우리 모두는 긴장을 어떻게 풀 것인지, 결과는 어떻게 될 것인지에 대해서 결정해야 한다. 경계선 성격장애자들은 우리가 받아들일 수 없는 행동을 정당화하고, 외현화한 뒤, 합리화하는 경향이 있다. 그러나 그들이 자신의 행동의 일부라도 인정하지 않는다면, 변화는 일어나지 않는다(2002)."

성인 자녀의 관점에서 타당화(validating) 경험이란 부모가 자신의 행동과 그것이 성인자녀에게 미친 영향을 인정하고, 사과하고, 변화하는 것이

다. 부모가 이것을 일부 영역에서만 할 수도 있다. 그렇다고 해도 당신은 부모가 자신의 감정과 행동을 인정하기를 계속해서 바랄 수는 없다. 이 경우 할 수 있는 또 다른 선택은 현재로서는 부모가 그렇게 할 능력이 없다는 것을 받아들이고 당신의 삶에서 바꿀 수 있는 것에 집중하는 것이다.

자신을 책임지기

고통스러울 때 누구를 비난할지, 누구에게 책임이 있는지를 스스로에게 묻는 것은 쉬운 일이다. 이는 정상이며, 이렇게 하여 누가 잘못했고, 고통이 왜 그리고 얼마나 끔찍한가에 대해 집중함으로써 나쁜 감정 중 일부를 방출한다. 그러나 당신이 어떻게 느끼는가에 대해 누군가를 비난한다면, 당신은 스스로를 희생자로 만드는 것이다(McKay, Rogers, and McKay, 1989). 왜냐하면 이렇게 함으로써 당신은 자신의 웰빙을 경계선 성격장애인 부모의 손에 맡긴 것이다. 그러한 부모와의 경험을 고려해 볼 때 이는 그다지 사려 깊은 결정은 아니다.

재구성하기

당신이 정서적으로 문제가 있는 사람과 함께 지내는 것이 아니라, 당신과 부모는 서로 다른 욕구를 지니고 있다고 재구성하는 것이 도움이 될 수 있다(McKay, Rogers, and McKay, 1989). 예를 들어, 부모는 자기감(sense of self)을 보호하고 자신이 느끼는 수치심을 최소화하기 위해 자기 감정을 투사하고 과거 행동에 대한 책임을 부인하려는 욕구를 가지고 있다. 반면에, 당신은 자신이 겪은 정서적 학대의 타당화에 대한 욕구를 지니고 있기 때문에 건강한 삶을 살기 원한다면 부모의 투사를 더 이상 수용하거나 동일시할 수 없다. 이런 식으로 볼 때 부모를 비난할 필요도 없고, 당신은 더 이상 "악당(bad guy)"의 희생자가 아니다.

McKay, Rogers, and McKay(1989)의 저서를 참고한, 개인적 책임감에 대한 다음 개념들을 고려해 보라. 이 진술문을 처음 읽으면 급진적으로 들릴 수 있다는 점을 명심하라. 이 진술문은 당신의 과거 경험을 무효화하거나 최소화하려는 것이 아니라, 오히려 다른 불빛에서 자신의 현재 감정을 보도록 돕기 위해 만들어진 것이라는 점 또한 명심하라.

- 만족할 수 있는 상호작용의 수준이 어느 정도인지는 당신이 선택해야 한다.
- 상호작용을 위한 전략이 효과가 없다면, 상대방을 비난해 봐야 소용없다.
- 스스로에게 묻는 최선의 질문은 "누가 내 고통에 책임이 있지?"가 아니라 "그것에 대해 뭘 할 수 있지?"이다.
- 다른 사람이 변하거나 지금보다 크게 달라질 거라고 기대해서는 안 된다.
- 관계는 두 가지 근본적인 선택으로 요약된다. 즉, 적응하거나 놓아주는 것.
- 성인으로서, 당신은 결코 희생자가 아니다(비록 돌봄과 양육에 책임이 있는 바로 그 사람들에 의해 배신당하고 방치된 희생자였을 수 있다고 해도).

비슷한 맥락에서, 『사랑을 창조하기』에서, 존 브래드쇼(1992)는 가족치료자인 버지니아 사티어의 말을 바꾸어 다음과 같이 표현한다.

…사람들이 매우 기능적일 때, 그들에게 주어지는 다섯 가지 자유가 있다. 그들은 다음과 같은 것들을 할 자유가 있다.

- 보고 들어야만 하는 것이 아니라 보고 듣는 것을 보고 듣는다.
- 생각해야만 하는 것이 아니라 생각하는 것을 생각한다.
- 느껴야만 하는 것이 아니라 느끼는 것을 느낀다.
- 원해야만 하는 것이 아니라 원하는 것을 원한다.
- 상상해야만 하는 것이 아니라 상상하는 것을 상상한다(p. 132).

당신이 자유롭게 할 수 있는 것으로서, 그리고 그렇게 할 책임이 있는 것으로서 다섯 가지를 생각해 보라.

멈추어 생각하기: 소유권을 가져오기

자신의 생각, 감정, 행동, 반응의 소유감(sense of ownership)에 대한 다음의 진술문들을 완성하라. 옳거나 그른 답은 없다. 그저 떠오르는 생각으로 공란을 채우라.

- 누가 그것에 대해 뭐라고 말하든지, 나는 ____을 생각할 권리가 있다.
- 누가 그것에 대해 뭐라고 말하든지, 나는 ____하게 느낄 권리가 있다.
- 누가 그것에 대해 뭐라고 말하든지, 나는 ____하게 행동할 권리

가 있다.

- 나는 ____을 통제하지 못할 수 있지만, ____은 통제한다.
- 나는 ____에 대하여 선택할 능력이 있다.
- 내가 ____할 때, 나는 나 자신의 삶을 통제한다고 느낀다.

이 진술문들을 완성한 후에 어떻게 느끼는지 주목하라. 무섭거나, 안심되거나, 화가 나는가?

자신의 반응을 일지에 적으라.

용서

가족 역기능과 부정적 아동기 경험에 대해 얘기하면서 용서의 문제를 제기하지 않을 수 없다. 문제들이라고 복수형으로 하는 게 더 맞을 것이다. 정확히 말해 용서란 무엇인가? 그게 어떻게 당신을 도울 수 있는가? 만약 용서하고 싶다고 결정하면, 어떻게 부모를 용서하는가?

용서에 대한 다양한 개념은 성경에서, 정신치료 문헌에서, 대중매체에서 찾을 수 있다. 무엇이 용서가 아닌지에 관해서 논의하는 것이 더 도움이 될 수 있다.

용서는 자신의 경험을 잊거나 부인한다는 의미가 아니다. 용서는 당신이 느낀 상처를 잊거나, 최소화하거나, 부인한다는 의미도 아니다. 오히려 잘못을 인정하고, 연관된 감정을 수용하고, 책임 있는 사람의 죄를 놓아버리는 것을 의미한다. 당신의 기대와 상황이 달랐어야 한다는 신념을 포기하는 일도 포함한다. 그러나 용서가 잊는 것은 아니다. 그저 상처가 자신에게 미치는 영향력을 감소시키는 것이다.

용서는 봐주거나 용납하는 게 아니다. 누군가를 용서한다고 해서 그 사람의 행동이 괜찮다거나 그것을 승인한다는 메시지를 보내는 것은 아니다. 덜 심각한 침해라면 봐주거나 용납할 수도 있다. 용서는 어떤 식으로든 깊게 상처 받았을 때 등장하는 큰 총이다. 역설적으로 들리겠지만, 당신이 가장 용서해야 할 사람은 당신을 가장 상처 준 사람이다.

용서는 병든 관계에 대한 빠른 해결책도 아니고, 당신이 어떻게 대우받았는지에 대한 고통스런 감정을 피하기 위해 사용하는 도구도 아니다. 친구나 친척이 분노와 고통으로 여전히 부글부글 끓고 있는데도 "난 더 이상 억울하지 않아. 난 그 사람을 용서했어"라고 말하던 모습을 기억할 것이다. 용서는 조만간 실제로 믿게 될 것이라는 희망으로 반복해서 암송하는 주문이 아니다. 용서는 고통스러운 정서를 느끼고 수용하지 않기 위해 대신 하는 것도 아니다. 오히려 용서는 나중에 자신에게 줄 수 있는 보상이라고 생각하라.

용서했다고 반드시 말해야 할 필요도 없다. 용서했다고 말할 수 있지만 어떤 경우에 당신이 용서한 사람은 이미 죽은지 오래되었거나, 더 이상 당신의 삶에 중요한 사람이 아닐 수 있다. 괜찮다. 용서는 자신을 위해 하는 일이다. 다른 누구도 알 필요가 없다. 알릴 의무도 없다.

당신에게 상처를 준 사람이 회한, 후회, 혹은 회개의 표현을 해야만 용서를 하는 것도 아니다. 어떤 사람들은 문제의 그 사람이 회한이나 변화의 조짐을 보여줄 때까지 용서하지 않겠다고 다짐하지만, 용서는 다른 사람의 행동이나 의도에 의존할 필요가 없고 오로지 자신에게 달려있다. 용서는 일방적인 당신의 결정이다.

용서는 더 큰 사람 혹은 순교자가 되는 것도 아니고, 옳은 일을 하는 것도 아니다. 다시 말하지만, 자신을 위해 용서하는 것이지 누군가가 당신이 용서해야 한다고 말하기 때문에 하는 게 아니다.

용서는 어느 때, 한 번으로 끝나는, 모 아니면 도의 거래가 아니다. 용서는 단일한 사건이 아니라 과정이다. 누군가를, 어떤 행위에 대해서만 용서할 수 있다. 몇 주, 몇 달, 혹은 몇 년에 걸쳐서 천천히 용서하기로 결정할 수 있다. 자신의 정서가 변하거나 새로운 정보가 밝혀지면, 용서에 대한 마음을 바꿀 수 있다. 심지어 지금 그리고 앞으로도 영원히 용서하지 않겠다고 결정할 수도 있다. 이 모든 것은 당신에게 달렸다.

용서에 대한 신념

우리는 모두 용서에 대해 어떤 신념을 가지고 있다. 그 신념은 머리 속에서 맴도는 속담이며, 조부모, 선생님, 정신적 조언자, 친구들로부터 얻은 교훈들이다. 그러나 그 교훈들은 정확하지 않을 수 있다. 다음 중 어떤 것을 들어 본 적이 있는가?

- 용서하고 잊어라.
- 복수는 달콤하다.
- 그냥 그쯤 해 두어라.
- 용서는 겁쟁이들, 만만한 사람들, 종속적 관계자들을 위한 것이다. 나는 마음을 바꾸지 않을 것이다.
- 용서한다는 것은 상대방을 자유롭게 해 주는 것이다.
- 용서는 그 사람과 화해해야만 하는 것을 의미하며, 나는 결코 그렇게 하지 않을 것이다.

● 지금이 기회이다. 용서하지 않는다면, 엄마 혹은 아빠가 돌아가셨을 때 후회하게 될 것이다.

이외에 들어 본 다른 것들이 있는가?

멈추어 생각하기: 용서에 관한 신화와 신념

- 용서에 대한 자신의 신념은 무엇이며 그것은 어디에서 왔는가?
- 신화처럼 보이는 것에 대하여, 그 생각을 좀 더 건강한 것으로 바꿔주는 새로운 진술문을 써 보라.
- 당신은 용서를 무엇이라고 정의하는가? 예를 들어, "용서는 내가 ____하는 과정이다"라고 적을 수 있다.

왜 용서하는가?

48세 발레리는 깊은 분노로 인해 자신이 "모래 늪(quicksand)에 가라앉고" 있어서 아버지를 용서하기로 선택했다. 아버지를 용서한 후에 친구들은 발레리가 얼마나 좋아 보이는지에 대해 언급했으며, 무엇을 한 것인지 알고 싶어 했다.

용서하는 이유는 고통스럽고 상처받은 감정상태인 자신의 존재를 해방시키기 위해서이다. 이것이 부분적으로 용서를 그토록 어렵게 만드는 것이다. 당신이 용서한다면, 자신의 일부분을 잃는 것처럼 보일 수 있다.

어떤 면에서는 그렇다. 그러나 그 일부는 분개, 원한, 악감정(터져서 다른 신체 부위에 해를 미치는 맹장처럼)을 품고 있기 때문에, 사실 없는 게 더 나을 수도 있다. 그러한 감정은 미래의 상처로부터 자신을 보호하지만, 또한 당신으로 하여금 계속 긴장하고 경계하도록 하며, 타인과의 새로운 경험에 닿을 수 없도록 한다.

용서는 당신이 평화로운 감정을 찾도록 도울 수 있다. 용서함으로써 당신은 자신도 실수할 수 있고, 완벽하지 않으며, 잘못된 일을 할 때도 있음을 인정할 수 있다. 용서는 부정적 감정의 마력에서 당신을 해방시킨다. 그렇게 함으로써 당신은 자신의 삶을 살 수 있다. 더 이상은 당신의 에너지를 과거에 대해 반응하는 데 사용하지 않을 수 있다.

용서할 준비가 되었는가?

용서는 아주 건강하고 좋게 들린다. 그렇다면 당신이 용서할 준비가 되어 있다는 것은 어떻게 알 수 있을까? 발레리는 아버지를 용서할 준비가 되었다고 생각하지 않았지만, 한 불교 신봉자를 만나게 되어 자신의 분노를 좀 덜어내려고 매일같이 염불을 시작했다. 하루에 두 번, 짧게는 15분에서 길게는 45분까지 염불을 했으며, 눈을 감고 아버지를 떠올리며 아버지의 행복, 건강, 안녕을 빌었다. "매번 눈물이 솟구치곤 했어요." 발레리는 말했다. 어느 염불 시간에, 용서라는 생각이 떠올랐다. "하지만 저는 그 말을 차마 할 수 없었어요." 더 오랫동안 염불을 한 후에서야 발레리는 그 말을 할 수 있었고, 아버지에게 꽃을 건네는 장면을 머릿속에 그렸다. "그것이 눈물을 흘리게 했어요." 그러나 그 후 시간이 흐르면서 커지는 평화로운 느낌을 받았다.

당신이 부모를 용서하고 싶다고 마음먹었다 치고 용서할 준비가 되었는지를 결정하려면 다음의 질문에 답해 보라. 그리고 쉬운 방법은 없다는 것을 기억하라. 이 질문은 그저 주제에 대한 탐색을 유도하기 위한 것이다. 한꺼번에 용서하지 않아도 된다는 것을 명심하라. 어떤 사람을 어떤 일에 대해서는 용서하지만 다른 일에 대해서는 용서할 수 없다고, 혹은 자신을 상처 입히고 배신했던 사람들 중 한두 명만 용서할 거라고 결정할 수도 있다.

- 과거에 누군가를 용서한 적이 있는가? 그 결정의 긍정적인 그리고 부정적인 결과는 무엇이었는가?
- 자신에게든, 친구에게든, 치료자에게든, 자신의 상처, 분노, 고통을 인정하고, 느끼고, 표현할 기회가 충분히 있었는가?
- 먼저 자신을 용서했는가?
- 부모 혹은 용서하고 싶은 사람은 자신의 책임을 인정할 준비가 되었는가?(실제로 이것은 당신이 용서하기 위해 확인해야 할 것 중 하나이다.)
- 용서가 자신에게 어떻게 도움이 되는가? 용서한 결과 당신은 어떻게 느끼는가?
- 용서에 대한 직감은 무엇인가?
- 지금 용서할 준비가 되어 있지 않다면, 언제쯤이면 준비가 될 것 같은가?

용서하는 데 올바른 방식이란 없다. 기도, 명상, 신체적 활동, 순수한 의지, 또는 글쓰기(아니면 다른 형태의 창조적 표현)는 당신이 용서를 시작하도록 도울 수 있다. 이러한 신체적, 정서적, 영적, 창조적 배출 수단 중 하나 이상을 사용하면서 누구를 용서하고 싶은지, 그 이유는 구체적으로 무엇인지 목록을 작성하라. 그리고 당신 자신, 사람들, 시스템(예를 들어, 당신의 형제자매들을 따로따로 위탁가정에 맡기는 아동복지체계, 경계선 성격이 있는 부모를 위해 적절한 심리 서비스를 제공하지 않는 공공지원체계)도 포함될 수 있다. 용서의 태도를 발전시키기 시작하면서, 조용히 용서하기를 원하는지, 아니면 용서하고 있는 그 사람을 포함하여 다른 사람들도 알도록 할 것인지 고려해 보라. 용서하는 태도를 발전시키기 어렵다는 사실을 알게 된다 해도, 그 역시 괜찮다. 상처는 우리의 큰 부분을 차지하기 때문에 용서하는 것은 어렵거나 불가능할 수 있다. 결코 준비되지 않는다고 해도, 가짜로 준비된 척하기보다는 준비되지 않았음을 인정하는 것이 더 낫다. 당신은 그런 식으로 자신의 감정을 부인하지 않을 것이며, 이것은 당신이 하고 싶은 일이기도 하다.

Chapter 5

분노와 원통함을 극복하기

Overcoming Anger and Resentment

분노, 이 강력한 정서는 부정적인 의미를 담고 있는 경향이 있다. 그러나 분노가 반드시 나쁜 것은 아니다. 분노가 나쁜 것은 분노에 반응하여 충동적으로 취하는 행동과 분노로 인해 이후에 느낄 수 있는 정신적 고통 때문이다. 분노를 이해한다는 것은 다시는 절대로 화내지 않기 위해 어떻게 할 것인가를 배우는 게 아니다. 분노는 정당한 감정으로, 자기보호를 위해 고안된 경우가 많다. 그리고 그 감정은 다른 모든 정서와 마찬가지로 인식하고 인정해야 할 필요가 있다.

아이를 통제하고, 요구하고, 타당화하지 않고, 혹은 수용하지 않았던 부모의 성인 자녀들에게는 분노가 오랜 시간, 아마도 여러 해, 어떤 사람의 경우 평생 동안 지속되는 일이 흔하다. 그러나 분노가 단기적으로 자기보호 측면에서 도움이 될 수 있다고 해도, 장기적으로 볼 때 안녕(육체적, 정서적, 혹은 사회적)을 위한 최선의 방책은 아니다. 이 장은 당신이 오래 전에 경험했던 그리고 아마 오늘날까지도 여전히 부모로 인해 경험하는 상처로부터 자신을 보호하기 위해 분노를 어떻게 이용하고 있는가를 탐색하도록 도와줄 것이다. 또한 이 장에서는 분노를 극복할 수 있는 다른 방식, 시간이 지남에 따라 분노로 인한 당신의 희생, 당신이 품고 있을 수 있는 만성적인 감정의 극복 방법을 이해하도록 도울 것이다.

가족 내에서의 분노

확연히 표현되든 표현되지 않든 분노는 어떤 가족에게도(특히, 경계선적 특성을 보이는 성인이 있는 가족에게서) 강력한 영향을 준다. DSM-IV-TR(2000)에 따르면 경계선 성격장애의 진단 기준 중 하나는 통제하기 어려운 부적절하고 강렬한 분노의 감정이다. 그러나 분노의 과소표현 역시 경계선 성격장애 혹은 경계선적 특성이 있는 사람들에게서 볼 수 있다. 마샤 리네한 박사에 따르면 경계선 환자들은 화난 감정을 과하게 통제할 수 있다. "화가 나면, 통제력을 잃고 폭력적으로 반응할까 두려워하는 환자들이 많습니다. 그와 동시에 그들은 적대적인 행동을 하면 공공연하게 또는 은밀하게 거부당할까 봐 두려워합니다(Linehan 1993a, p. 356)." 경계선 성격장애가 있는 사람들은 버려짐에 대한 강력한 공포를 느끼기 때문에 분노를 표현하기 두려워한다.

경계선 성격이 있는 어떤 부모의 성인 자녀들은 부모가 격노하고, 소리지르고, 때리고, 방이나 집이나 차에서 뛰쳐나가고, 협박하고, 물건을 집어 던지고, 욕하고, 짜증 부리던 일을 기억한다. 어떤 사람들은 가정에서 어떠한 분노도 표현되지 않았다고 기억한다. 대신에, 냉랭한 침묵과 무거운 긴장을 경험했을 수 있다.

분노 금지

부모가 분노를 과하게 표현했든지, 전혀 표현하지 않았든지 상관없이, 당신은 자신 내면의 분노 감정을 수용하지 않았을 수 있다. "화내지 않고 말할 수 있을 때까지 네 방에 가 있어라" 혹은 "감히 어떻게 나한테 화를 내니? 난 네 엄마(아빠)야"라는 말로, 부모는 자녀가 자신에게 분노를 표현하는 행동을 불편해 한다. 혹은 "뭐가 잘못된 거니? 왜 그렇게 화가 나 있니?" 혹은 "네가 생리 중이라서 화가 난 거야"라는 말을 들었을 수 있다. 부모는 분노가 정상적인 반응이라는 것, 그리고 어떤 면에서는 부모 자신이 분노에 책임이 있다는 것을 인정할 수 없다.

"분노는 저희 집에서 허용될 수 있는 정서가 아니었죠. 물론 엄마는 아무 것도 아닌 작은 일에 소리지르고, 욕하고, 그릇을 던졌지만요." 34세 멜리아는 말했다. "저희는 '분노를 억눌러라'고 배웠어요. 화를 내면, 저희는 방으로 가라는 소리를 듣고, 벌 받고, 때로는 맞았죠. 저는 너무 화가 나서 터져버릴 것만 같았던 때도 있었어요." 분노를 표현하려 할 때면 엄마에 의해 공공연하게 창피를 당한 일을 기억했다. "엄마는 항상 나중에 엄마 친구들이나 이웃 사람들 혹은 제 친구들 앞에서 저를 당황시킬 무언가를 찾곤 했어요. 엄마에게 동의하지 않는 저를 그냥 두었지만, 결국에는 창피하게 만들었어요. 거의 언제나 그랬어요."

부모의 분노는 아이에게 무서운 경험일 수 있다. 어린아이들은 부모는 자신을 보호하고, 능력이 있고, 옳다고 믿을 필요가 있다. 따라서 부모가 화가 나면 아이는 분명히 자신이 잘못했기 때문이라고 믿는다. 그리고는 자신의 감정을 억누르기 시작해서, 표현하기 보다 속으로 삭힌다. 이렇게 화내는 것이 허락되지 않았던 어린아이에게 분노는 부메랑이 되어 나중에 죄책감, 우울, 만성적 분노와 같은 결과로 나타난다.

분노란 무엇인가?

경계선 성격이 있는 부모, 대중매체, 사회가 분노를 매도했음에도 불구하고, 분노는 정상적인 정서이며, 겁먹거나 상처받았을 때 당신을 보호하도록 고안되었다. 분노는 닥쳐올 신체적 공격에 대응할 수 있게 하며(노상강도가 쫓아 오고 있을 때 아드레날린의 분출과 에너지의 솟구침을 상상하라), 당신의 경계가 침범당했음을 알려주며, 필요한 것을 얻는 데 도움이 된다.

분노는 또한 정서적 고통으로부터 당신을 보호할 수 있다. 몇 년 동안 사귄 애인이 갑자기 헤어지고 싶다는 말을 한다고 상상해 보라. 당신은 그 말에 엄청난 충격을 받는다. 그러나 슬픔과 혼란은 재빨리 격노로 바뀐다. "어떻게 나한테 이럴 수 있어? 이 관계가 나에게는 얼마나 소중했는데… 왜 이제서야 얘기를 하는 거야? 나쁜 놈."

누군가가 당신을 타당화하지 않고, 인지하지 않으며, 경청하지 않고, 인정하지 않으며, 소중하게 여기지 않을 때 분노를 느낀다. 또한 타인의 의지, 기대, 요구, 규칙, 행동에 의해 당신이 통제되거나, 혹은 당신의 경계가 침범 당하고 욕구가 충족되지 않았다고 느낄 때 분노를 느낀다. 부모가 정서를 조절하는 데 어려움이 있고, 자신에게만 몰두해 있으며, 불안정하다면, 아이들은 이와 같은 이유로 분노를 느낀다.

사람들은 슬픔, 상처, 질투, 수치심 보다 분노를 더 쉽게 느낀다. 분노는 당신을 움직이게 한다. 다른 정서와 달리 분노에는 에너지가 있다. 그리고 그 에너지는 환경을 바꾸도록 움직일 수 있다는 자신감을 준다. 당신이 무언가로 인해 슬펐던 때를 떠올려 보라. 그때 당신은 기운이 있다거나, 움직이고 싶었는가? 오히려 지치고, 무기력하고, 소파나 침대에 눕고 싶었을 가능성이 더 크다.

분노는 어떻게 작용하는가

분노가 변덕스럽고 예측할 수 없는 정서처럼 보이지만, 『분노가 상처를 줄 때(McKay, Rogers, and McKay, 1989)』라는 책의 개념을 사용해서 만든 다음의 공식에서 볼 수 있듯이 분노의 발생은 사실 예측 가능한 원인-결과 역학을 가지고 있다.

"선행 스트레스 + 현재 스트레스 + 간접 스트레스원 + 촉발 사고 = 분노"

선행 스트레스는 부모와의 아동기 경험이나 자신이 지금까지의 경험을 의미하는 것으로 이런 경험은 현재 사건에 대한 당신의 해석에 영향을 준다.

현재 스트레스는 고통스러운 정서, 충족되지 않은 욕구, 혹은 현재 경험하고 있는 위협이다.

간접 스트레스원은 자극이나 현재 스트레스에 직접 관련되지는 않지만, 여전히 당신의 반응에 영향을 주는 악화 요인으로서 생각하라. 예를 들어, 극도의 더위나 추위, 배고픔이나 저혈당, 수면 부족, 호르몬 등락, 고통, 육체적 활동 부족, 좌절, 혹은 과도 자극(지나친 소음, 거대한 군중 등)을 말한다.

촉발사고, 즉 촉매제로서 작용하는 인지적 불꽃이 공식에 더해지면, 스트레스원들(선행 스트레스, 현재 스트레스, 간접 스트레스원)은 적대적 정서가 된다(McKay, Rogers, and McKay, 1989). 흔한 촉발사고는 다음과 같다.

- 나는 이럴 자격이 없어.
- 하지만 그것은 공정하지 않아.
- 넌 일부러 나에게 상처를 줬어.
- 네가 더 잘 알고 있었고, 어쨌든 네가 그걸 해냈어.
- 넌 얼간이야.

이외에 생각하는 게 또 있는가?

그러나 화가 나서 하는 행동은 선택이다. 선행 스트레스는 없앨 수 없고(선행 스트레스에 대한 해석을 달리 할 수는 있겠지만), 현재 스트레스도 제거할 수 없다(현재 스트레스에 대해서 다르게 해석할 수는 있어도). 그러나 당신이 화를 어떻게 낼 것인가는 선택할 수 있다. 당신 자신을 돌봄으로써(먹어야 할 때 먹고, 충분한 휴식과 운동을 하고, 아주 힘든 상황에서 벗어나고, 힘든 상황에서 벗어날 수 없을 때 그 상황을 관리하는 방법을 배우고) 간접 스트레스원을 최소화할 수 있고, 자신의 촉발사고를 변화시켜 불쏘시개에 불을 붙이지 않을 수 있다.

멈추어 생각하기: 촉발사고 재구성하기

McKay, Rogers, and McKay(1989)의 개념에 근거하여, 당신의 촉발사고가 분노를 일으키지 않는 신념으로 재구성할 수 있는 방법은 다음과 같다.

- "난 이럴 자격이 없어"는 "나는 내가 원하는 것을 원할 자유가 있

지만, 다른 사람이 나에게 그것을 해 주어야 할 의무는 없어. 무엇보다 나는 지금 성인이니까"로 재구성할 수 있다.

- "하지만 그것은 공정하지 않아"는 "우리의 개인적 욕구 중 어느 것도 상대방의 욕구보다 더 중요하지는 않아(공정성의 문제에 관해서라면 객관적인 기준은 없어)"로 재구성할 수 있다.
- "넌 일부러 나에게 상처를 줬어"는 "겉으로 그렇게 보였다고 해도, 다른 사람의 동기를 알 수는 없지. 난 독심술사가 아니야"로 바꿀 수 있다.
- "네가 더 잘 알고 있었고, 어쨌든 넌 그걸 해냈어"는 "더 잘 안다고 해서 반드시 더 잘한다는 걸 의미하지는 않아. 그때 어떤 욕구와 동기가 강했는지에 달렸을 뿐이야.
- "넌 얼간이야"는 "특정한 행동에 기반을 두고 사람에게 꼬리표를 붙이는 것은 그것이 그 사람의 전부라는 뜻으로 들릴 수 있고, 설사 그렇다고 해도 그런 경우는 드물어"로 재구성할 수 있다.

당신의 촉발사고는 무엇인가? 더는 걷잡을 수 없는 감정을 촉발하지 않도록 그 촉발사고를 재구성할 방법을 몇 가지 생각할 수 있는가?

멈추어 생각하기: 허구와 진실

분노의 문제에 관해서라면, 신화와 신념이 아주 많이 있다. 다음의 허구들 중에서 당신은 어떤 것을 가지고 있는가? 허구임에도 불구하고 사회에서는 진실로 받아들여지는 것은 어떤 것인가?

- (허구) **화가 났을 때, 그것은 당신이 무언가에 과잉반응하고 있음을 의미한다.**

(진실) 화가 났을 때, 그것은 자극에 대해 꽤 정상적으로 반응하고 있음을 의미한다.

- (허구) **분노 감정을 무시하면, 사라진다.**

(진실) 다른 정서처럼, 분노를 무시한다고 해서 사라지지는 않는다. 한동안은 불쾌하다고 해도 감정은 인정하고, 수용하고, 겪어내야 한다.

- (허구) **분노나 짜증의 감정을 표현하면, 그것은 자기중심적이거나 까다롭다는 것을 의미한다.**

(진실) 화를 내면 당신이 자기중심적이고 까다롭다고 생각하는 사람들도 있지만, 그렇다고 해서 화가 타당하지 않은 것은 아니다. 누군가의 생각에 따라 자신의 분노를 억누를 필요는 없다.

- (허구) **가족이나 친구가 나를 화나게 하면, 나는 참아야 한다.**

(진실) 우리는 이 장 후반에서 분노를 다루는 다른 방식을 논의할 것이다. 우선 짧게 답하자면, 그저 참는 것은 누구에게도 도움이 되지 않는다.

- (허구) **복수는 달콤하다.**

(진실) 복수심을 품는 것은 더한 분개로 이어질 뿐이며, 심지어 죄책감으로 이어지는 경우가 많다.

- (허구) **분노를 표현하는 것은 통제력을 잃는 것과 유사하다.**

(진실) 분노를 어떻게 표현할지에 달려 있다. 감정을 공유할 때 통제력을 잃을 수 있다는 것은 확실하다. 말을 하기도 전에 소리를 지르거나, 쿵쾅거리며 방을 나가 문을 세게 닫는 사람을 생각해 보

라. 통제력을 잃은 것이다. 글쓰기나 말하기처럼 극단적이지 않게 분노를 표현할 수 있는 방법이 있다.

- (허구) **나를 부당하게 취급한 사람이 내가 매우 화난 것을 본다면, 그 사람은 나에 대한 자신의 영향력을 인식하고 변할 것이다.**

  (진실) 믿지 마라. 사람들은 변하기를 원해야만 변한다. 그리고 변할 능력이 있어야만 한다. 당신의 감정이 그렇게 큰 영향력이 있다고 생각한다면 결국 실망하고 상처받게 될 것이다.

분노에 대해 들었던 다른 허구는 어떤 것인가? 위에 나열된 것 말고 다른 것도 있는가?

허구를 더 건강한 진실로 바꾸는 진술문을 적어 보라.

분노의 여러 측면

분노에 대해 생각할 때, 당신은 고함치고, 악을 쓰고, 위협하고, 일반적으로 소란을 피우는 누군가를 마음속에 그릴 수 있다. 그러나 모든 사람이 그런 식으로 분노를 보이는 것은 아니다. 수줍음이 많고 참는 경향이 있는 사람은 물러서거나 짜증을 냄으로써 분노를 표현할 수 있다. 기질이 느긋한 사람은 자신이 한 약속을 지키지 않는 방식으로 분노를 보여줄 수도 있다.

35세 배스는 고함치는 사람이 아니다. 사실, 배스는 경계선 성격이 있는 아버지와 대립하는 상황에서 항상 평정을 유지했다는 점에서 스스로를 자랑스럽게 생각했다. 아버지에게 화날 때면 언제나 나가 버리고 나서 곰곰이 생각하는데, 처음에는 아버지에 대해 그리고 어떻게 아버지가 자신을 부당하게 취급했는지에 대해 비판적인 생각을 했다. 그러면 그 비판적인 생각은 자신과 자신의 단점(아버지와 적절히 지내지 못했던 것, 아버지의 경계선 성격을 더 이해하고 동정하지 못한 것, 오랜 세월 동안 원했지만 아버지에게 맞서지 못했던 것)에 초점을 맞추곤 했다. 어느 날 치료자가 배스에게 분노와 억울함이 있다고 생각하냐고 물었을 때 그녀는 깜짝 놀랐다. "아니요. 저는 결코 화나지 않았어요." 그러나 치료자는 배스가 실제로는 화가 나 있지만, 아주 어릴 때부터 착한 아이는 큰소리로 말하거나 부모에게 "말 대답하지 않는다"고 배웠기 때문에 오랫동안 분노를 내면에 간직하고 있을 뿐이라고 말했다. 베스는 분노를 표현하도록 허용된 적이 결코 없었기 때문에 분노를 달리 생각하기 어려웠다.

분노는 여러 가지 방식으로 표현될 수 있다. 다음 목록을 읽으면서 자신에게 이러한 만성적인 분노의 표현이 있는지 살펴보라.

- 비통함
- 자신을 타인과 비교하여 그들이 당신보다 더 편안하게 지낸다고 느낌
- 타인뿐만 아니라 자신에 대해서도 비판적으로 생각함
- 누군가 당신을 이해하지 못할 때 마음 속으로 짜증나고 불만스럽게 느낌
- 누군가가 당신과 말하려 할 때 반박을 생각하거나 방어적으로 행동함
- 죄책감
- 조바심
- 근육 긴장

- 과거의 억울함에서 벗어나기 어려움
- 타인의 관점을 경청하거나, 고려하기 어려움
- 삶은 공정하지 않다고 집요하게 느낌
- 빈정거림
- 두려움
- 짜증
- 누군가에게 마음이 상할 때 마음을 닫음
- 타인에게 무심코 말한 뒤에 죄책감을 느낌(혹은 느끼지 않음)
- "그게 뭐든" 혹은 "그래서 뭐? 난 정말 상관 없어"와 같은 태도

멈추어 생각하기: 분노는 어떻게 생겼는가

당신과 가까운 사람의 이름을 세 명에서 다섯 명 적으라.

그들 각자에게 화가 났던 한두 가지 사건에 대해 생각하라. 무엇이 선행 스트레스, 현재 및 간접 스트레스원, 촉발사고였는지 기억해 보라.

당신의 분노를 각 사람에게 어떻게 표현했는가? 위에 나열된 방식 중 하나로 반응했는가? 당신의 반응에서 어떤 패턴을 발견할 수 있는가? 각 사람에게 했던 표현은 달랐는가? 예를 들어, "엄마에게는 보통 퉁명스럽게 대한다. '이제 전화 끊어야 해요'라고 말하고 전화를 끊는다. 시간이 좀 지나면 죄책감을 느껴서 엄마에게 다시 전화를 한다. 최근에 알았는데 나는 턱을 꽉 다물고, 손을 꽉 쥐며, 복통을 느낀다."

이제 돌아가서 스트레스원과 촉발사고를 각각 생각하라. 분노 반응을 감소시키기 위해 어떻게 그것들을 재구성할 수 있는가?

대처방식

분노의 표현이 무한정 다양할 수 있지만, 대개 다섯 가지 대처방식 중 하나이다. 다섯 가지 대처방식은 부인, 수동적, 공격적, 수동공격적, 적극적이다.

부인

분노를 부인하는 사람은 "난 정말로 화나지 않았고, 단지 지금 약간 속상할 뿐이야. 하지만 금방 지나갈 거야"와 같이 생각할 수 있다. 그러나 분노를 억압하면 분노가 인정되고 표현되기보다는 내면으로 향하기 때문에 분노의 감정은 더 커지고, 두통, 복통, 수면문제와 같은 신체적 문제로 이어질 수 있다. 혹은 자신의 감정을 부인하고 다른 누군가에게 투사할 때도 있다. 예를 들어, (화난 어조로) "난 화나지 않았어. 네가 화난 거지"와 같이 말할 수 있다.

수동적

분노에 수동적으로 대처하는 사람들은 타인을 속상하게 하거나 기분 나쁘게 하는 것이 너무 두려워 어떤 종류의 갈등도 피한다. 거절하기 어려워서 건성으로 웃으면서 다른 사람의 요구에 응하지만 속으로는 무기력하고 무력감을 느낀다.

공격적

분노에 공격적으로 대처하는 사람들은 타인의 악행 혹은 지각된 악행에 대해 타인이 대가를 치르길 원한다. 비난하고 벌주며, 노골적인 태도로 그렇게 한다. 당하는 쪽의 사람들은 겁나고, 위협을 느끼며, 방어적이 되고, 이들을 조심스럽게 대한다.

수동공격적

분노에 수동적으로 반응하는 사람은 분노를 참다가 결국 좌절감을 경험한다. 좌절감이 한계에 이르면 분노를 일으킨 이슈와 상관없는 일에도 화를 낸다(McKay, Rogers, and McKay, 1989). 수동공격적인 대처 기제의 또 다른 예는, "아니, 난 그 상황에 대해 정말로 화나지 않았어"라고 웃으며 말하는 사람이다. 이틀 뒤, 아내가 옷장 문을 고쳐 달라고 부탁할 때, 그러겠다고 말한다. 그러나 2주 뒤, 그 문은 여전히 그대로이다.

적극적

적극적으로, 즉 직접 표현된 분노는 관련된 당사자 모두의 욕구를 고려한다. 행동의 변화를 요청하고, 사실과 감정을 전달한다. 그것은 판단, 가정, 비난을 없앤다. 경계선 성격이 있는 부모(혹은 당신이 아는 사람들)에게 적극적인 대처방식을 어떻게 구체적으로 사용할 것인가는 6장에서 논의될 것이다. 억압되었거나 오래된 분노가 폭발되지 않도록, 자신의 정서적 의사소통 목록에 적극적인 표현방식을 추가하는 것이 중요하다.

멈추어 생각하기: 당신의 방식은 무엇인가?

대부분의 사람들은 상황, 역사, 관련된 사람 혹은 사람들, 자신의 현재 신체적, 정신적 상태에 따라 분노를 표현하는 방식을 한 가지 이상

가지고 있다.

각각의 대처방식에 대해, 당신이 그런 식으로 분노를 표현하곤 했던 상황을 생각해 보라.

그 다음에, 당신은 어떤 방식을 가장 많이 사용하는지, 어떤 것을 가장 적게 사용하는지, 어떤 것은 아예 사용하지 않는지에 대해 곰곰이 생각해 보라. 어떤 방식이 가장 효과적인가? 그 이유는 무엇인가?

분노가 없다면 당신은 누구인가?

대처 방식이 무엇이든 간에(그리고 오직 한 가지 방식만이 아니라, 상황에 따라 여러 방식을 이용한다는 사실을 알게 될 수 있다), 만성적인 분노를 놓아 버린다는 생각은 무서운 것일 수 있다. "분노는 제가 늘 걸치고 있던 복합 제트 추진 배낭이면서 동시에 안전 담요 같았어요." 딸이 감히 화를 표현했다고 폭력적으로 격렬히 화를 낼 뿐 아니라 밖으로 쫓아내겠다고 협박하곤 했던 경계선 성격이 있는 여성의 딸인 케이틀린은 말했다. "분노는 저를 움직여서 안전하다고 느끼게끔 했죠. 화를 내고 있으면, 누구도 절대 엄마가 했던 방식으로 저를 대하지 않을 거라는 사실을 알고 있었어요." 그러나 케이틀린의 분노가 지닌 부정적인 측면은 공격이 있을 것 같을 때 언제나 미리 경계한다는 것이었다. 친구들이 호의적인 언급을 하려 할 때 방어적인 발언을 하며 재빨리 쏘아붙이곤 했다. 그러고 나서 친구들이 한 말의 의미를 잘못 해석했던 일에 대해 나중에 불편해 했다. 매우 불편한 마음이 들어서 그 이후에는 친구들과 가능한 연락을 하지 않았다. 케이틀린은 사람들을 만나지 않았고, 학업으로 바빴으며, 점차 외로움을 느꼈다.

치료자의 도움으로 케이틀린은 외로움과 타인들에게서 느끼는 거리감의 뿌리가 자신에게 있는 분노 때문이라는 사실을 알게 되었다.

그렇다면 분노가 있는 당신은 누구인가?

만성적인 분노의 감정을 직면하는 것이 겁나기는 해도 그 감정을 조심스럽게 치워 두는 일 역시 별 도움이 되지 않는다. 비용을 고려하라. 분노는 신체로 하여금 거의 모든 체계를 훼손하는 호르몬을 지속적으로 방출하도록 한다. 그 호르몬은 수많은 신체적 상태, 자가면역 장애에서부터 심장병과 고혈압까지 모든 것을 일으키거나 악화시키는 데 관련된다.

정서적으로 만성적인 분노는 안녕감, 자존감, 대인관계에 영향을 줄 수 있다. 그것은 철회, 고립 및 외로움, 과민증, 고립과 의심(과거에 화나게 했던 것과 조금이라도 닮은 어떤 자극에도 덤빌 준비가 된), 우울, 과식, 마약이나 알코올 남용, 심지어 자살 시도와 같은 자기 파괴적인 행동으로 이어질 수 있다.

멈추어 생각하기: 분노의 부정적인 결과

만성적인 분노는 어떤 방식으로 당신의 삶에 영향을 미치는가? McKay, Rogers, and McKay(1989)의 책에 나온 이 연습은 분노의 몇 가지 부정적 결과를 볼 수 있게 돕는다. 1은 "거의 없는", 5는 "아주 많이"를 의미하는 1점에서 5점 척도로 분노가 다음 각 영역에 미치는 영향을 평가하라.

___ 직장상사들과의 관계

___ 직장동료들과의 관계

___ 직장의 아랫사람들과의 관계

___ 새로운 사람들을 만날 때 당신이 주는 첫인상

___ 자녀들을 대하는 방식

___ 연인과의 관계

___ 옛 친구 및 옛 연인과의 관계

___ 이웃과의 관계

___ 참여하는 자원봉사단체, 동호회, 종교단체와의 교류 방식

___ 더 이상 연락하지 않는 관계

___ 신체적 건강

___ 정서적 건강

___ 음주나 마약 사용

___ 불안전한 성적 습관

___ 창조성 감각

___ 생산성

___ 운전

___ 정확성, 암기력, 기억력

2점 이상이라고 답한 영역이 당신이 작업할 영역이다. 다음 내용에서 우리는 분노의 영향을 어떻게 최소화하는지에 대해 다룰 것이다.

분노를 주시하기

이 책을 계속 읽으면서 일지에 당신의 분노를 기록하라. 이는 만성적인 분노 수준의 변화뿐만 아니라 만성적인 분노가 당신의 삶과 건강에 지속적으로 미치는 영향의 감소를 확인할 수 있게 해 준다.

적어도 하루에 한 번은 일지를 적으라. 이를 위해 시간을 확보하라. 예를 들면, 아침에 일어나자마자, 저녁 식사 후, 혹은 취침 전이 될 수 있다. 다른 일로 인해 이 시간을 빼먹지 않도록 주의하라. 다음 사항을 주목하라.

- 지난 24시간 동안 화가 난다고 느낀 횟수와 촉발 원인
- 각각의 경우에 나타나는 생리적 반응(예로, 심장 두근거림, 가슴 조임, 두통)을 지표로 사용하여 흥분의 수준이나 감정의 강도를 1에서 10의 척도로 평가하라. 1은 "최소 흥분"이고 10은 "내가 느꼈던 최고"이다.
- 각각의 경우에 어떤 충동이 함께 나타났는가? 같은 척도를 사용하여 충동의 강도를 평가하라.
- 당신은 어떻게 반응했는가? 1에서 10의 척도로 공격적인 반응(행동 포함)의 수준과 그 반응이 어떤 것이었는지 평가하라. 1은 "최소한의 공격성"이고 10은 "내가 보였던 최고의 공격성"이다.

아래에 일지를 기록하는 예가 제시되어 있다.

11월 22일　　세 번

1. 아이가 옷을 입으려 하지 않아서 어린이집 버스를 놓쳤을 때

- 흥분: 7
- 충동: 9 (난 아이를 잠옷 차림으로 버스 정류장까지 끌고 가고 싶었다.)
- 공격적 반응: 6 (아이에게 소리쳤고, 나중에 아이가 책임져야 할 부정적인 결과가 있을 것이라 말했고, 아이가 차에 탈 때 잘 다녀오라고 말하지 않았다.)

2. 그날 오후 전화로 엄마에게 분통을 터뜨렸는데 엄마는 아이가 까다로운 것도 다 내가 죄가 많아서 그런 거라고 말했을 때
   - 흥분: 7
   - 충동: 10 ("엄마가 얼마나 쓰레기인지 알아?"라고 외치고 싶었다.)
   - 공격적 반응: 2 ("엄마, 집에 누가 왔어요. 저 지금 전화 끊어야겠어요"라고 말하고 전화를 끊었다.)

3. 오늘 아침 딸과의 일을 엄마에게 말한 것에 대해 남편이 "뭐 하러 그런 얘기를 장모님에게 했어?"라고 말했을 때
   - 흥분: 5
   - 충동: 5 (남편을 때리고 싶었다.)
   - 공격적 반응: 9 (남편 때문에 정말 열 받았다. 어떻게 우리 엄마 편을 들 수 있는지 이해가 되지 않았다. 나는 소리를 지르고, 문을 세게 닫고, 책을 남편에게 집어던지고, 남편이 얘기 좀 하자고 했을 때 남편을 밀어냈다.)

시간이 지나면 누가, 무엇이 분노를 촉발했는지 뿐만 아니라, 왜, 어떻게 다른 사람에게 다른 대처방식을 사용했는지에 대한 패턴을 알아차리게 될 것이다. 위의 예에서 이 여성은 자신의 욕구(딸을 제 시간에 버스에 태우려는)와 좌절의 정서가 받아들여지지 않는다고 느낄 때 화를 내는 경향이 있다. 이 여성은 딸과 남편에게는 공격적인 방식을 사용하지만 엄마에게

는 수동적인 방식을 사용하고 있다. 시간이 지나면 분노의 정도가 어떻게 달라지는지를 평가하는 것도 유용하다. 자신의 반응을 계속 평가하면 분노의 강도가 줄어드는 것을 볼 수 있다.

좀 더 연습하려면 자신의 분노를 주목하면서 분노를 느끼는 일에 기여한 스트레스원과 촉발사고를 찾아보라. 그 다음 그 생각을 재구성하라. 위의 일지에 나타난 예는 다음과 같이 작업할 수 있다.

1. 아이가 옷을 입으려 하지 않아서 어린이집 버스를 놓쳤을 때
    - **선행 스트레스원:** 엄마는 자주 우울해서 옷을 입혀주거나, 아침을 차려주지 않았다. 혹시 엄마가 일어난다고 해도 나를 위해서는 아니었다.
    - 현재 스트레스원: 가족 모두 늦잠을 잤다. 딸은 아침부터 기분이 별로 안 좋았고, 내 말을 잘 듣지 않았다.
    - 간접 스트레스원: 나는 아침부터 머리가 아팠고, 아이가 어린이집 버스를 놓치면 나도 회사를 또 지각하게 될 것이다. 지난 2주 동안 이미 지각을 두 번이나 한 상태다.
    - 촉발사고: 딸은 자신이 옷을 제때 입지 않으면 엄마인 나도 회사에 늦는다는 것을 알고 있다. 딸은 이기적인 아이다.
    - 재구성된 촉발사고: 딸은 아직 어린애다. 엄마가 자신 때문에 회사에 늦을지도 모른다는 생각보다는 그저 아침에 꾸물거리고 싶은 마음이 더 컸을 것이다. 아이가 이기적인 것은 아니다. 엄마가 출근해야 함에도 불구하고 어린이집에 갈 준비를 잘 못하는 보통의 아이일 뿐이다.

바디 스캔 하기

분노일지를 적는 첫 2주 동안 자신의 몸 어디에서 분노를 느끼는지 주목하는 일은 유용하다. 자신의 몸을 스캐닝(scanning)함으로써 가능한데, 이는 스트레스, 뭉침, 긴장 등을 느끼고 있는 부위를 찾아내기 위해 요가, 명상, 바이오피드백에서 사용하는 기법이다.

McKay, Rogers, and McKay(1989)에 제시된 다음의 연습을 위해 몇 분간 집중하라.

1. 편하게 앉거나 누우라. 발과 다리에 주목하라. 발가락을 꼼지락거리고, 발을 돌리고, 이완하라. 종아리의 긴장에 주목하라. 만약 긴장이 느껴지면 그것을 풀어주라.
2. 상체 아래쪽에 집중하라. 아래쪽 등허리에 긴장이나 고통을 느끼는가? 이완하고 심호흡을 하라. 고관절, 골반 부위, 혹은 엉덩이의 긴장에 주목하라.
3. 이제 횡격막과 복부에 집중하라. 두세 번 심호흡하라. 이완되는 것을 느끼고, 이 부위에서 여전히 느끼는 긴장에 주목하라.
4. 허파와 흉강에 주목하라. 거기에 긴장을 느끼는가? 두 번 심호흡하고 이 부위에 공기가 차는 것을 상상하라. 더 깊게 이완하라.
5. 어깨, 목, 목구멍에 집중하라. 두 번 침을 삼키고 목구멍과 목의 긴장이나 쓰림에 주목하라. 머리를 시계 방향으로 돌리고, 이번엔 반대로 돌리라. 어깨를 으쓱하고 긴장에 주목하라. 이완하라.
6. 머리 끝부터 긴장이나 통증에 주목하라. 이마까지 살펴서 내려온 뒤 이마를 이완하라. 눈과 귀 뒤, 뺨, 턱의 긴장에 주목하라. 입, 입술,

혀, 턱을 이완하라.

7. 여전히 긴장을 느끼는 곳이 있는지 몸을 다시 스캔하라.
8. 어디에 긴장이 있었는지 일지에 메모하라.

원천을 찾기

다른 정서와 마찬가지로 분노의 부정적인 영향을 중단시키기 위해서는 먼저 그 정서가 어디에서 연유했는지를 알아야 한다. 앞서 언급한 것처럼, 경계선 성격이 있는 부모의 성인 자녀들은 반복된 무효화로부터 신체적 폭행에 이르기까지, 부모와의 논쟁의 문제를 다루고 싶은 욕구에서부터 적대감, 부인, 혹은 투사에 맞닥뜨리는 경우에 이르기까지 다양한 이유로 만성적인 분노 감정이 있을 수 있다.

멈추어 생각하기: 근원으로부터

분노의 감정을 초래하는 문제는 무엇인가? 그 문제를 일지에 나열하라. 상세히 적어도 좋고 포괄적으로 적어도 좋다. 자신을 검열하지 말라. 감정에 대한 타당한 이유가 무엇이어야만 하는 기준은 없다. 예는 다음과 같다. "나는 착해지려고 열심히 노력했지만 나의 부모는 항상 뭔가 비난거리를 찾았다" "나는 자라면서 감정을 표현하도록 허용되지 않았기 때문에 화가 나며, 숨 막힌다고 느꼈다" 또는 "엄마는 내가 필요한 방식으로 나를 돌보지 않았다. 엄마는 나에게 어른으로서 책임있게 행동하라고 강요했지만, 정작 엄마는 나를 돌보지 않아서 양아버지가 나를 성추행했다."

각 항목에 대해 당신은 분노를 어떻게 표현했는가?(자신의 대처방식, 흥분과 공격성 수준을 고려하라) 그 일을 기록한 적이 있는가? 그 일을 다른 사람과 얘기한 적이 있는가? 죄책감 때문에 행동한 적이 있는가? 결과 혹은 부정적인 귀결은 무엇이었는가?

이제 그러한 감정의 일부를 놓아주고, 그 감정의 강렬함과 영향을 최소화하기 위해 무엇을 하고 싶은가?

분노를 감소시키기 위한 전략

분노일지를 적는 것, 확인되는 패턴에 주목하는 것, 이 장에 나온 연습을 주기적으로 다시 해 보는 것은 분노를 감소시키는 데 도움이 된다. 그 밖에도 만성적인 분노를 감소시키기 위해서 당신의 삶에 통합시킬 수 있는 방법이 많이 있다. 여기 몇 가지 시작해 볼 것이 있으며, 목록 마지막에 당신의 방법을 추가할 수도 있다. 하고 싶을 때, 필요한 만큼 다음의 연습을 해 보라.

- 심호흡(비슷한 길이로 들숨과 날숨을 쉬고 그 사이에 잠시 멈춤, 느리고 깊은 호흡)
- 시각화 혹은 유도된 형상화(고요한 장소, 함께 하면 즐거운 사람들, 불쾌하거나 화난 장면들은 재생하지 마라)
- 기도 혹은 명상
- 요가, 태극권, 필라테스
- 자원봉사를 하거나 집안일이 많은 친구를 돕기

- 어떻게 느끼는지, 어떻게 느끼기를 원하는지 적기
- 다른 창의적인 예술에 참여하기
- 유산소 운동하기(걷기, 달리기, 수영, 자전거, 스키, 스케이팅, 킥복싱)
- 베개에 대고 혹은 차 안에서 소리 지르기
- 베개 때리기, 샌드백 치기
- 신문지 갈기갈기 찢기

보다시피 이 전략의 일부는 분노를 터뜨리거나 표현하는 반면, 어떤 것은 분노로부터 주의를 딴 데로 돌리는 방법이다. 일부는 감정과 더 접촉하게 하고, 일부는 감정으로부터 자신을 떼어놓도록 돕는다. 둘 사이에 균형을 찾는 것이 중요하다. 자신을 분노로부터 항상 떼어 놓게 되면 그 분노를 당할 이유가 없는 사람들에게 부적절할 때 부적절한 방식으로 분노를 표현하게 된다. 마찬가지로, 항상 분노를 터뜨린다는 것은 분노로 인해 자신에게 정신적인 휴식을 주지 않고, 반복적으로 재현한다는 것을 의미한다. 올바른 균형을 찾도록 도와줄 심상을 사용해 보라. 메트로놈, 시계추, 시소, 혹은 천칭을 시각화해 보라.

Chapter 6

경계를 설정하고 전달하기

Communicating and Setting Limits

당신은 여전히 과거의 일에 대해 분개할 수 있고, 지금도 부모와 상호작용할 때 과거의 오래된 감정이 촉발될 수 있다. 이 장은 지금도 여전히 까다로운 부모와의 상호작용에서 느껴지는 스트레스, 압박감, 격함을 감소시키기 위한 몇 가지 개념과 의사소통 도구를 제공한다.

좌절, 갇힘, 무력함의 감정은 압도적으로 보일 때가 있다. 그러나 한계를 설정하여 부모에게 전달하고, 자신의 감정을 좀 더 직접적이고 효과적으로 표현함으로써 상호작용을 변화시킬 수 있다. 그렇게 한 결과 당신은 더 많은 통제감을 느낄 수 있다. 당신은 당신 자신(who you are)과 자신의 신념을 존중하는 방식으로, 그리고 부모를 존중하는 방식으로 자신을 지지하게 될 것이다. 아이로서, 그리고 아마도 여전히, 어른으로서 당신에게 부과된 역할을 더는 수행하지 않게 될 것이다. 오래되고 건강하지 못한 역동은 변할 것이다.

올바른 균형 찾기

일부 성인 자녀의 경우는 부모와 어떤 관계도 갖지 않는 것이 가장 쉬운 해결방법이다. 그들은 부모와의 경계를 어떻게 설정하는지 정확히 모르거나, 설정한다고 해도 그 경계는 지속적으로 도전받아 깨질 수 있다. 그런 이유로 부모와 유대관계를 끊는 편이 더 편하다는 사실을 알게 된다.

어떤 성인 자녀의 경우는 과거 부모의 잘못이나 학대가 있었다고 해도, 자신(그리고 부모)의 욕구를 충족시키는 관계를 지속시킬 방법을 찾는다. 그들 중 일부는 부모와 교류하지만, 피상적인 수준에서 한다. "아버지와 저는 TV 뉴스의 앵커들 같아요." 22세 탈리아는 말했다. "저희는 뉴스, 날씨, 스포츠를 보도하듯 무미건조하게 대화해요. 그렇지 않으면 늘 싸움으로 끝나요." 또한 어떤 성인자녀는 죄책감, 의무, 공포로 인해 혹은 다른 욕구로 인해 과거의 학대가 지속되는 관계를 갖는다.

당신은 이제 성인이므로 부모를 어떻게 대할지 선택할 때 옳고 그른 방식은 없다. 단지 중요한 것은 당신 자신과 당신의 아이들을 존중하고, 보호할 수 있는 사려 깊고 신중한 선택을 하는 것이다.

부모와의 관여 수준에 대한 결정은 고정된 것이 아니다. 시간이 흐르면서 상황, 당신의 욕구, 부모의 정서와 행동에 대한 부모 자신의 통제력이 바뀌면 당신이 부모에게 관여하는 수준도 변한다. 예를 들어, 당신이 생각을 정리하고 진실한 감정에 대해서 스스로 분석하는 2~3개월 동안에는 부모와 연락하지 않고, 부모의 이메일에 답장은 하되 전화하거나 만나지는 않기로 결정할 수 있다. 그러나 부모집 근처로 이사를 가게 되었다면 전보다 더 많이 부모와 연락하게 될 수도 있다. 이 장에 소개된 방법을 실행하면 부모와의 관계가 개선되고, 스트레스 수준이 감소됨을 알 수 있다. 혹은 부모와 관계가 많을수록 너무 지친다는 사실을 알게 되어 부모와 가까이 살지만 전화로만 얘기하거나, 1년에 한 번만 방문할 수도 있다. 다시 말하지만 이제 모든 선택은 당신에게 달렸다.

멈추어 생각하기: 욕구를 충족하기

편안한 교류 수준에 대해 더 생각하도록 돕기 위해, 부모와의 관계가 당신의 어떤 욕구를 충족시키고 있는지 생각해 보라. 여기 몇 가지 예가 있다.

- 나의 엄마와 관계를 끊는 일은 생각조차 할 수 없어.
- 나 대신 통제적인 엄마가 결정하도록 하는 게 내가 결정을 내리는 것 보다 더 쉬워.
- 엄마와 싸우고 나면 강한 에너지(격렬한 흥분 같은)를 얻는다는 사실은 인정해.
- 이상하게 행동하지만 않으면 아버지는 함께 지내기 좋은 사람이야. 재미있고, 매력적이며, 우리 애들도 할아버지 어릴 때 이야기 듣는 것을 좋아해.

두려움은 다른 사람과의 심각한 문제를 다루지 않고 관계를 유지하도록 할 수 있다. 당신을 괴롭히는 관계 문제로 부모에게 맞선다는 생각을 할 때, 무섭다고 느끼는가? 만약 그렇다면, 당신이 두려워하는 점을 알아내도록 하라. 몇 가지 예는 다음과 같다.

- 아버지의 인정을 잃을까 봐 두려워. 아버지에게 동조할 때만 사랑받고 소중히 여겨진다고 느껴.
- 엄마에게 대들면 엄마는 아마도 무언가를 하겠다고 위협할 거야. 엄마가 무엇을 할 지는 아무도 몰라.
- 또 다른 격렬한 분노를 견딜 수 없어. 그저 내 입만 다물면 괜찮아.
- 엄마를 속상하게 하면 죄책감을 느낄까 두려워. 엄마는 이미 어려운 시간을 보내셨는데, 내가 거기에 더 보탤 수는 없어.
- 아버지는 다시 술을 마시기 시작할 수도 있어. 그럼 내 마음은 어떨까?

흐름을 통제하기

이 장을 읽어 나가면서, 의사소통의 흐름을 통제하는 방법이 많이 있다는 사실을 명심하라. 당신은 이렇게 할 권리가 있다는 점도 명심하라. 다음은 단지 몇 가지 방법이다. 자신의 선호와 상황을 고려하면서 당신에게 효과가 있을 만한 방법이 무엇인지 생각하라.

- 자동응답 전화기, 음성 메시지, 발신자 번호를 활용하여 받고 싶은 전화만 받으라.
- 이메일을 차단하고, 거르고, 삭제하라.
- 지금 전화를 받을 수 없으니 가능할 때 전화를 주겠다는 메시지를 보내라.
- 부모와 같은 공간에 있다면 방을 나가거나 집 밖으로 나오라. 혹은

이어폰을 끼거나, TV를 켜거나, 핸드폰을 하거나, 화초에 물을 줄 수도 있다.

- 지금은 특정한 주제를 논의할 준비가 되어 있지 않다고 말하고, 더 편한 시간에 논의하자고 제안할 수도 있다.
- 소포를 거절하고, 우편은 개봉하지 말고 발신자에게 반송하라.
- 전화번호를 바꾸라.
- 거주자 외에 누구도 집에 출입하지 못하도록 하라(열쇠, 집 비밀번호, 차고 비밀번호, 경보기 암호 등을 이용할 것).
- 부모를 방문할 때는 모텔, 호텔, 혹은 그 지역 친구네 집에서 묵으라. 부모가 방문하러 와도 똑같이 하도록 하라.

얻고 싶은 것에 주목하라

어느 정도가 되었든 현재 부모와 관계를 유지하고 있다고 해서 그 사실이 과거에 분개하지 않았다거나, 지금 부모의 말과 행동으로 인해 화가 나지 않는다는 것을 의미하지는 않는다. 대신에 고통스러웠던 대본을 수정하면서 그 일에 대해서 생각하도록 노력하라. 부모가 변하리라 기대할 수는 없지만, 당신의 태도, 해석, 반응은 바꿀 수 있고, 그에 따라 부모와의 역동을 수정할 수 있다는 점을 명심하라.

부모가 이끌며, 당신과 부모가 함께 왈츠를 추고 있다고 상상해 보라. 당신은 언제나 아버지와 왈츠를 추었다. 그러고 보니, 당신은 왈츠를 좋아한 적이 없었다. 이제 당신은 오케스트라에 탱고를 연주하도록 신호를 보내고, 당신이 이끌기 시작한다. 당신이 탱고를 추면 부모는 왈츠를 출 수 없다. 아버지는 탱고를 좋아하지 않을 수 있다. 화가 나서 무도장을 빠져나갈 수도 있다. 아버지는 당신이 이기적이며 아버지의 행복을 방해하려고 오케스트라 단원들과 음모를 꾸미고 있다고 소리칠 수도 있다. 그러나 언젠가 당신과 춤추고 싶으면 자신의 스텝을 바꿀 필요가 있음을 깨달을 수도 있다.

경계를 분명히 하고 부모와 좀 더 직접적으로 의사소통하는 일이 처음에는 삶을 더 어렵게 만들 수도 있다. 그러나, 당신이 얻고 싶은 것에 주목하라. 부정적인 반응 때문에 어려운 이슈를 토론하지 않으면 당신은 더 화가 날 것이고 당신이 다른 사람과 관계를 맺는 것이 더 어려워질 것임을 기억하라. 이렇게 되는 것은 당신에게도 다른 사람에게도 최선의 선택이 아닐 수 있다.

멈추어 생각하기: 지금 혹은 나중에

부모와의 경계를 분명히 할 때 단기효과와 장기효과를 비교하려면 과거에 논쟁의 원인이었던 특정한 주제를 떠올려 보라. 그것을 일지에 적으라.

한 예를 들면, 베타니(Bethany)는 올해 추수감사절을 엄마와 계부와 함께 보내고 싶지 않다. 계부 특유의 과장됨과 어머니의 희생으로 추수감사절의 의미가 무색해져 버리기 때문이다. 당신들이 준비하겠다고 고집한 호화로운 진수성찬에 얼마나 많은 일이 필요했는지 과할 정도로 자세히 얘기하는 모습을 견딜 수가 없다. 그러나 그 이유를 엄마에게 말하면 내가 얼마나 이기적인 사람인지에 대해 설교를 들어야 하며, 그 후로도 몇 주 동안 엄마의 짜증과 긴장된 침묵을 견뎌야 한다는 점도 알고 있다. 물론 언니도 전화를 걸어서 내가 엄마의 감정을 상하게 했다고 한 소리 할 것이다. 베타니는 일단 올해까지는 가고 내년에 얘기를 하겠다고 생각했다. 그러나 이렇게 생각한 지 3년이 지났다.

베타니처럼 결과가 두려워 이슈 다루기를 미뤄본 적이 있는가? 하나는 "지금"이라고, 또 하나는 "나중에"라고 적은 세로줄 두 개짜리 표를 만들라. 그 세로줄 아래 두 개의 가로줄을 그리고 한 줄에는 "긍정적인 것"이라고 적고 다른 줄에는 "부정적인 것"이라고 적으라. 이제 자신의 문제를 보면서, 지금 부모에게 맞섬으로써 무엇을 얻을 수 있다고 생각하는가? 기다림으로써 무엇을 얻을 수 있는가? "긍정적인 것" 행에서, "지금"과 "나중에" 칸에 각각 답을 적으라.

이제 부정적인 것을 적으라. 지금 부모에게 맞설 경우 지금 겪을 부정적인 점은 무엇인가? 기다릴 경우 부정적인 점은 무엇인가?

베타니의 경우 지금 어머니에게 맞선다고 할 때 긍정적인 점은 안도감을 느끼고, 집에서 남편, 아이들, 친구들과 조용한 휴일을 즐길 것 같다. 그간의 패턴을 깬 것이며, 결정하고, 결정을 전달할 수 있는 얼마간의 시간을 벌 수도 있다. 기다렸을 때의 긍정적인 측면은 일시적으로(내년까지는) 안도를 느낄 것 같다. 또한 늘상 1주일간 부모님 댁에 가는 대신 아마도 단 하룻밤만 가는 절충안을 찾을 수도 있다.

그 주제를 지금 제기했을 때의 부정적인 점은 어머니의 짜증과 침묵, 그리고 언니로부터의 비난을 들을 수 있다는 것이다. 기다렸을 때의 부정적인 측면은 추수감사절을 자신의 집에서 보내고 싶지만 유쾌하지 않은 저녁 식사로 고통받아야만 할 것이며, 다음번 추수감사절이 다가오면 똑같은 두려움을 느낄 것이다. 또한 분명히 잘라 말하지 못한 일에 대해 스스로를 바보 같다고 느낄 것이다.

당신의 응답을 보니 당신의 문제는 무엇인 것 같은가? 당신의 응답이 명백한 해법을 제공하지 않으며, 부모에게 말을 한다고 했을 때 가슴 속에서 느끼는 감정을 없애 주지도 않는다. 그러나 자신의 감정, 욕구, 우선 순위를 아는 데는 도움을 줄 것이다.

당신은 지금 부모와의 관계에서 새로운 영역을 개척하고 있지만, 앞으로 가야 할 길이 평탄하지 않다는 사실을 기억하라. 당신의 프로젝트는 칼 한 자루만을 들고 정글 속에 길을 만들어 가고 있는 일이라고 상상하라. 맞다. 시간이 가면 결국에는 길을 낼 것이다. 다만, 그 과정에서 모기에 물리고, 손에 못이 박히고, 베이거나 긁히고, 몇몇 극심한 좌절의 순간을 경험하고, 아마도 이미 치운 길에 잎이 다시 자라 다시 치워야 할 때도 있을 것이다(그래도 이젠 뿌리가 그리 깊이 박히지 않고 시간이 오래되지 않았기 때문에 비교적 쉬울 것이다).

당신이 보기에 부모와의 관계가 어디로 향하고 있는지 확인해 보라. 어디로 향하고 있는가? 아버지 혹은 엄마가 변할 것이라고 기대할 수 없다면 무엇이 현실적인가? 현실적인 목표의 예는 다음과 같다.

- 엄마의 위기에 매번 반응하지 않고, 엄마를 돕느라 항상 내 일을 포기하는 일이 없는 관계가 되었으면 좋겠다.
- 엄마가 내게 화를 낼 때마다 다시는 겁먹은 어린아이 같이 느끼지 않았으면 좋겠다.
- 나의 목표는 아버지와 관계를 유지하는 것이지만 나의 결혼생활에 간섭하지는 않도록 하는 것이다.
- 애들이 할머니를 알게 되는 것은 정말 중요하지만, 애들을 보호하기 위해 감독하고 가능하면 할머니와 떨어져 있게 할 필요도 있다.
- 지금으로서는 부모와의 어떠한 관계에 대해서도 생각할 수 없다.

자신의 권리를 알라

어느 관계에서나 당신은 권리가 있다. 누군가가 부모라고 해서 또는 심각한 정서적 문제를 가지고 있다고 해서 당신이 가져야 할 권리를 침해할 수 있는 것은 아니다. 다음의 목록을 기억하고, 관계에서 균형을 찾도록 하라. 당신은 ~권리가 있다.

- 관계에서 안전하다고 느낄
- 정중하게 대접받을
- 언어적으로, 정서적으로, 혹은 신체적으로 학대받지 않을
- 경청받아야 할
- 인정받고 소중히 여겨질
- 사생활과 경계가 존중받을
- 욕구가 충족될
- 관계에서 스스로에 대해 기분 좋게 느낄

멈추어 생각하기: 관계 권리

앞의 목록은 고정된 것이 아니다. 다른 권리를 생각할 수 있는가? 각 권리는 당신에게 무엇을 의미하는가? 예를 들어, "관계에서 안전하게 느낄 권리"란 부모가 언제 나를 비난할 지 걱정하지 않는 것을 의미한다.

통제력을 얻기 위한 도구와 기법

이 장의 나머지는 부모의 말과 행동으로 인한 화를 최소화하고, 어려운 상황을 부모에게 직면시키고 다른 사람에게도 알리며, 정서를 더 직접적으로 표현할 수 있는 일련의 연습, 질문, 도구를 포함하고 있다. 예를 들어, 생일, 휴일, 장례식, 결혼식과 같은 도전적인 가족 행사들(경계선적 특성이 있는 사람들에게는 버려짐의 공포와 다른 정서들이 특히 고조되는 시기임)을 다루는 것에서부터, 부모에게 더 이상 재정적 지원을 할 수 없다고 말하는 것에 이르기까지 매우 다양한 주제에서 이 지침을 사용할 수 있다. 이 지침은 중대한 갈등뿐만 아니라 비교적 작고 일상적인 주제에도 적용할 수도 있다. 그리고 삶의 다른 영역에서 그리고 다른 사람들에게도 사용할 수 있다.

관심을 기울여라

길 건너기를 배웠을 때 배운 것(멈춰! 쳐다 봐! 귀 기울여!)을 기억하는가? 같은 원리가 다른 상황에서 도움이 된다. 부모 혹은 어떤 까다로운 개인과 접촉하기 전과 접촉하는 동안 어떻게 느끼는가에 유념하는 것이 중요하다. 특히 스트레스를 받고 있다는 것은 아는 것은 어렵다. 우리는 생각하려고 멈추지는 못하는 것 같다.

자신의 신호를 간과하지 말고 주목하라. 어떤 신체적 감각을 느끼는가? 분노에 대한 통상적인 신체 반응은 관자놀이가 지끈거림, 실신, 머릿속이 울림, 귓속이 울림, 뺨이 화끈거림, 턱을 꽉 다물고 주먹을 꽉 쥠, 팔·다리·목·어깨 근육이 긴장됨, 호흡이 빠르거나 느려짐, 복부의 조이는 느낌이나 뻣뻣함, 메스꺼움 등이다.

자세가 변하는지 그리고 어떻게 변하는지 주목하라. 갑자기 방어적으로 팔짱을 끼면서 더 편안하게 느끼는가? 어깨를 긴장하고, 등을 구부려 상징적으로 가슴을 보호하는가? 경직되어 그 상황으로부터 탈출할 준비가 되어 있는 위치로 바꾸는가? 예를 들어, 앉아 있다면 위협당한다는 느낌으로 일어나서 출입문 쪽을 향하는가? 5장의 바디스캔 연습은 몸 어디에서 반응하는지를 감지하도록 해 준다.

다른 어떤 정서를 느끼는가? 무서운가? 슬픈가? 속상한가? 상호작용 후에 어떤 정서가 있을 것이라 예상하는가? 예를 들어 부모와 말다툼을 하고 난 후 죄책감이 필연적으로 따라오는가?

무슨 생각을 하고 있는가? 머릿속에서 반복적으로 들리는 메시지는 무엇인가?

자신과 접촉한 결과 어떤 효과가 예상되는가? 다음날 출근하거나, 저녁에 아기를 목욕시킬 때 너무 녹초가 되고 진이 빠질 것 같은가?

판단을 늦추어라

당신이 어떻게 느끼는지를 인식하고 수용하는 일은 문제를 헤쳐나가는 첫 단계이다. 인정하지 못하는 점을 바꿀 수는 없다. 당신의 부모 그리고 부모와의 관계에 대해 당신이 어떤 감정을 가지고 있다는 사실 자체가 안 좋을 수도 있다. 아버지를 방문하러 가기 전에 불안에 떠는 행동을 좋아하지 않을 수 있지만 그것이 지금 현재의 당신이다. 따라서 당신의 느낌에 대해서 당신이 어떻게 느끼든, 자신을 검열하거나 판단하지 마라.

멈추어 생각하기: 당신은 얼마나 판단적인가?

다음 각 진술에 대해 얼마나 동의하는지를 전혀 동의하지 않으면 1, 완전히 동의하면 5로 표시하라.

1. 엄마에게 말해야 할 때마다 너무 긴장하지 않았으면 좋겠다.
2. 나는 그런 죄책감을 갖지 않아야 한다.
3. 부모님 집에 갈 때마다 더 침착해야 하고, 덜 무서워해야 한다.
4. 아버지에게 그토록 화가 난 나 스스로를 증오한다.
5. 어머니에 대해 이처럼 느끼고 있으니 나는 형편없는 아들이다.

이제 평가점수들을 합산하라. 점수가 높을수록, 당신은 감정을 더 많이 판단하고 있다. 이 장과 책을 계속 읽어 나가면서 자신의 정서에 대해 비판단적인 태도를 취하는 것을 우선 배워야 한다.

3, 4, 5로 응답한 모든 문항을 덜 판단적인 문장으로 재구성하라. 예를 들어, "나는 그런 죄책감을 갖지 않아야 한다"는 "얼마나 죄책감을 느끼는지 깨달았으니, 왜 그런지 이해하기 위해 작업할 수 있고 그 감정이 그만큼 압도적이지 않도록 감소시킬 수 있다" 혹은 "좋아하든 좋아하지 않든, 그것이 지금 당장 내가 느끼는 방식일 뿐이다"로 재구성할 수 있다.

끔찍한 촉발제

우리가 논의했듯이 촉발제는 분노와 그 밖의 정서에 불을 붙이는 정서적 기폭제이다. 무엇이 자신의 것인지를 아는 것이 중요하다. 부모와 상호작용하면서 당신을 화나게 하는 부모의 말이나 행동이 있는 것 같다. 그 이유는 그 말이나 행동이 그 자체로 끔찍하기보다, 어떤 맥락(과거 경험이나 현재 정서)에서 경험하기 때문이다. 무엇이 촉발제인지를 알면, 그 촉발제에 대해 무언가를 할 수 있다.

행동

부모가 당신을 몹시 화나게끔 하는 일이 엄청나게 많이 있는 것처럼 보일 수 있다. 하지만 생각해 보면 그 일은 어떤 범주로 묶을 수 있다. 즉, 특정한 환경은 시기마다 다를 수 있지만, 핵심 촉발제는 동일하다. 여기 몇 가지 예가 있다.

경계를 침범하기. 미셸의 엄마는 미리 전화하여 방문해도 되는지 묻지 않고 자주 미셸의 집에 들른다. 엄마는 미셸의 아이들에게 줄 사탕을 가져올 때도 있는데, 미셸은 엄마에게 그러지 말아 달라고 여러 번 말했다. 미셸이 집에 없을 때 엄마는 두 번이나 집에 들어와서 주방을 청소하고 주방이 얼마나 더러웠는지 메모를 남겼다.

사생활을 존중하지 않기. 미셸은 엄마가 미셸의 남편이 돈을 숨겨 두었을 거라 생각하고 남편의 속옷을 뒤지는 것을 여러 번 목격했다.

멈추어 생각하기: 자신의 행동 촉발제를 알라

당신의 촉발제는 무엇인가? 촉발제로 인해 분노가 어떻게 전개되는지 구체적인 상황을 기술해 보라.

이러한 사건이 발생할 때마다 어떤 메시지를 당신에게 보내는가? 당신의 부모가 모르는 사람이라고 가정할 때 당신이 촉발제라고 여기는 행동을 엄마가 당신에게 했다고 가정하라. 그러면 당신은 어떤 생각이 드는가? 화가 나겠는가? 어떻게 반응할 것인가?

말

촉발제는 또한 언어적일 수 있다. 아버지의 입에서 나오는 "항상"이란 말을 들을 때면 심호흡을 하고 긴장하는가? "네가 ~이기만 했다면"이라는 구절 때문에 편두통이 생기는가? 분노를 촉발할 수 있는 말과 구절은 다음과 같다.

- "넌 항상"
- "넌 절대 ~않아"
- "넌 왜 그렇게"
- "넌 ~하지 않아"
- "넌 ~해야만 해"
- "언젠가 아마도 네가 ~을 이해할 수 있을 거야"

다른 언어적 촉발제는 다음과 같다.

비난, 비판, 혹은 개인적 공격. 돈의 엄마는 가족 모임에서 항상 며느리의 자녀 양육 방법에 대해 비꼬는 투로 논평한다. 엄마는 또한 돈의 체중에 대해 지겹도록 말한다.

비난하기. 미셸이 엄마의 통제 불가한 소비 습관에 대해 말하려 할 때면, 엄마는 미셸의 아버지가 죽었을 때 더 많은 돈을 유산으로 남기지 않았다고 비난한다.

투사하기. 미셸의 엄마는 미셸이 살림도 못하고 좋은 엄마도 아니며, 돈 관리 법을 배워야 한다고 반복해서 말한다. 그러나 정작 돈 관리 조언이 필요한 사람은 미셸의 엄마다.

다른 촉발제로는 도움을 요청하는 부모(혹은 도움을 요청하는 방식), 당신의 의견, 감정, 표현된 소망에 대한 무효화, 이분법적 사고, 괴롭힘, 지난 일을 반복해서 말하기, 자기연민 등이 있다.

멈추어 생각하기: 자신의 언어적 촉발제를 알라

무엇이 당신의 언어적 촉발제인가? 여기 나열된 촉발제 외에 다른 것이 있는가?

언어적 촉발제는 당신에게 무엇을 말하는가? 예를 들어, “네가 좀 더 네 언니만 같았더라면”이라고 부모가 말할 때, 그 말을 “난 너를 언니보다 덜 사랑해. 난 너의 있는 그대로를(who you are) 소중히 여기지 않아”라고 해석할 수 있다.

당신이 아버지를 전혀 모른다고 가정하고, 당신이 촉발제라고 여기는 진술 중 하나를 아버지가 말했다고 상상하라. 그러면 당신은 그 말을 어떻게 해석할 것인가? 화가 나겠는가? 어떻게 반응하겠는가?

맥락이 중요

삶의 모든 국면에서도 그렇지만 맥락이 전부다. 집이 깨끗한데도 엄마가 당신에게 게으르다고 한다면 엄마가 뭔가 오해를 했다고 확신한다. 혹은 엄마가 투사를 하고 있다고 생각할 수도 있다. 그러나 만약 집이 더러웠을 때 엄마가 당신에게 게으르다고 한다면 당신은 엄마의 비난에 짜증이 날 수도 있다.

마찬가지로, 당신은 자신이 어떤 상황이나 배경에서 더 쉽게 화를 낸다는 점을 알아차릴 수 있다. 아마도 부모가 당신 집에 왔을 때는 어느 정도 참을 수 있지만, 당신이 부모 집을 방문했을 때는 조절이 잘 안 되어 부모의 말과 행동에 압도되는 것 같다. 또는 부모님과 전화 대화는 쉽지만, 엄마의 길고 두서없는 이메일을 읽는 일은 너무나 괴롭다. 아마도 다른 사람들이 있으면 부모는 당신에게 애정과 존중만을 보여주지만, 둘만 있게 되면 비난이 빗발친다. 혹은 그 반대일 수도 있다. 당신의 시간과 관심을 차지하기 위해서 다른 사람과 경쟁하게 되면 부모는 경계선적 행동을 보이기 때문에, 차라리 부모와 일대일로 교류하는 것이 낫다는 사실을 알게 된다.

멈추어 생각하기: 자신의 맥락적 촉발제가 무엇인지 인식하라

무엇이 당신의 맥락적 촉발제인가? 어떻게, 언제, 어디서 촉발될 가능성이 더 큰지 아는가? 어떤 특정 명절에 발생하는가? 어떤 친척들이 있을 때? 특정한 장소나 상황에서? 자신의 맥락적 촉발제를 일지에 메모하라.

각 촉발제를 최소화하거나 없애는 방법을 생각해 보라. 예를 들어, 당신과 부모 모두 함께 있을 때 부모가 서로를 경멸하며 당신 의견에 반대해서 화가 나곤 한다면, 부모 중 한 사람과만 만나도록 하라. 아침 식사 때는 엄마를 만나고, 점심 식사 때는 아빠를 초대할 수 있다.

당신은 강철로 만들어지지 않았다

당신도 인간이라서 약한 순간(혹은 며칠, 몇 주)이 있다. 촉발제와 그 결과 초래된 정서를 관리하기 더 어렵게 만드는 요인들은 다음과 같다. 잠을 충분히 못 잠(피로), 신체적 질병이나 만성적인 통증, 재정적 걱정거리, 관계 우려, 업무 요구, 특정한 상황에 대한 불안, 물질 사용, 처방 약으로 인한 부작용, 신체적 활동 부족, 그리고 다른 수많은 요인들.

부정적인 감정이 촉발되는 기회를 증가시키는 이런 요인을 모두 통제할 수는 없지만 자신의 취약점이 무엇인지를 안다면 취약점에 지배되기보다, 취약점을 가지고 작업할 수 있게 한다. 금요일은 업무 마감 기한이기 때문에 매주 목요일이 되면 초조해진다는 사실을 안다면, 목요일 밤은 아버지와 식사를 하지 않는 편이 좋다. 또한 당신이 방사선 치료 일정이 아직 남아 있다면 엄마를 만나러 가는 일정을 몇 주 늦추는 것이 좋다. 어디가 쓰라린 곳인지 아는 것은 그 영향을 최소화하도록 돕고, 압도당하거나 통제 불능이라고 느낄 것 같은 상황에서 당신 자신을 주장하도록 돕는다.

인간임을 인정하기는 쉽지 않다. 당신이 어느 때 더 취약해진다는 사실을 받아들여라. 자책하지 마라.

멈추어 생각하기: 당신이 무엇에 반응하는지 인식하라

촉발제에 당신을 보다 취약하게 만드는 요인이 무엇인가? 그것을 일지에 적을 때 무판단 진술을 사용하라. 오직 사실만을 적으라. 예를 들면, "9시간을 못자면, 다음날 짜증나고 불안하다" 또는 "관절염이 있을 때, 엄마의 고함을 들어 줄 인내심이 없다."

각각에 대해, 부모를 상대한다는 측면에서 그 요인의 영향을 최소화할 방법을 생각해 보라. "아버지를 만나기 전날 밤에는 잠을 좀 더 잘 필요가 있다. 만약 그렇게 하지 못하면, 아침에 아버지에게 전화를 걸어 일정을 다시 잡든가, 집에서 출발하기 전에 1시간 동안 반드시 요가를 할 것이다. 그러면 짜증이나 불안이 다소 낮아질 것이다."

까다로운 부모도 사람이다

당신에게 여러 가지 촉발제와 취약점이 있듯이 경계선 부모 역시 그렇다. 사실, 자신의 정서를 다루기 어렵고 정서적 자극에 민감한 사람은 삶에서 거의 모든 일이 촉발제인 것처럼 느낄 수 있다.

자신의 안녕에 초점을 맞추는 것과 함께 부모의 촉발제와 취약한 부분이 무엇인지 아는 일 역시 도움이 될 수 있다. 모든 시간, 에너지, 관심을 부모와 부모의 욕구에 집중하고 싶지 않지만(지금까지의 삶에서 이미 충분히 했다고 확실히 느낄 수 있다. 정말 수고 많았다), 무엇이 부모를 폭발시키는지를 아는 것은(예측 가능한 정도까지) 궁극적으로 도움이 될 것이다.

경계선 성격장애 또는 그 특성들이 있는 사람에게 흔한 촉발제는 다음과 같다.

- 몇 분 후에 전화를 끊어야 한다거나 영화 티켓이 있어서 내일 밤 부모님 댁에 못 갈 것 같다고 말하는 일처럼 보기에 사소한 것들이지만 버려진다고 지각될 수 있는 위협
- 신체적으로나 정서적으로 혼자 있는 상황
- 오해받았다고 느낌
- 요청을 거절당함
- 스트레스
- 불확실성 혹은 변화
- 지각된 상실을 경험함(지위, 돈, 관계, 관심, 충성심)
- 약물, 비처방 물질, 다른 환경적 자극

멈추어 생각하기: 부모의 촉발제가 무엇인지 인식하라

- 당신이 부모에게 확인했던 부모의 행동적, 언어적, 맥락적 촉발제는 무엇인가?
- 무엇이 부모의 취약점인 것 같은가?
- 그 취약점을 해결할 방법이 있는가? 있다면, 그렇게 하기 위해 당신의 의사소통과 상호작용을 바꿀 방법이 있는가?

자신의 우선순위를 알라

의식적으로 깨닫지 못할 수 있지만 당신이 맺는 모든 상호작용에는 우선순위가 있다. 이 말이 애매하게 들릴 수 있지만 타인들과 의사소통할 때 원칙 같은 것이 있다. 예를 들어, 당신은 의견을 표현하기, 거절하기, 부탁하기, 도움을 제안하기, 혹은 관계의 긴밀성을 증가시키기에 전념할 수 있다. 그리고 당신의 원칙은 선택하는 단어, 목소리 어조, 심지어 신체 언어에 영향을 준다.

원칙은 누구와 언제 상호작용하는가에 따라 달라질 수 있다. 예를 들어, 어떤 경우에는 음주 문제에 대한 책임을 자발적으로 수용하지 않으려는 부모에 대해 불만족을 전달하는 일이 당신에게 가장 중요한 일일 수 있다. 어떤 경우에는 한 주제에 대해 상호이해에 이를 때까지 대화해 보겠다고 마음먹을 수도 있고, 늘 하던 방식대로 그저 "사랑해요"라고 대화를 마칠 수도 있다.

멈추어 생각하기: 자신의 목표를 인식하라

최근에 있었던 부모와의 대화를 생각해 보라. 가능하면 그 상황을 자세히 기술하라. 무엇이 그 대화를 어렵게 만들었는가?

이제 어떤 결과를 원하는지 생각하라. 나중에 자신과 관계에 대하여 어떻게 느끼길 원하는가? 부모가 어떻게 느끼길 바라는가?

어떤 결과가 이번 대화에서 당신에게 가장 중요한가?

◆ 메모: 당신이 바라는 결과를 명확하게 하는 작업이 어려울 수도 있

다. 분명한 답이 중요한 것이 아니라, 이 과정을 통해 당신은 자신의 욕구는 물론 그 욕구가 의사소통 방식에 어떻게 적용되는지(언제, 어디서, 어떻게) 보다 잘 이해할 수 있다.

종소리처럼 명확하게 의사소통하기

다음 제안은 통상적이고 일상적인 일에서부터 심각한 사건에 이르기까지 넓은 범위의 상황에서 어떻게 의사소통할 것인가에 대한 내용이다. 이 제안은 부모 혹은 다른 사람을 존중하면서 당신의 욕구를 표현할 수 있게 한다. 당신에게 편안한 단어와 순서를 사용하여 개인적 방식으로 변경할 수 있다. 그런 뒤에 연습하면 된다. 텔레마케터, 가게 점원, 혹은 콜센터 상담원에게 시험 삼아 해 보라. 부모와의 대화에서 사용할 준비가 되었다면 먼저 작은 주제로 시작해 보라.

또한 지갑 속이나, 자동차 수납함 안이나, 전화기 근처, 혹은 가장 많이 이메일을 확인하는 컴퓨터 옆의 색인카드에 커닝 쪽지를 보관할 수도 있다.

어떤 대화를 하든 원하는 결과가 무엇인지를 생각하고, 요구할 수 있는 권리가 당신에게 있음을 확신하고, 그 결과를 성취하는 것이 중요하다. 이는 눈 맞춤, 자세, 목소리 어조, 성량, 억양에 주목하는 일을 의미한다.

BELL이란 단어를 사용하면 명확한 의사소통의 각 요소를 기억하기 쉽다.

- 그 상황을 어떻게 보는지에 대해 솔직히 말하라(Be direct). 사실에 집중하도록 하라. "엄마, 제가 최근에 집에 왔을 때 엄마가 제 몸무게에 대해 험담하시는 걸 알게 됐어요. 제가 너무 말랐다고 말씀하

시거나 '육중해' 보인다고 말씀하셨죠."

- 자신의 감정, 의견, 신념으로 자신을 표현하라(Express). "제 몸무게는 제 일이고요, 그 일에 대해 엄마와 얘기하고 싶지 않아요"
- 당신의 요청사항을 분명히 밝히라(Lay). 그 요청사항은 현실적이고 실현 가능해야 한다(충족되리라 정말로 기대한다면). 그리고 설명할 필요도 없다. "그러니 저와 같이 있을 때 제 몸무게와 다이어트에 대한 얘기는 하지 말아주세요".

  가능하다면, 수용 가능한 대안을 제시하라. "저와 함께 있을 때 엄마가 제 외모에 대해 말씀하셔야 한다면, 엄마가 제 옷을 얼마나 맘에 들어 하는지와 같이 뭔가 긍정적인 말이었으면 해요." 혹은 "엄마, 우리가 외식할 때 엄마가 무심코 제 몸무게 얘기를 꺼낼 수도 있을 것 같으면 외식 말고 다른 걸 해요. 우리 함께 영화를 보러 갈 수도 있어요. 엄마는 영화를 좋아하고, 저도 아이를 낳은 후에는 영화관을 거의 못 가서 영화관에 가고 싶어요." (대부분 사람들은 요구나 조건보다 의견으로 제시될 때 더 낫게 반응한다.) 어떤 상황에서 당신이 어떻게 문제를 해결할지에 대한 제안을 받아들일 여지가 있다면, 상대방에게 무엇이 서로 동의할 수 있는 결과라고 생각하는지 물어볼 수 있다. 그 과정에 상대방을 관련시킴으로써, 상대를 기분 나쁘게 만들지 않고, 당신이 시킨 것처럼 느끼지 않으면서 당신의 요청에 더 쉽게 응하도록 할 수 있다.
- 보상 역시 분명히 밝히라(Lay). "저와 함께 있을 때 제 몸무게에 관한 주제를 피한다면, 함께하는 시간이 훨씬 더 즐거울 거예요."

"고맙습니다" 혹은 "시간 내서 제 얘길 경청해 주셔서(저와 작업해 주셔서,

제 얘길 들어 주셔서, 제 관점을 고려해 주셔서) 정말 감사해요"라는 말을 보태서 나쁠 건 없을 것이다.

저항과 격렬한 분노를 극복하기

상대방의 저항이 있다면 위의 과정 전체를 혹은 일부를 여러 차례 반복할 필요가 있다. 저항은 "하지만…" ("하지만 난 그저 너에게 가장 좋은 것을 해 주고 싶었다는 걸 너도 알지 않니? 네가 살찌면 너도 싫고 네 남편도 너를 좋아하지 않을 거 같아서 그런거야.") 혹은 "잠깐, 그건 불공평해" 혹은 노골적인 공격, 못된 말, 또는 주제를 바꾸려는 시도의 형태로 나타날 수 있다. 의사소통을 하는 처음의 목적을 잊지 않도록 하라. 또한 엄마가 어떻게 느끼는지를 타당화하거나 인정한 뒤에, 앞에서 말하던 것을 계속 반복할 수도 있다. 예를 들어, "엄마, 맞아요. 제가 엄마의 의도를 정확히 이해하지 못했을 수도 있죠. 그리고 엄마가 제 몸무게 얘기는 하지 말아야 해요." 방금 말한 것을 사실상 무효화하는 단어인 '그러나' 대신에 '그리고'를 사용한 점에 주목하라. 혹은, "그것이 어떻게 엄마에게는 그리 공평해 보이지 않을 수도 있겠죠. 우리가 함께 좋은 시간을 보내려면 그러한 주제에 관해 이야기할 수 없어요."

부모가 어떻게 느끼는가를 인정하고 타당화한다고 해서 항복한다는 뜻은 아니고, 당신도 어느 정도는 말할 수 있다는 사실을 단순히 전달하는 것이다. 부모의 반응에 동의하지는 않지만, 부모의 입장에서 그 상황을 본다면(부모의 정서적 렌즈를 통해 보는 것을 포함하여), 부모의 말이나 행동이 조금은 이해가 될 수도 있다. 부모가 어떻게 느끼는가를 타당화해 주는 말은 또한 당신이 더 침착하도록 도와줄 수 있다. 문제를 완전하게 해결할 것 같지는 않지만 문제가 악화되는 것을 아주 잘 방지할 수 있다.

자신의 대화를 위해 변경할 수 있는 타당화 문구 몇 가지는 다음과 같다.

- 그것을 받아들이기/듣기/보기/동의하기 어려울 수 있어.
- 그것이 얼마나 거대한 도전/장애가 될지 알 수 있어.
- 그것이 얼마나 너를 정말 속상하게 하는지 알 수 있어.
- 나 역시 그것이 끔찍하다고 느꼈을 거야.
- 누군가가 나에게 그런 말을 했다면, 나 역시 ~하게 느낄 거야.
- 그건 어려워/힘들어/너무 안됐어/끔찍해. 네가 그걸 상대해야만 하다니 유감이야.

논의 중에 부모가 격노하거나 격노하기 시작하면 그 행동을 다룰 수 있는 수정된 기법을 써 볼 수 있다. 예를 들어, "엄마와 함께 얘기할 수 있으면 저도 좋겠어요. 그런데 엄마가 소리 지르면 그럴 수 없어요." 대화를 계속하기에는 행동이 너무 폭발적이 되면 지금 대화를 끝내고 싶고, 부모가 가라앉았을 때 다시 대화해야만 할 것이라고 말하라. 그러고 나서 다른 학대적이거나, 위험하거나, 잠재적으로 폭력적인 환경으로부터 빠져 나오듯 그 상황에서 빠져 나와야 한다(Kreger and Mason, 1998).

수많은 저항, 비난, 혹은 악화와 마주했을 때 평정을 잃을 것처럼 느끼기 쉽다. 그러나 스스로에게 다음과 같이 말하면 침착함을 유지할 수 있다(Mckay, Rogers, and MaKay, 1989).

- 화내는 것은 상황을 해결하는 데 도움이 되지 않아.
- 나 자신을 증명할 필요는 없어.

- 이것이 나를 괴롭히게 놔두지 않을 거야.
- 누군가 이처럼 행동한다면, 그 사람은 정말 기분 나쁜 것이 틀림없어.
- 나 자신을 의심할 필요는 없어. 무엇이 내게 최고인지 알아.
- 난 그가 행동하는 방식을 좋아하지 않으며 그 방식은 효과적이지 않지만, 그는 자기가 아는 유일한 문제해결 기술을 사용하고 있는 거야.
- 이것을 견딜 필요는 없어. 난 언제라도 대화를 그만둘 수 있어.

당신이 주인공이다

원하고, 필요하고, 생각하고, 느낀다는 측면에서 자신의 진술을 만들어 보면 무심코 타인을 비난하지 않게 된다. 딱 부러지게 말하기 위해 "나" 진술을 사용하라. 그 진술은 당신이 정확히 어떤 상황에 있는지를 알도록 해준다. "나" 진술은 자신의 욕구에 계속 집중하게 하며, 타인이 당신과 논쟁하는 것을 더 어렵게 만든다(불가능은 아니지만, 확실히 더 어렵다).

다음에 부모가 싸움을 걸거나 당신의 감정을 무효화하면 부모의 입장을 인정한 다음 Kreger and Mason(1998)의 저서에서 나온 다음의 반응처럼 강하고 단도직입적인 "나" 진술로 말해 보라.

- 아버지는 ~에 대해 괜찮은 것 같은데, 저는 아니에요. 제 생각엔…
- ~이 발생할 때 엄마는 ~라고 느끼실 수 있고, 저는 ~라고 느껴요.
- 아마도 아버지는 ~하는 것이 재미있다고 여기시고, 제 생각엔 그것이…
- 엄마는 ~하는 것이 별 것 아니라고 생각하시는 것처럼 들리고, 저는 동의하지 않아요. 제게 그것은 ~처럼 보여요.

- 아버지는 일을 이런 식으로 하시는 것처럼 보여요. 그것은 제게 효과가 없어요. 저는 ~해요.
- 제가 ~라고 말한다고 엄마가 생각하시는 것처럼 들려요. 저는 오해받았다고 느껴요. 제가 말하고자 하는 것은…
- 그래요. 그리고 저는 그것에 대해 생각이 달라요. 우리는 일치할 필요 없어요.
- 아버지는 그런 식으로 기억하지 않을 수 있어요. 그렇다고 그 일이 일어나지 않았다는 의미는 아니고, 저는 그것에 대해 ~라고 느껴요.

멈추어 생각하기: 즉각적인 재현

최근 부모와의 골치 아픈 대화를 생각해 보라. 각자 무엇을 어떻게 말했는가? 최대한 그 대화를 재구성해 보라.

이제 자신이 말한 것을 돌이켜 보고, 유사한 대화가 미래에 발생한다면, 이 장에서 나온 도구를 사용할 기회가 있는지 보라. 당신이 말한 내용과 방식을 어떻게 바꾸겠는가? 적어 보라.

추가적인 몇 가지

부모와 대화할 때 건강한 한계를 설정하면서, 이 추가적인 도구들을 자신의 도구함에 보관하라.

자신의 한계를 알라

당신이 주장하고 있는 바에 대하여 확실하게 알고 있지 않으면, 자신 있어 보이긴 하겠지만 생각을 분명하게 말하기는 어렵다. 부모와 어떤 주제를 다루거나 욕구를 말하기 전에 반드시 그 주제를 먼저 자신에게 명확하게 하라. 무엇을 원하는가? 원하는 바를 얻기 위해 어디까지 갈 각오가 되어 있는가? 무엇을 흔쾌히 포기하겠는가? 받아들일 수 있는 대안이 있는가? 있다면, 무엇인가? 추구하는 바가 무엇인지 아는 것은 당신이 계속 집중하도록 도울 것이다. 또한 정서적으로 격한 대화 중에 주제가 흐려지지 않도록 도와줄 것이다.

꽃을 기대하지 마라

경계를 설정하고 보다 명확하게 의사소통할 때 부모가 좋아할 거라고 기대해선 안 된다. 앞서 언급한 비유를 사용하자면 당신이 왈츠를 멈추고 탱고를 시작하거나, 편안한 역동을 바꾸는 다른 어떤 일을 시작하면, 부모는 위협당하거나 거절당한다고 느낄 수 있다. 부모는 당신의 사랑, 충성심, 온전한 정신상태에 의문을 제기할 수 있다. 이는 새로운 영역에 포함된다. 따라서 잠재적인 거절에 대해 자신의 감정을 관리할 방법을 찾는 것은 중요하다. 3장과 4장에서 다룬 비통, 수용, 죄책감 극복을 위한 일부 도구는 이 경우에도 도움이 될 수 있다.

물러날 각오를 하라

부모가 지닌 어려움에도 불구하고 당신은 여전히 부모와 가까운 관계를 맺고 있을 수 있다. 부모와 자주 대화하거나 방문할 수 있고, 무언가 좋은(혹은 나쁜) 소식이 있을 때 가장 먼저 부모를 찾을 수도 있다. 부모와 당신은 서로의 삶에 깊게 관여할 수 있다. 그러나 당신 자신을 약간 분리해야 한다는 사실도 알고 있을 수 있다. 덜 자주 방문하고, 통화 시간을 줄이고, 삶에서 벌어지는 일에 대해 개인적인 얘기들과 소식을 예전보다 덜 공유할 수도 있다. 그 일은 부모가 도움을 요청할 때 거절하는 것을 의미할 수 있으며, 당신이 설정한 경계를 어기지 않는 것을 의미할 수도 있다. 그 일은 또한 여전히 부모와 얽혀 있는 다른 친척들로부터 물러나는 것을 의미할 수 있다. 어느 정도 물러나야 하는지를 결정할 수 있는 사람은 오직 당신이다.

다툼을 선택하라

치유 과정의 한 부분으로서, 경계선 성격이 있는 부모의 성인 자녀들 중 일부는 부모에게 맞서기로 한다. 흔히, 이런 성인 자녀들은 과거를 자세히 얘기하고 과거가 어떻게 현재 자신에게 영향을 미쳤는지 설명하는 편지를 부모에게 쓴다. 일부는 경계선 성격장애 문제를 제기하여 부모가 치료를 받도록 제안한다. 옳고 그른 것은 없다. 이 책에서 논의한 다른 모든 사항과 마찬가지로 자신에게 적합한 방법을 선택하면 된다. 그리고 자신이 행하거나 말하는 어떤 일도 부모를 변화시킬 것이라 기대해서는 안 된다. 경계선 부모의 문제를 고려할 때, 자기가 잘못한 것에 대한 긴 편지를 읽고, 책임을 수용하고, 자신이 어떤 고질적인 행동을 한다는 점을 인정하고, 도움을 구할 것이라고 기대하는 것은 비현실적이다. 그렇다고 해서 당신이 할 필요가 있음에도, 그런 편지를 쓰지(그리고 보내지) 말아야 한다는 것을 의미하지는 않는다. 다른 어떤 유형의 대립과 마찬가지로, 목표, 동기, 욕구, 장단기 결과, 그리고 변화에 대한 자신의 기대를 검토하고, 분명히 하라.

유머를 발견하라

"웃음이 최고의 약이다"라는 속담은 정말로 사실이다. 가능하면 어디서든, 당신 상황에서 유머와 풍자(irony)를 보도록 하라. 자신을 놀릴 수 있도록 하라. 인간은 다양한 이유로 인해 어리석고, 기이하며, 보기에 모순적인 방식으로 행동하기 쉬운 대단히 흥미로운 생물이다. 소재는 전혀 부족하지 않다.

Chapter 7

과거를 재구성하고 현재를 평가하기

Reconstructing the Past, Assessing the Present

과거 경험을 검토하고 경계선 성격장애의 역동과 그 역동이 가족 안에서 어떻게 펼쳐졌는지에 관한 통찰을 얻으면서, 당신은 많은 일들을 이해하고 발견하기 시작한다. 자신과 가족 구성원들이 했던 역할, 가족 내 규칙, 자신과 가족 구성원들에게 있었고 아마도 여전히 있는 지각, 의견, 기대가 그것들이다. 이렇게 함으로써 그러한 역할, 규칙, 그 결과로 발전시킨 특징에 도전할 수 있게 된다.

천천히 배우기

경계선 성격이 있는 부모 밑에서 성장하면서 당신이 배우고, 보고, 부모에게서 들은 것의 일부 - 아마도 대부분 - 는 부모의 정서적 기질에 영향을 받는다. 부모가 당뇨병이 있었는데 그 질병을 잘 관리했다고 상상해 보라. 집에는 단 것들이 많이 돌아다니지 않을 것이다. 부모가 엄격한 식이요법을 따르고, 혈액을 검사하고, 아마도 매일 인슐린을 맞는 모습을 보는 데 익숙해져 있을 것이다. 어떤 신호가 너무 낮은 혈당을 뜻하는지, 어떤 신호가 너무 높은 혈당을 의미하는지 알게 되었을 것이다. 그 모든 일은 얼마 후에 - 좋든 나쁘든 - 당신 가족 모두에게 정상적인 일처럼 보일 것이다.

마찬가지로, 당신은 경계선 성격이 있는 부모를 모시고 사는 데 익숙해졌다. 그리고 이러한 특성은 근본적으로 관계에 영향을 미친다. DSM-IV(APA, 1994) 진단 기준과 기타 특징들(비일관성, 부인, 투사, 이분법적 사고, 분노 표현의 어려움, 변덕스러움, 자주 정서적으로 압도되었다고, 버려졌다고, 거절당했다고, 공격당했다고, 무시당했다고, 수치스럽다고 느낌)을 생각해 보라. 이런 특징들 중 어떤 것이라도(어떤 조합은 말할 것도 없고) 심각한 방식으로 관계와 가족 역동에 영향을 미칠 수 있다. 그리고 당신이 아이였음을 고려하면, 부모의 경계선 기질과 문제는 의심할 나위 없이 당신이 타인들과 소통하는 방식에도 영향을 주었다.

자신의 역할을 하기

가족 내에서, 당신은 어떤 역할을 부여받았을 수 있다. 당신은 대화에서 제외되어, 간접적으로만 배우는 골칫덩어리(black sheep)였을 수도 있다. 혹은 부모가 친척과 갈등이 있을 때면 언제나 속마음을 털어놓는 가장 친한 친구였을 수 있다. 의견충돌이 있을 때면 언제나 부모의 편을 들도록 기대되는 동맹자였을 수도 있다. 아니면 부모의 다툼에 개입하여 아버지(혹은 어머니)가 어머니(혹은 아버지)에 대한 불만을 전달하는 희생양(fall guy)이었을 것이다. 당신은 나이, 환경, 부모의 욕구에 따라 이런 역할(또는 다른 수많은 역할)의 조합을 경험했을 수도 있다.

신념을 받아들이기

부모가 건강하지 못하고, 예측 불가능한 관계 방식에 관여된 결과, 당신은 별거, 가정불화를 경험하거나, 당신 자신의 생각이나 사람들의 신념과는 정반대되는 의견을 부모에게 들었을 수 있다. 가족들이 숭배되거나 악마가 되거나, 혹은 둘 다가 되기도 했다. "너에게 다시는 이야기하지 않을 거야"라는 말이 갈등을 해결하는 부모의 주된 방법이었을 수 있다. 그리고 당신은 부모가 맞다는 것을 입증하기 위해 같은 입장을 취하도록 요구받았을 수도 있다. 예를 들어, 델마 이모는 멍청하다거나, 형은 식충이이고 엄마 뱃속에서도 문제아였다고 들었을 수 있다. 이런 얘기를 반복해서 들으면 당신은 그 말을 믿게 될 수도 있다. 질문이 있어도 하지 않았다. 델마 이모와 형에 대해서 당신은 그렇게 경험하지 않았어도, 부모의 인정을 얻기 위해 혹은 단지 아이로서, 심지어 청소년으로서 부모가 가장 잘 알 거라고 생각했기 때문에(그렇게 믿을 필요가 있기 때문에) 부모의 생각을 받아들였을 수도 있다.

조각을 맞추기

이제 어른으로서, 자기 생각과 감정을 알아차리고 주변의 사람들이 누구였는지에 대해 좀 더 알기 위해서, 과거를 돌아보고 되도록 꼼꼼히 살펴 추려내는(sift through) 것이 중요하다. 델마 이모는 멍청하지 않았을 수도 있다. 친절하고, 따뜻하고, 재미있고, 독특한 사람이었다는 당신의 어릴 때 인상이 오히려 정확했을 수 있다. 형은 원래는 개방적이고 지나칠 정도로 너그러웠는데, 크면서 반항적이고 퉁명스러운 10대가 되었을 수 있다(부모에게 오랫동안 비난과 비판을 받고 나서). 부모의 생각에 약간은 객관적 진실이 있었을 수도 있고, 거의 없었을 수도 있다. 판단을 보류하고, 가능하면 사실만을 다루는 증인으로서 자기 자신의 판단을 할 수 있느냐는 이제 당신에게 달려있다.

가정사(家庭事)

가족은 체계이다. 돌이켜 보면서, 부모가 어떻게 기능했는지 뿐만 아니라 주변의 다른 사람들(다른 한쪽 부모, 형제자매, 조부모, 이모, 삼촌, 가족의 가까운 친구들, 그리고 당신 자신)이 어떻게 기능했는지에 주목해야 한다.

멈추어 생각하기: 가족 규칙

자신의 삶에서 가족 갈등(직계 및 확대 가족 내의), 이혼, 사망, 실직, 이사, 질병과 같이 기억에 남는 몇 가지 사건을 생각해 보라. 그 당시 당신의 나이와 설명을 일지에 적으라.

이제 당신 자신, 핵가족, 확대가족의 구성원들이 각각의 사건을 어떻게 다루었는지 생각해 보라. 생각을 잘 떠올리기 위해 다음 질문을 사용할 수도 있지만, 자신의 인상과 기억도 자유롭게 포함시켜라.

- 다른 사람들은 그 사건을 어떻게 다루었나? 개방적이고 솔직하게

이야기했나? 혹은 사람들을 보호하기 위해 일부 사실을 의도적으로 바꾸었나? 경멸하면서 얘기했나? 쉬쉬하면서? 눈치를 보면서? 긴장감이 감돌았나? 싸움도 있었나?

- 그 사건에 대해 어떻게 들었나? 당신에게 무엇이라고 설명했나? 어떻게 느끼고 반응해야 하는지에 대해 어떤 메시지를 받았나?
- 어떻게 느꼈나? 어떻게 반응하고, 어떻게 감정을 표현했나?
- 당신의 반응은 어떻게 받아들여졌나? 당신의 감정이 타당화되었나?
- 확대가족 구성원들은 얼마나 지나치게 관련되거나 회피했나?
- 어떤 인상이나 장면이 기억나는가? 마음에 남아있는 어떤 말, 문구, 대화는 무엇인가?
- 가족들의 반응에는 어떤 패턴이 있나? 어떤 사람이 갈등의 중심으로 밀치고 들어가는 것처럼 보이나? 어떤 사람이 현실을 외면하는 것처럼 보이는가?
- 당신의 반응에도 패턴이 보이나?

원천으로 가라

꽤 오래전에 형성되었을 기억말고도 가족 내에서 삶이 어떠했을까를 알아보는 다른 방법이 있다. 친척들, 심지어 공유할 것이 많지 않다고 생각하는 먼 친척에게도 물어보라. 그들의 기억과 통찰로 인해 당신은 놀랄 수 있다. 가족의 가까운 친구들과 예전 이웃들에게도 물어보라(이 사람들과 연락이 끊어져서 행방을 알고 싶다면, 인터넷이 유용한 자원이다).

경계선 성격장애 같은 사고와 행동 패턴이 있는 사람들은 다른 영역에서 유능할 수 있고, 사람에 따라 달리 반응한다. 그들은 어떤 상황이나 특정한 사람 앞에서 아주 잘 기능하지만, 다른 환경에서는 잘 기능하지 못할 수 있다. 자신의 인생에서 어떤 사람들은 이상화하고 어떤 사람들은 몹시 미워했을 수 있다. 가족들과 친구들은 경계선 성격이 있는 부모에 대해 매우 다른 경험을 하기 때문에, 가족 역동을 더욱 잘 알기 위해서는 되도록 정보망을 넓히는 것이 중요하다.

가능한 한 많은 정보를 얻는 것도 중요한데, 왜냐하면 부모의 모든 측면을 보는 것은 어렵기 때문이다. 아이로서, 그리고 자녀로서, 당신은 부모를 특정한 시각에서만 보았다. 어른이었다면 관점은 꽤 달랐을 것이다.

당신은 또한 부모와의 관계 때문에 엄청난 고통을 느꼈는데(그리고 여전히 느낄 수 있다), 이로 인해 어떤 좋은 것을 보거나 기억하지 못할 수 있다. 인간의 생존 본능과 외상에 대한 강한 화학적 물리적 반응을 고려해 볼 때, 고요하고 평화로운 것보다 위험하거나, 폭력적이거나, 정서적으로 불안한 상황을 훨씬 더 잘 기억할 수 있다(기쁨-후 스트레스장애를 들어본 적 있는가? 행복이 건강에 미치는 영향에 대한 연구가 많이 행해지고 있지만, 기쁨은 고통이 주는 것만큼의 충격적인 영향을 주는 것 같지는 않다). 이러한 경험은, 특히 그 외상이 부모, 가까운 친척, 혹은 양육자(생존을 위해 가장 많이 의존한 사람)에 의해 가해졌을 때 강하게 기억된다.

결과적으로, 처음 사건과 아주 약간이라도 유사한 후속 사건은 강한 정서(분노, 공포, 슬픔)를 촉발하며, 부정적인 연상은 늘어난다. 이는 당신의 부정적인 감정이 타당하지 않다고 말하려는 게 아니라, 오히려 인생에서 100% 좋은 것이나 100% 나쁜 것은 거의 없다는 사실을 일깨우려는 것이다. 매우 다정하다가도 감당하기 어렵게 격노하곤 했던 어머니와의 아동기 경험을 생각하면서, 42세 도나는 이렇게 말했다. “어머니가 원해서 경계선이 된 것은 아니라는 사실을 기억하는 게 도움이 되었어요. 유전 때문이든 혹은 환경 때문이든, 엄마는 그 병을 선택하지 않았고, 내 삶을 비참하게 만들려는 마음은 없었어요. 엄마 나름대로 최선을 다하려고 했죠. 엄마가 준 선물 하나는 항상 제가 그림을 그리도록 격려하셨다는 거예요. 엄마가 항상 했던 유일한 칭찬이었어요. 그런 의미에서 제가 화가가 된 것은 놀라운 일이 아니죠.”

멈추어 생각하기: 긍정적인 기억

- 조용히 앉아서 부모(비록 무효화하거나 학대적인 부모였을지라도)와 함께했던 긍정적인 기억을 생각해 보라(순간의 기억이라도). 노래, 이야기, 특별한 걸음걸이, 혹은 선물을 기억하는가? (당신이 행복하고, 기쁘고, 사랑받고, 즐거웠던 순간의 스냅 사진)
- 그 순간을 생각할 때 어떤 감각이 올라오는지에 주목하라. 냄새, 촉감, 광경, 소리인가? 이 감각은 당신에게 긍정적인 감정을 불러일으키는가?
- 부모와의 긍정적인 기억, 긍정적인 순간에 집중할 수 있다는 것을 어떻게 느끼는지 적으라.

당신이 추구하는 것

사람들과 이야기할 때, 당신 가족의 역사와 가족들의 불안, 우울, 물질 사용/남용, 조현병, 경계선 성격장애, 아동기 학대나 방치, 학대적인 결혼, 입원(신체적 혹은 정신적 이유로) 등에 대한 경험을 알고 싶을 것이다. 또한 부모의 아동기는 어떠했는지, 다른 사람들은 아이인 당신을 어떻게 보았는지도 알고 싶을 것이다.

다음 목록은 당신이 생각할 수 있는 몇 가지 예시 질문들이다.

- 우리 가족은 왜 ~에서 ~로 이사했을까?
- 왜 여동생은 ~와 살도록 보내졌을까?
- 왜 ~의 사진은 없을까? 혹은 어떻게 ~는 사진 속에서 웃고 있지 않을까?
- 왜 어머니는 ~에게(혹은 ~에 대한) 얘기를 안 했을까?
- 왜 ~는 누군가가 ~의 이름을 언급하면 그토록 화를 냈을까?
- ~는 과거에 어땠나? 그(그녀)의 어린 시절은 어땠나? 다른 사람들은 그(그녀)가 ~하다고 말했는데, 왜 그랬을까?

멈추어 생각하기: 기자의 관점

- 당신이 기자로서 당신의 가족과 가족의 역동에 대한 이야기를 쓰라는 지시를 받았다고 가정하자. 조사를 한다고 했을 때, 무엇을 알고 싶은가? 가족 비밀은 무엇인가? 누구에 대해서 더 알고 싶은가? 어떤 수수께끼들이 흥미를 불러일으키는가? 이 가족의 이야기는 무엇인가? 일부 반복되는 주제와 패턴은 무엇인가?
- 누구와 이야기하고 싶은지, 그리고 어떤 출처(sources)로부터 정보

를 얻을 것인지 결정하라.

- 어떤 질문을 할 것인가?
- 조사하면서, 그 과제에 대한 자신의 반응을 메모하고 일지에 적으라.
- 이 가족의 이야기를 쓰라(편집장은 당신이 원하는 길이, 방식, 구성대로 해도 된다고 했다).
- 당신이 쓴 이야기는 어릴 때, 그리고 성인이 된 지금 믿었던 이야기와 다른가? 다르다면 어떻게 다른가?
- 당신이 지금 바꿀 수 있는 가족 혹은 가족 구성원에 대한 신념이 있는가? 조사 결과 확신이 드는 신념이 있는가?

가족 드라마에서 자신의 역할

아이였을 때와는 다르게 독립적으로 사고하는 성인이 되면 상황은 이제 매우 다르게 보일 수 있다. 이전에 진실이라고 생각했던 것 중 일부에 이의를 제기하면서, 사람들에 대해서 그리고 당신이 한 일에 대해서 당신이 잘못 판단했었다는 것을 깨달을 수 있다. 이제 할 수 있는 방법은 그 사람들과 연락하거나, 그들 입장에서 얘기를 들어보거나, 사과하거나 혹은 싸움을 그만두거나, 그 사람의 현재 모습에 기반을 둔 새로운 관계를 찾아 나갈 수도 있다.

리카르도는 약 열 살 때 아버지가 집을 나가기를 바랐던 엄마가 경찰에 전화했던 일을 기억했다(엄마는 이혼 절차를 밟을 계획을 세우고 있었다). 엄마는 리카르도에게 아버지가 엄마를 때리는 것을 보았다고 거짓말을 하라고 했다. 리카르도는 시키는 대로 했고 아버지는 체포되어 며칠간 감옥에 있었다. 아버지가 석방됐을 때, 엄마는 리카르도와 다른 자식들을 데리고 먼 곳으로 이사했다. 그는 아버지를 15년 넘게 만나지 못했다.

"저는 오랜 세월 죄책감을 느꼈어요." 리카르도는 말했다. "저는 경찰에게 거짓말을 했고, 아버지에게 많은 고통을 초래했던 무언가에 기여했죠. 아버지는 체포된 뒤 직장을 잃었어요. 그리고 아버지와의 이별은 저에게 고통이었어요. 아버지가 완벽한 부모는 아니었지만, 어떤 부모도 완벽할 수는 없어요. 그토록 오랫동안 가족을 잃어야 할 이유는 없었어요. 그때 저는 어렸고, 시키는 대로 했다는 것을 알고 있지만, 그 사실이 죄책감을 덜어주지는 않았어요. 만약 그때 제가 정직하게 말했다면 어떻게 되었을까 하는 궁금함이 계속 남아있어요. 생각할 엄두가 나질 않아요. 그것은 비극적이었지만, 과거를 바꿀 순 없죠. 그저 내 자신이 남긴 것을 가지고 살아야만 해요."

아들이 태어났을 때 리카르도는 아버지에게 연락했다. 시간이 흐르면서, 그 둘은 화해했다. 리카르도의 아버지는 아들이 경찰에게 거짓말했다고 해서 결코 화를 내지는 않았다. 아버지는 엄마가 그렇게 하도록 부추겼다는 것을 알고 있어서, 10살짜리 아이에게 책임을 지우지 않았다. "아버지에게 말을 하고, 그 말을 들을 기회가 있다는 것은 세상에서 제일 기쁜 일이었어요." 리카르도는 말했다.

다른 상실과 마찬가지로, 경계선적 행동으로 인해 발생한 가족 구성원과의 이별이나 갈등을 두고 비탄을 경험할 수 있다. 또한 과거를 온전히 재구성하지 못하여 좌절을 경험할 수도 있다. 여러 가지 이유로 만족스러운 대답을 얻지 못하는 질문이 많이 있을 수 있다. 관련된 사람이 죽었을 수도 있고, 당신과 연락하고 싶지 않을 수도 있다. 같은 사건에 대해 몇 가지 설명을 듣고 누구의 견해가 옳은지 알지 못할 수도 있다(그 설명 모두에 진실의 요소가 들어 있을 가능성이 크다). 당신이 가진 몇 개의 질문을 통해 답을 안다는 것은 정말이지 불가능할 수 있다..

그래서 비탄과 상실을 헤쳐나가는 일 말고도, 수용을 연습할 필요가 있다. 찾은 답이 마음에 들지 않을 수 있다. 일이 어떻게 되어 갔는지에 대해 좋지 않게 느낄 수도 있다. 자신이 말하거나 했던 것 혹은 듣거나 당했던 것을 후회할 수도 있다. 그러나 당신은 이제 아이가 아니므로, 이제부터 이런 상황을 어떻게 다룰 것인지 선택할 수 있다.

진정한 당신의 목소리를 내라

당신은 누구인가? 그것은 단순한 질문처럼 보인다. 그렇지 않은가? 당신은 자신의 이름을 알고, 어디 사는지 알고, 먹고 살기 위해 무엇을 하는지, 어떻게 시간을 보내는지, 자신이 엄마인지 아버지인지, 이모인지 삼촌인지, 아들인지 누나인지, 친구인지 알고 있다. 그러나 당신은 진정 누구인가(who are you)? 경계선 성격장애 혹은 다른 정서적, 인지적 어려움이 있는 부모의 자녀로서, 이 질문에 대답하는 것은 의외로 어려운 일일 수 있다. 당신은 어렸을 때 반영(mirroring)이나 타당화(validation)를 많이 받지 못했을 가능성이 있는데, 그것은 아기가 세상 어디에 서 있으며, 자신의 감정과 관찰과 지각이 건강하고 정상적이라는 점을 알기 위해 필요한 것이다. 초기의 반영 없이, 자신을 보고, 자신을 아는 것은 어려웠다.

당신이 쓰고 있던 가면은 또한 다른 일의 결과였을 수 있다. 아이로서, 당신은 부모를 기쁘게 하고 싶었다. 엄마가 딸에게 귀여운 발레리나를 원했다면, 실제로는 밖에 나가 발야구를 하거나 집에서 독서를 하고 싶었을지라도, 당신은 발레 교실에서 발레를 잘하기 위해 열심히 노력했다. 아빠가 술에 취해 차고에서 집으로 오는 길을 찾지 못할 때 데려다 줄 누군가가 필요했다면, 당신은 자신의 감정과 욕구를 무시하며 좋은 사람이 되기 위해 애썼다.

또한 부모가 스스로 직면하기 어려운 특성이나 감정을 당신에게 투사했을 때 당신은 비디오 화면이 되었을 수도 있다. 예를 들어, 엄마가 자주 화를 내지만 자신이 화가 났음을 인정하는 데 어려움이 있었다면, 엄마는 당신이 화가 났다고 비난했을 수 있다. 부모가 당신이 어떠하다거나 어떤 문제를 가지고 있다고 말하면, 아이였던 당신은 대개 그 말을 믿었다.

모든 종류의 역기능적 가족에게 때로는 감정을 단순히 억누르는 편이 더 쉬울 수 있다. 감정은 어쨌거나 번번이 타당화되지 않았고, 무질서, 규칙, 비일관성, 상처, 분노, 좌절 등의 감정이 없을 때 삶은 훨씬 더 단순해 보일 수도 있다.

이러한 모든 면에서, 당신은 진정한 자기와 접촉하지 못했을 수 있다.

멈추어 생각하기: 메시지를 받아들이기

당신이 누구인지 그리고 누구이어야만 하는지에 대해 부모로부터 어떤 메시지를 받았는지 생각해 보라. 그 메시지를 일지에 적으라. 다음의 예들은 부모가 말했던 것을 기억하는 성인 자녀들에게서 나온 메시지들이다.

- "넌 예술가가 되기엔 너무 똑똑해. 로스쿨에 가서 변호사 일을 해야 해. 아직도 예술가가 되고 싶으면, 그건 나중에 해도 돼. 넌 그림을 잘 그리지만, 천부적인 재능이 있는 건 아니야. 그런 재능이 있는 사람은 따로 있어."

- “정말이지 네가 독립하면 외식을 많이 할 형편이 되길 바란다. 넌 정말 음식을 못한다.”
- “넌 정말 아이를 잘 키울 스타일이 아니야. 넌 아마도 최고의 부모가 되지 못할 거야.”
- “넌 냉정해서 좋은 관계를 절대 갖지 못해. 누구도 너를 절대 좋아하지 않을 거야.”
- “넌 이기적이야(혹은 어설퍼, 사고를 잘 당해, 허약해).”
- “넌 꼭 나 같아.”
- “넌 전혀 날 안 닮았어.”
- “넌 지저분하고 게을러.”

당신이 받은 메시지는 어디서 어떻게 배우게 되었는가? 어느 정도로 그것을 믿는가? 그 메시지가 사실이 아니라는 걸 알 때조차 바꾸기 어렵다고 여기는가?

기억하라. 당신이 받은 메시지는 명확한 문장처럼 직접적일 필요는 없다. 타인들이 당신을 대하는 방식, 그들의 신체언어, 그들이 다른 사람들에게 당신에 대해서 말하는 것을 우연히 들음으로써 당신은 신호를 알아차린다. 예를 들어, 당신이 냉정한 사람이라는 메시지를 받으면, 당신은 누군가가 당신이 냉정하다고 말했던 구체적인 시간을 떠올릴 수는 없을 것이다. 당신은 그 메시지를 다른 방식으로 들었기 때문이다.

당신은 거기, 어딘가에 있다

경계선 성격이 있는 부모에게서 살아남기 위한 핵심적인 기술은 체로 거르기(sifting)이다. 금을 걸러 내는 과정을 생각해 보라. 당신은 개울에서 냄비로 끈적끈적한 암석들과 진흙을 들어 올린다. 체를 (부드럽게) 흔들면 흙과 자갈이 빠진다. 당신에겐, 바라건대, 금덩어리와 다른 광물이 남겨질 것이다(남겨진 것이 모두 금처럼 보이지 않을 수 있으나, 모든 광물은 가치 있는 특성을 가지고 있다). 앞의 여러 장에서 거의 유사한 과정을 거치기 시작했다. 당신의 진짜 자기는 금과 광물이다. 체를 흔들면서 내려간 흙, 진흙, 끈적끈적한 물질, 자갈은 당신이 지니고 살아온 죄책감, 비난, 비판, 분노, 분개, 공포, 투사이다. 뒤따르는 질문과 연습은 그러한 가치 있는 금덩어리와 천연자원을 다른 것들과 분리하는 데 도움을 줄 것이다.

체로 거르는 과정은 한 번에 끝나지 않고(하루만에 이 책이나 다른 책에 있는 연습을 시작하고 끝낼 수 있는 게 아니다), 오히려 시간이 흐르면서 조금씩 일어난다. 당신은 피스타치오 아이스크림을 좋아했지만, 아버지가 견과류에 알레르기가 있었고 언제나 짜증나는 말을 하곤 했기 때문에 피스타치오 아이스크림은 집에서 먹을 뿐, 식당에서 주문한 적이 전혀 없다는 사실을 어느 날 기억할 수 있다. 이제 당신은 피스타치오 아이스크림에 대하여 다시 알게 된다. 몇 주 후에, 친구들에게 훌륭한 저녁을 만들어 준 뒤에 부모가 “마카로니와 치즈 한 상자를 망쳐버린 일”에 대하여 당신을 어떻게 놀렸든 당신은 자신이 음식을 잘한다는 사실을 깨닫는다. 이제 시험 삼아 해 보기 위해 도서관에서 다른 요리책을 몇 권 빌리기로 한다. 혹은 평생교육원에서 수업을 듣거나, 요리 프로그램을 수강할 수도 있다. 어쩌면 몇 주 후에, 라디오를 따라 노래를 부르고 있는 자신을 발견하고 썩 괜찮게 들린다는 것을 깨닫는다. 당신이 초등학교 2학년때, 엄마가 당신은 음치이고 리듬감도 없다고 말한 사실을 분명히 기억한다. 그때가 당신이 다른 사람 앞에서 노래를 부르거나, 춤을 췄던 마지막이었다. 그러나 이제 당신은 아마도 할 수 있다고 생각한다. 그리고 당신은 오페라를 할 정도의 실력은 아니더라도, 차 안에서 혹은 샤워하면서, 친구들이나 아이들과 함께 큰 소리로 노래를 부르지 못할 이유는 없다.

사물과 자신을 새로운 관점으로 볼 수 있는 여지가 생기면, 이와 같이 일상적이지만 중대한 발견이 개를 산책시키는 동안, 친한 친구와 커피 마시면서 잡담을 할 때, 한밤중에 꿈에서 깨어, 불쑥 생긴다. 작은 메모장을 곁에 두고 자신의 통찰을 기록하라. 통찰을 기록하는 과정을 통해 그 통찰은 당신에게 더욱 현실적으로 될 수 있다. 그런 다음 피스타치오 아이스크림을 먹으러 가거나, 맛있는 음식을 요리하거나, 무엇이든지 간에 자신의 통찰을 강화할 수 있는 일을 할 수 있다. 그 과정 역시 즐기라. 이 일을 자신과의 관계를 구축하는(cultivating) 것으로, 계속해서 새로운 것들을 발견하는 것으로 생각하라. 그것은 아주 즐거운 일이다!

멈추어 생각하기: 데이트하는 밤(또는 낮)

달력이나, 스케줄 노트, 혹은 스케줄을 관리하는 곳에, 정기적으로 뭔가 특별한 일을 혼자서 할 시간을 확보하라. 자신과의 이러한 데이트는 한 달에 한 번, 일주일에 한 번, 심지어 하루에 한 번이 될 수도 있다. 자신이 즐기는 활동을 위해(개를 데리고 특별히 긴 산책이나 하이킹을 하는 것, 서점에서 커피를 한 잔 마시는 것 등), 혹은 자신을 더 잘 알기 위해 그저 앉아서 생각하는 데 그 시간을 사용하라.

건강한 관계에 기여하는 당신의 자질을 일지에 적으라. 예로, 존경, 이해, 인내, 지지, 수용 등이 있다. 될 수 있으면 자주, 특히 확보한 시간에, 자신과의 관계에서 그러한 자질을 조성하기 위해 반드시 온갖 노력을 다하라.

멈추어 생각하기: ~을 위하여 냄비를 흔들기

체로 거르는 과정은 억지로 할 수 있는(또는 해야만 하는) 것이 아니다. 그렇게 하기 가장 어려운 이유는 아주 몸에 깊이 배어 있어서, 무엇을 체로 걸러 버리고, 무엇을 간직해야 하는지 깨닫지 못할 수 있기 때문이다. 그러나, 자신이 오랫동안 유지한 부분에 대해 생각하고, 심지어 도전하기 시작하면 통찰이 연달아 나오는 기간이 있다. 다음 목록은 고려해야 할 몇 가지 영역이다.

- 신념: 영성, 물질적 부, 정치, 사회적 주제에 대한
- 감정: 무엇이 당신을 행복하게, 슬프게, 화나게, 겁나게, 불안하게 만드는가?
- 의견
- 선호
- 관심사
- 우선 순위(의무): 어떤 일을 할 때 해야만 한다고 느끼기 때문에 하는가, 아니면 그 일이 자신에게 중요하고, 자신이 원하기 때문

에 하는가?

- 목표
- 강점
- 재능
- 취미

당신이 도전하고 싶다고 즉각적으로 떠오르는 생각을 일지에 적으라. 당신이 받은 메시지와 믿는 것, 그리고 다른 것이 떠오르면, 떠오를 때마다 일지에 적으라.

현재 당신의 관점이 과거의 관점과 어떻게 다른지 주목하라. 각각에 대해 발견한 것을 긍정문으로 적으라. 예를 들면, "노래하는 내 목소리를 남들이 어떻게 생각할지 의식했다. 2학년 때 이후로 항상, 누군가 주위에 있을 때 소리 내어 노래하지 않았다. 이제 나는 완벽하게 노래 부를 필요는 없지만, 내 목소리가 듣기 좋다는 사실을 알았다. 나는 우리 동네 합창단에 가입할 생각이다."

멈추어 생각하기: 안쪽 혹은 바깥쪽?

『경계(boundaries): 당신이 끝나고 내가 시작하는 곳(Katherine 1993)』이라는 책에서 각색한 이 연습을 이용하면 진정한 자기를 시각적으로 그리고 더 적극적으로 확인하는 데 도움이 될 수 있다. 8미터짜리 줄이나 노끈과 색인카드를 준비하라. 그 줄로 땅바닥에 커다란 원을 만들라. 색인카드에다가, 당신의 선호, 신념, 취미, 재능, 목표, 의견, 관심사, 싫어하는 것, 당신을 행복하게, 슬프게, 미치게 하는 것을 적으라(한 장에 하나씩만). 예를 들어, 한 장의 카드에 "따뜻한 색깔들로 칠해진 방"이라고 적을 수 있다. 어떤 카드에는 "통밀빵"이라고 적을 수 있다. 또 어떤 카드에는, "재미있는 사람들"이라고 적을 수 있다. 다른 카드에는 "친구들과 더 많은 시간을 보낸다" "매일 밤 아이에게 잠자리 동화(bedtime story)를 읽어 준다" "적어도 한 달에 한 번 아빠를 방문한다" "매일 아이를 제시간에 학교에 데려다 준다"라고 적을 수 있다.

모든 카드를 만들었으면 원 안에 서라. 한 번에 카드를 한 장씩 꺼내서, 그것이 정말로 자신에게 해당하는 무언가를, 혹은 삶의 한 부분으로서 원하는 무언가를 포함하고 있으면, 원 안쪽에 놓아라. 그 카드가 자신에게 해당하지 않는 무언가를, 혹은 삶에서 내보내고 싶은 무언가를 포함하고 있다면, 원 바깥쪽에 두라. 만약 통밀빵을 정말로 좋아하지 않는다는 사실을 깨닫는다면, 그 카드를 원 밖에 두라. 높은 우선순위를 담은 카드는 원 안쪽으로 간다. 전에 말했던 것처럼, 이제는 당신이 결정하는 것이다.

어떻게 해야 할지 잘 모르는 선택에 직면할 때마다 이 연습을 기억하라. 예를 들어, 직장에서 한 동료가 당신에게 장기 프로젝트를 도와달라고 부탁한다. 도와주어야 하다고 느끼지만, 한편으로 당신은 이미 장시간 일을 했고, 이 동료는 당신이 그다지 좋아하는 사람도 아니다. "동료의 프로젝트를 도와주며 앞으로 석 달 동안 늦게까지 일하는 데 전념한다"가 써 있는 색인카드를 마음속에 그려 보라. 그 카드를 마음 속 원 안에 놓겠는가 아니면 밖에 놓겠는가?

멈추어 생각하기: 당신 자신이 되기 위해 당신은 무엇을 하는가?

무의식적으로, 당신은 자신에게 기쁨을 주거나, 자신을 진정시키고 달래거나, 자신이 정서적으로 혹은 창의적으로 스스로를 표현하도록 도와주거나, 몰입 상태(a state of flow, 하는 일에 아주 몰두하여 시간 가는 줄 모를 때, 승승장구하는 그 느낌)를 달성하도록 도와주는 일을 매일 많이 할지도 모른다.

그중 어떤 것이 자신에게 해당하는지 멈추어 생각하라. 편안함을 느끼기 위해서 무엇을 하는가? 보기는 다음과 같다.

- 요가
- 하이킹
- 달리기
- 친구들과 시간 보내기
- 좋은 와인 즐기기
- 방향유로 목욕하기
- 축구 경기를 보면서 모교를 응원하기
- 요리하기
- 그림 그리기
- 사랑 나누기(making love)
- 작업장에서 작업하기
- 개나 고양이를 쓰다듬기
- 스쿼시 하기

멈추어 생각하기: 어떤 자질이 당신을 당신으로 만드는가?

어떤 자질이 당신을 당신으로 만드는지 생각하라. 친구들은 당신을 어떻게 묘사하겠는가? 따뜻한가, 재미있는가, 야심적인가, 온화한가? 당신은 어떻게 자신을 묘사하겠는가? 그에 대해 생각하고 자신의 반응을 일지에 적으라.

무엇이 당신을 역량 있다고 느끼게 만드는가? 다른 사람들에게 방법을 가르치는 데 있어서 당신은 무엇을 잘한다고 느끼는가? 당신은 자신이 무엇에 능숙한지 아는가?

당신은 장점을 가지고 있다

정서적으로 격앙되거나, 건강하지 못하거나, 역기능적인 가정에서 양육된 성인이 분명한 자기감의 부족과 낮은 자기 존중감으로 힘들어 하는 경우는 드물지 않다. 그러한 이슈에 직면할 수 있겠지만, 당신의 경험에서 나온 긍정적인 면을 고려하는 것도 중요하다.

작가 웨인 뮬러가 『마음의 유산: 고통스러운 아동기의 정신적 이점』에서 말했듯이, "어릴 때 상처받은 성인들은 독특한 힘, 심오한 내적 지혜, 놀랄 만한 창의성과 통찰을 보여준다. 심오한 정신적 활력, 조용한 앎(quiet knowing), 무엇이 아름답고, 옳고, 진실한 것인지 인지하는 방식이 그들 안에 깊숙이(상처 바로 아래) 놓여 있다. 그들은 자신의 어릴 때 경험이 매우 어둡고 고통스러웠기 때문에, 마음속으로만 상상했던 상냥함, 사랑, 평화를 찾는 데 자신의 인생 대부분을 보냈다(p. xiii)." 저자는 당신이 얼마나 강한지는 당신이 스스로 인정하는 것보다 더 강하다는 점을 지속적으로 기술하고 있다. 단지 매일 집에서 생활하며 살아남기 위해서는 용기, 결단력, 힘이 필요했다.

당신은 아마도 무엇을 예상해야 하는지, 언제 방으로 피해야 하는지, 언제 나가야 하는지, 어떻게 질문에 답해야 하는지에 관한 신호를 찾기 위해 자신의 환경과 주변 사람들을 살피며, 세심하게 관찰하는 법을 배웠다. 또한 직관력을 발전시키고, 변화와 혼돈 상태인 환경에 적응하기 위해 어떻게 맞추고 민첩해야 되는지를 배웠을 것이다. 당신은 회복력을 발전시켰고, 당신이 스스로를 양육하고 보호할 수 있게 했던 내면의 깊은 곳을 발견했다.

멈추어 생각하기: 긍정적인 결과

자신의 경험을 통해 발전시킨 긍정적인 자질에 대해 생각해 보라. 연민 어린, 공감하는, 민감한, 관찰력 있는, 재미있는 면과 어두운 상황에서도 유머를 발견할 수 있는 면을 포함한다. 또한 통찰력 있고, 직관력 있고, 공정하고, 자립적이고, 독립적이고, 친절하고, 사람을 볼 줄 알고, 고마워하고, 평범한 것에서 혹은 다른 사람들은 대개 그렇지 못한 곳에서 아름다움을 볼 수 있는 자질도 포함한다. 당신의 생각을 일지에 적으라.

또한 타인과의 경험을 통해 배운 점을 생각하라. 당신은 얼마나 더 낫고, 강하고, 똑똑하고, 통찰력 있는 사람인가?

자신에게 집중하라

내적 자원은 어린 시절에 도움이 되었고, 때로 그것이 없어진 것처럼 느껴질 때에도, 여전히 도움이 되고 있다. 그러한 내적 자원을 재구축하고 연결하기 위한 한 가지 방법은 마음챙김(mindfulness)과 자기인식을 증가시키는 것이다. 당신이 어떤 순간에 어떻게 느끼고 있고, 무엇을 생각하고 있고, 무엇을 감지하고(sensing) 있는지 많이 알수록, 더 많은 강점, 힘, 통제력이 생기게 될 것이다. 더 좋은 결정을 하게 되고, 건강해질 것이다. 자신의 지식과 지각에 대해 더 자신감을 느낄 것이다.

자기인식이란 현재, 바로 지금 당신이 행동하고, 느끼고, 생각하고, 냄새 맡고, 맛보고, 보고, 원하고, 계획하고 있는 당신의 관심에 집중하는 것을 의미한다. 그것은 현재의 순간에 머무는 것을 의미한다. 어떤 순간에 자신이 하는 일에 주의를 집중할 필요가 있다고 말하는 것은 당연한 것처럼 보일 수 있지만, 사실은 정말로 어려운 일이다. 샤워하면서 얼마나 많이 당신의 마음은 다른 곳을 헤맸는가? 기대한 것보다 얼마나 더 오래 머무를 수 있었는가? 슈퍼에서 사야 할 물건을 생각하거나, 아들이 집에 오면 해야 할 말을 생각하면서 누군가와 대화를 나눈 적이 얼마나 많은가? 배에서 나오는 소리를 희미하게 느끼지만 너무 바빠서 그 조차 잊어버리거나, 점심을 못 먹었다는 사실도 모를 때가 있다.

멈추어 생각하기: 마음챙김 연습하기

다음 운동을 이용하여 마음챙김을 연습해 보라. 어떤 활동에도 이 연습을 할 수 있다. 다음은 시작을 위한 세 가지 예이다.

마음챙김 걷기

방을 가로질러 천천히 걸으며 발의 각 부분이 바닥과 접촉하면서 어떻게 느껴지는지 주목하라. 발뒤꿈치, 발바닥 오목한 부분, 발 겉면, 엄지발가락 아래 동그란 부분, 발가락. 발 근육은 어떻게 느끼는가? 피부는? 바닥의 감촉은 어떠한가? 온도는? 발이 움직이는 소리는? 양말을 신고 있다면, 양말과 닿은 발과 바닥의 느낌은 어떤가?

마음챙김 빨래 접기

모든 감각을 이용하여, 새로 빨래한 이불을 접으면서 마음챙김을 연습하라. 어떤 냄새가 나는가? 감촉은 어떠한가? 온도는? 접으면서 피부에 어떤 것이 느껴지는가? 어떤 소리를 듣는가? 딱 맞게 접기 위해서 모서리와 가장자리를 가지런히 하는 과정은 어떠한가? 계속해서 접으면서 이불의 느낌은 어떻게 변하는가?

마음챙김 손 씻기

손을 씻을 때, 물이 손 위로 흐르면서 어떻게 느껴지는지 주목하라. 온도는 어떠한가? 압력은? 물이 수도꼭지로부터 나오면서 어떤 소리가 나는가? 물이 손을 부딪치면서는? 비누의 감촉은 어떻게 느껴지는가? 비누 거품이 손 위에 만들어지는 패턴에 주목하라. 거품의 무지개 색깔에 주목하라. 어떤 소리가 들리는가?

과거의 흔적에 직면하기

오늘날 당신 자신(who you are)의 일부분은 부모의 행동에 대한 오래되고 뿌리 깊은 반응을 포함한다. 그러한 반응은 세상에 존재하는 방식이고 세상을 보는 방식으로서 미묘하지만 근본적인 방식으로 여전히 당신과 함께한다. 다음에 나오는 내용은 당신이 좀 더 검토하고 싶은 영역을 계속해서 확인할 수 있도록 작성된 것이다.

다시 말하지만, 경계선 성격장애 혹은 유사한 정서적, 인지적 양식이 있는 부모 밑에서 양육됨으로써 나타난 부작용은 아래와 같은 것이 될 수 있다.

- 자신과 타인을 믿기 어려움
- 수치심을 느낌
- 죄책감을 느낌
- 자기정의, 자존감(self-esteem), 자기인식, 자기표현을 포함한 부정적인 자기개념을 소유함
- 적절한 경계를 설정하기 어려움
- 성급히 판단함, 자신과 타인을 혹독하게 판단함
- 이분법적 사고
- 다른 사람들과 맞지 않는다고 느낌
- 정서를 조절하기 어려움
- 자해 혹은 자멸적 행동을 함

어떤 영역에서는 문제를 가지고 있으나 다른 영역에서는 아니라는 사실을 알 수 있다. 여기에 옳거나 그름, 좋거나 나쁨은 없다. 그리고 각 영역 내에서도 넓은 스펙트럼이 있다. 한쪽 끝 또는 양쪽 끝에서, 혹은 그 사이 어디에서 어떤 경향을 보일 수 있다. 예를 들어, 당신은 경직된 경계를 지닐 수도 있고, 장벽을 지닐 수도 있으며, 혹은 매우 느슨한 경계를 가지고 있어서 쉽게 타인과 얽힐 수도 있다. 환경에 따라서는 스펙트럼 양쪽 끝의 패턴을 보일 수도 있다.

멈추어 생각하기: 당신은 어디에 있는가?

각 영역 내에 있는 다음 각 진술에 대하여, 얼마나 동의하는지 평가하라. 1은 전혀 동의하지 않음을 의미하며, 10은 아주 강하게 동의함을 의미한다.

자신과 타인을 신뢰하기 어려움

__ 누군가가 나를 위해 좋은 일을 해 주면 그 사람의 진짜 동기가 무엇인지 궁금해 하는 경향이 있다.

__ 누군가를 신뢰하는 데 오랜 시간이 걸린다.

__ 안전하고 안심된다고 느끼기 어렵다.

__ 종종 나 자신을 의심한다. 무언가를 빠뜨린 것 같아서 결정하기 어렵다.

__ 삶은 매우 복잡해 보인다.

__ 사물을 액면 그대로 받아들이기 어렵다.

___ 긴장을 풀기 어렵다. 종종 위험 징후를 살피기 위해 주변의 사람과 사물을 아주 주의 깊게 본다.

___ 잘 놀라고, 큰 소음을 좋아하지 않고, 불안하다고 느낄 때가 많다.

___ 가족이라도 갑자기 손길이 닿거나 혹은 낯선 사람이 너무 가까이 오면 머리카락이 곤두선다.

수치심 느끼기

___ 어리석은 실수라도 하면, 창피하다고 느낀다.

___ 사람들의 친절, 사랑, 애정을 받을 자격이 없다고 느낀다.

___ 때때로 나는 "존재할" 권리를 가지고 있지 않다고 느낀다.

___ 어떤 올바른 일도 할 수 있을 것처럼 보이지 않는다.

죄책감 느끼기

___ 다른 사람들의 행동, 웰빙, 행복에 대해 책임이 있다고 느낀다.

___ 사람들이 나한테 화가 났는지 자주 궁금해 한다.

___ 내가 다른 사람에게 자주 사과하는 것을 알게 되었다.

___ 더 열심히 노력했다면, ~을 바로 잡을 수 있었다고 생각한다.

___ 때때로 내가 부담되는 존재처럼 느껴진다.

___ 다른 사람들의 욕구와 감정을 나 자신의 욕구와 감정보다 먼저 생각하지 않는 것은 이기적이다.

부정적인 자기개념 소유하기

___ 마음속 깊이, 내가 누구인지 궁금하다.

___ 한 가지 문제나 사건에 대해 정말로 어떻게 느끼는지 아는 일은 도전이다. 때때로 그저 무감각하다고 느끼거나, 그 감정이 매우

압도적이라서, 분리하기 어렵다.

___ 종종 감정을 억누르거나 부인하며, "아, 그건 그렇게까지 나쁘진 않았어"와 같은 말을 한다.

___ 다른 사람들과 같은 신념과 감정이 아니면, 나를 받아들이지 않을까봐 걱정된다.

___ 내가 어떻게 느끼는지 다른 사람에게 직접(directly) 말하거나, 함께 문제를 다루는 것이 불편하다.

___ 뒷편에 있는 것이 더 좋다. 내가 관심의 초점이 되면 불편하다.

___ 나는 사랑스럽지 않다고 느낀다.

적절한 경계를 설정하기 어려움

___ 내가 맺는 관계에 어떤 패턴이 있다. 건강하지 못하거나, 나에게 신체적으로나 정서적으로 학대적이거나, 매우(very, very) 의존적인 파트너와 친구들을 선택하는 경향이 있다. 내 몸 어딘가에 "잘 속는 사람(sucker)"이라는 간판을 달고 있는 것은 아닌지 궁금하다(반 농담으로만).

___ 나는 타고난 보호자다.

___ 다른 사람들의 문제를 해결해 주는 것을 정말로 좋아한다. 그 일은 나를 기분 좋게 만든다.

___ 방어를 유지하면 기분이 나아지며, 그렇게 함으로써 나는 이용당하지 않을 것이다.

___ 충분한 설명을 하지 않고 누군가의 제의를 거절하면 기분이 나빠진다.

자신과 타인을 엄격하게 판단하기

___ 일을 정확히 올바르게 하는 것이 내게는 중요하다.

___ 실수하면 사람들은 나를 하찮게 볼 것이다.

___ 나는 완벽주의자라고 들어 왔고, 사실일 수 있다.

___ 나는 다른 사람들을 쉽게 판단한다(긍정적 혹은 부정적으로).

___ 사람들의 장점보다는 결점에 집중하는 경향이 있다.

___ 나의 장점보다는 결점에 집중하는 경향이 있다.

___ 대체로 누군가를 그냥 있는 그대로 받아들이는 것이 어렵고, 그들이 달랐으면 하고 바란다.

___ 나 자신을 수용하는 것이 어렵다. 내가 달랐으면 하고 바랄 때가 많다.

___ 내가 누군가와 함께 있고 그들이 무언가 잘못을 하면, 그건 내가 잘못했다는 뜻이다.

흑백 사고

___ 회색지대를 보는 것이 힘들다. 모든 것은 이것 아니면 저것이라서 둘 다 가질 순 없다.

___ 명백한 것을 좋아한다.

___ 사람들의 장점만을 보곤 하지만, 그들은 어떻게든 나를 실망시킨다.

___ 누군가가 나를 속상하게 하면, 해결하려고 노력하기보다 그들에게서 멀어지거나 그들과의 연락을 끊는 것이 더 쉽다.

다른 사람들과 어울리지 않는다고 느끼기

___ 나는 어떤 면에서 늦깎이여서 다른 사람들이 어릴 때 배웠던 것

을 이제야 배워야 할 필요가 있다고 깨달은 일이 있다.

___ 때때로 내 또래들보다 나이가 아주 많게 느낀다.

___ 사람들은 내가 나이보다 현명해 보인다고 말한다.

___ 누구도 나 자신이나 내가 겪은 일을 정말로 이해하지 못한다.

___ 나는 다른 사람들과 다르다.

___ 줄곧 따라잡으려고 애쓰고 있는 것처럼 느낀다.

___ 새로운 사회적 상황에서 매우 불안해질 수 있다.

정서 조절의 어려움

___ 나는 아주 정서적인 사람이라고 말할 수 있다.

___ 나의 정서적 부침은 과거에 좋은 결정을 내리는 데 방해가 되었다.

___ 나의 정서적 부침은 다른 사람들과의 관계에 영향을 미쳤다.

___ 나는 기분 변화가 심하다.

___ 더 침착할 수 있었으면 하고 바란다.

___ 기분을 변화시키기는 어렵지 않다.

___ 나는 꽤 성미가 있다.

자해 혹은 자멸적으로 행동하기

___ 인생에서 꽤 문란하던 시기가 있었다.

___ 낭만적으로(romantically) 관심이 있는 사람들에게 신체적 친밀감을 통해 감정을 보여 준다.

___ 누군가 나에게 무언가를 하지 말라고 하면, 그 말을 도전으로 받아들이고 어쨌거나 하고야 만다.

___ 과감하게 행동하는 것이 좋다고 생각한다. 당신은 오직 한 번 산다. 그렇지 않은가?

___ 기분이 좋아지기 위해 알코올, 마약, 담배, 섹스, 도박, 혹은 쇼핑 같은 것을 한다.

___ 과거에 중독 문제를 가지고 있었다.

응답을 검토하라. 1, 2나 9, 10 같이 스펙트럼의 어느 한쪽 끝에 있는 응답을 찾아라. 그것은 회색지대를 보거나 균형을 이루기 어려움을 나타내기 때문이다. 당신은 이 영역에 대해 작업할 수 있다.

수용 연습

위의 진술과 당신의 점수를 고려했을 때, 당신은 "와, 작업해야 할 것이 많네" 혹은 "아이고! 갈 길이 머네"라고 생각할 수 있다. 그러나 지금은 생각하지 않도록 하라. 어떤 유형의 변화든 이를 위한 첫 단계는 수용이다. 수용은 만족이나 승인을 의미하는 것이 아니라, 오히려 과거를 곱씹지 않기로 마음먹는 것을 의미하는데, 이는 당신의 관심을 미래로 돌리게 해 준다.

수용은 보이는 생각 사이에서 균형을 맞추는 일을 의미한다. 당신은 지금 당신 자체로 괜찮다. 그리고 당신은 바꾸고 싶은 것이 있다. 당신은 어릴 때 경험했던 것에 대해 책임이 없다. 그리고 당신이 지금 선택하는 삶을 만드는 일에는 책임이 있다.

멈추어 생각하기: 수용을 연습하기

당신이 지금 있는 곳과 성취한 변화를 타당화하고, 보다 많은 변화를 할 수 있도록 격려하는 수용 진술을 적으라. 예를 들어, "나는 많은 변화가 있었고, 여전히 작업하고 있는 일이 있다. 나는 내가 있는 곳에 있지만, 그것은 여기 꼼짝하지 않고 있어야 한다는 것을 의미하지는 않는다." 혹은 "나는 원가족 안에서 나에게 맡겨졌던 역할과 가족을 움직일 수 있게 한 규칙을 이해하기 시작했다. 그 규칙이 맞지 않을 때, 더 이상은 그 규칙에 발을 들여놓거나 따를 필요가 없다는 것을 인식한다. 더는 무턱대고 그 규칙을 따르지 않을 것이고, 이제 그 규칙에 대해 이의를 제기할 수 있다는 사실을 점점 더 잘 안다." 자신의 말을 사용하라.

가끔은 자기 향상이 요원하게 보일 때가 있고, 달성하기 불가능해 보일 수도 있다. 그러나 당신은 불운하지 않다. 경계선 성격장애가 있는 것으로 의심되는 어머니의 딸인 47세 모린은 자신이 20대 초반에 어떻게 느꼈는지 회상했다. "회복할 수 없는 어둠, 제 안의 공허한 공간이 있었어요. 사람들이 저를 알게 되면, 제가 사랑스럽지 않다는 것을 알게 될 거라고 생각했어요. 그러나 저는 지금 사랑스럽지 않다고 해서 그다지 겁나지는 않아요. 좀 더 자신감이 생겼고, 제 자신에 대해 만족해요. 저는 많은 변화를 이루었으며, 아직 끝나지 않았어요. 이것이 제가 지금 있는 곳이고, 제가 다룰 수 있는 것이죠. 건강한 정신을 갖기 위해 정말 열심히 노력했어요."

Part 3: 미래 The Future

Chapter 8

변화 상상하기와 오랜 습관 깨뜨리기

Envisioning Change and Breaking Old Habits

앞 장에서 우리가 얘기한 것은 당신이 어릴 때 받았던 메시지들과 그 메시지들이 어떻게 당신이 누구인지에 대한 인식으로 통합되어 내면화 되었는지에 대한 것이었다. 그 핵심신념은 당신이 누구인지 정의하도록 도와주기 때문에 중요하다. 핵심신념이 바뀔 수 있다고 생각하기는 어렵다. 왜냐하면 핵심신념은 당신의 일부이며, 당신이 어떻게 세상을 보는가이기 때문이다. 당신의 마음은 지지하는 증거는 유지하지만, 그 반대되는 증거는 걸러낸다. 이는 당신의 생각과 지각을 강화할 뿐 이의를 제기하기 더 어렵게 만든다.

핵심신념에 도전하기

당신은 자신이 정말로 사랑스러운지 궁금하다. 자라는 동안 당신은 부모의 너무나 변덕스럽고 상처주는 행동을 견뎌냈다. 부모의 애정은 일관적이지 않았고, 자주 크게 화를 냈으며, 당신 때문에 싸웠다면서 당신을 "나쁜" 사람으로 만듦으로써 자신의 분노감정을 당신에게 투사했다. 이제 성인이 되었지만 여전히 당신은 그 일이 실제로 일어났던 상황에 자신이 놓여 있음을 알아차렸는가? 비슷한 감정을 말하거나 전하는 친구들을 선택했는가? 실제로는 그렇지 않은데 사람들이 당신을 나쁜 사람으로 여긴다고 생각하고는 사람들에게 방어적으로 대한다는 사실을 알아차렸는가? 사람들이 당신을 공격하지 않았는데도 그들이 공격한다고 생각해서 누군가를 맹렬히 비난한 적이 있는가? 당신의 생각, 이어지는 행동과 반응은 당신의 핵심신념을 강화한다. 핵심신념은 자기 충족적 예언으로 작용하여 당신으로 하여금 이렇게 말하게 한다. "거 봐! 난 정말로 나쁜 사람이야."

그것은 난처한 일이다. 그러나 그러한 신념을 발견해서 도전하면 경험도 바뀔 수 있다. 스스로를 나쁘고, 사랑스럽지 않은 사람으로 보지 않고, 점점 다른 사람들에 대해 개방적이고 수용적으로 행동할 것이다. 사람들도 같은 방식으로 주목하고 반응할 것이다. 초기 신념을 강화하기보다는 당신 주변에서 더 건강한 사람들을 찾아낼 것이고, 새로운 경험은 그 신념을 바꾸도록 도와줄 것이다.

정말로 가능하다

부정적이고 부정확한 핵심신념이 있다면, 변화를 상상하기 어렵다. 마찬가지로 더 건강하고 더 자립적인 핵심신념이 있을 때 삶이 어떤 모습일지는 상상조차 어렵다.

하지만 할 수 있다. 아마도 성격은 두세 살 때쯤이면 거의 발달하여 고정된다고 한다. 그러나, 최근의 연구에 따르면 성격은 실제로 전생애에 걸쳐 발달한다(Helson, 2002). 추가적인 연구는 생각과 신념이 인생에서 경험하는 행복, 만족, 유의미함에 엄청난 영향을 준다는 점을 보여주었다(Seligman, 2002). 따라서 당신은 움직일 수 없는 것이 아니며, 나쁘거나, 사랑스럽지 않거나, 당신에게 있을 수 있는 다른 부정적인 자기지각을 해야 할 운명도 아니다.

멈추어 생각하기: 한계는 없다고 상상하라

신뢰하기 어려움, 수치심, 죄책감, 부정적 자기개념, 경계 식별, 판단, 극단적 사고, 사회적 기능 손상, 정서를 관리하기 어려움, 혹은 자해적이거나 자기 파괴적 행동 등의 반응 범주 중에서 당신에게 반향을 불러일으키고, 정말로 방해가 되는 한두 가지 이슈는 무엇인가? 예를 들면, 직장에서 자기주장적으로 행동하지 못하도록 하는 당신의 불안(사회적 기능 손상과 부정적 자기개념의 한 예)을 생각할 수 있다. 결과적으로, 당신은 상사에게 가장 달갑지 않은 프로젝트를 받았다.

이제 그렇게 무능하게 하는 생각이나 행동이 없는 삶을 상상하라. 그 상상이 너무 어렵다면, 그런 생각과 느낌을 인식은 하지만 단지 오래된 습관적 사고 양식이지, 반드시 다른 사람들이 당신에 대한 느낌을 반영하지는 않는다고 말하는 자신을 상상하라. 예를 들어, 불안하게 느끼더라도 약간 덜 그렇다고 느끼면서, 결과를 바꾸기 위해 무언가를 하는 데 더 자신 있다고 느끼는 자신을 그려보는 시나리오를 상상하라. 회의 시간에 손을 들어 자신에게 주어진 프로젝트가 당신이 가진 기술과 강점을 고려할 때 최적이 아니며, 다른 프로젝트를 하고 싶다고 말하는 모습을 상상하라. 상사는 동의하고, 당신의 강점에 대해 상사와 더 이야기하고, 상사가 더 적합한 과제를 줄 수 있다고 제안하는 모습을 상상하라.

그러한 상황에서 당신이 느낄 것을 상상하라. 많이 불안을 느끼겠지만 그럼에도 불구하고 자신감과 에너지 수준이 증가하는 것을 인식하게 될 것이다. 자신이 경험하고 있는 느낌과 잠재적인 결과를 볼 때 이 연습을 계속하고 싶은가?

적어 놓은 각 주제에 대해 이러한 시각화를 하라.

멈추어 생각하기: 자신의 비전을 창조하라

긴장을 풀고 자신의 삶이 어떠하기를 원하는지에 대해(무제한이다) 숙고할 시간을 만들어라. 무엇을 하기를 원하는가? 어떻게 살기를 원하는가? 누구와 함께하기를 원하는가? 어떤 유형의 사람이 되기를 원하는가?

회화, 콜라주, 필묵(pen and ink), 악기나 작곡, 또는 글쓰기와 같이 자신에게 편안한 표현의 매개체를 선택하여 비전을 묘사하라.

반대로 하는 것이 오히려 나를 파괴할 수도 있다

자신이 받은 메시지들과 핵심신념을 알아내어 도전하다 보면, 부모의 신념과 당신에 대한 기대와는 정반대되는 일을 하고 싶어질 수 있다. 예를 들어, 아버지가 당신이 의사가 되기를 바란다면, 그에 반항하여 아버지가 무시하는 직업인 조각가가 되기로 할 수 있다. 또는 어머니가 당신에게 긴 머리가 훨씬 더 보기 좋다고 말한다면, 단지 엄마가 틀렸음을 증명하기 위해 머리카락을 짧게 자를 수도 있다.

하지만, 당신을 정의하고, 당신의 삶을 변화시키는 것이 단지 부모에게 반대하거나 반항하는 것은 아니다. "난 절대 엄마처럼 되고 싶지 않아"라고 말하는 것조차 실제로 자신의 잠재력을 깨닫는 능력을 제한할 수 있다. 다시 말하지만, 그 누구도 온전히 좋거나 온전히 나쁘지 않다. 어쩌면 당신 부모는 좋은 이야기꾼이었고 어떤 상황에서 사람들을 다루는 데 능숙했다. 엄마처럼 절대 되지 않을 거라고 말함으로써, 당신은 아마도 엄마의 좋은 점들을 배울 수 없게 될 수도 있다. 어떤 면에서, 여전히 부모가 당신이 누구인지 혹은 누가 아닌지를 정의하도록 허용해도 된다. 진정으로 당신이 누구인지를 정의하고, 변화를 만드는 것은 당신의 내적 자원과 당신의 목표와 꿈이다.

한계를 수용하기

세상에 못 할 것이 없고, 당신에게는 이제 당신 자신, 당신의 선택, 당신 자신의 인생을 정의할 기회가 있다. 그러나 현실적으로 볼 때 당신이 원하는 모든 변화가 실제로 가능하지는 않다. 어떤 것들은 아직 당신이 다룰 준비가 되지 않았다고 느낄 수 있으며, 어떤 것들은 당신이 최선을 다함에도 불구하고 크게 변하지 않을 수도 있다.

최근 연구에 따르면 기분과 기질이 유전적 기반 위에 있지만, 정확히 어느 정도 인지는 확실치 않다.

예를 들어, 수줍음이 학습될 수도 있지만, 기질(makeup)의 일부분일 수도 있다. 자신이 오랫동안 수줍은 사람이었다면, 큰 파티에서 낯선 사람들에게 갑자기 스스럼없이 다가가 편하게 대화하리라 기대하는 것은 비현실적이다. 반면에, 어색함을 줄이기 위한 일을 할 수 있다고 생각하는 것은 현실적이다. 파티에 사람들이 많아지기 전에 일찍 도착한다면, 아마도 더 편안하게 느낄 것이다. 혹은 어색함을 잠시 잊게 해 줄 어떤 일을 돕겠다고 주인이나 안주인에게 제안할 수도 있다. 대화 주제 몇 가지를 생각할 수도 있으며, 다른 손님들과 토론할 흥미 있는 뉴스거리들을 찾기 위해 인터넷을 훑어볼 수도 있다. 삶의 어떤 영역에서든 완벽한 변화라는 목표는 비현실적일 수 있지만, 고질적인 사고 방식과 행동을 줄이고, 불안을 진정시키며, 파티에서 조금 더 자신 있게 느끼려는 목표는 달성할 수 있다.

우리가 이 책에서 논의했듯이 수용은 당신이 헤쳐나가는 과정에서 핵심 역할을 한다. 수용은 자신(결점과 모든 것)에게 연민을 보여주는 것을 의미한다. 판단하지 않고("난 이것을 오래 전에 숙달했어야만 해. 난 언제나 아주 서툴러.") 현재 상황을 인정한다는 것("맞아, 나는 ~을 하고 있고, 이 영역에서 일어났으면 하는 어떤 변화가 있어.")을 의미한다. 수용은 안주를 의미하지 않는다. 환경을 변화시키고자 노력하지 않겠다는 의미가 아니다. 수용은 현 시점에서 사정은 이렇지만 괜찮다는 것을 의미한다.

멈추어 생각하기: 당신의 균형을 찾아라

"멈추어 생각하기: 한계는 없다고 상상하라(233쪽)." 연습에서 발견한 그 주제로 되돌아가라. 현재 상황을 그대로 진술(판단하지 않고)하고 또한 그 상황을 변화시키기 위한 욕망이나 의도 모두를 포함하여 각각에 대한 관찰을 적으라. 예를 들어, "사람들을 처음 만났음에도 불구하고 성급히 부정적으로 판단하는 경향이 있다는 면이 마음에 들지 않지만, 나는 지금 그 점을 잘 알게 되었고, 계속해서 작업할 것이다" 혹은 "나는 아주 자신 있고, 외향적이며, 편안한 사람은 아닐 수 있지만, 불편함 때문에 집에 앉아 있지 않고, 조금씩 더 자신감을 느끼고 있다."

자신의 보호자가 되기

어릴 때 부모에게서 불충분하거나 비일관적인 양육을 받았다면, 당신은 여전히 조건 없는 사랑의 결핍에 대한 슬픔, 분노, 분개의 감정을 다루고 있을 수 있다. 아이에게 필요하고 마땅히 받아야 할 사랑과 양육을 여전히 갈망할 수 있다. 그러나 인생의 이 시점에서 당신 외의 누군가에게서 조건 없는 사랑을 기대한다는 것은 비현실적이다. 물론 당신은 그럴 자격이 있고, 당신과 가까운 사람들에게서 사랑과 양육(그뿐만 아니라 우정, 존중, 지지, 타당화, 인내, 수용)을 기대할 수 있다. 그러나, 누구도 당신에게 진정으로 무조건적인 사랑과 이타적인 양육을 주어야 할 책임은 없고, 지금 당신에게 그 책임이 있다.

자신을 양육하는 법

당신 자신을 양육하는 법을 배울 좋은 역할 모델이 당신에게 없지만, 다른 사람들을 양육하는 역할을 떠맡는 것은 꽤 편하게 느낄 수 있다. 당신의 아이에게 하는 것처럼, 조건 없는 사랑을 준다는 의미에서 당신 자신을 보살피는 일은, 판단하지 않고 강점을 발전시키며 약점을 수용하는 것이다. 당신의 내적 자원을 이용하는 것뿐만 아니라, 필요로 하는 것을 얻기 위해 건강한 외적 자원을 찾는 것도 포함한다. 가뭄이 잦은 지역에서 자라 충분한 수분을 얻지 못한 식물을 생각해 보라. 그럼에도 불구하고, 그 식물은 적은 물로도 살아남으며(심지어 경험으로 인해 더 강인해지기까지 할 수 있다), 잎을 통하여 공기로부터 추가적인 수분을 흡수하고, 뿌리를 땅속 깊이 뻗음으로써 적응한다. 이 식물과 마찬가지로, 부모가 제공했던 것을 넘어서서 추가적인 영양 자원을 찾을 수 있다. 당신 자신을 있는 그대로 받아들임으로써, 그리고 당신에게 기쁨과 능숙함을 느끼게 만드는 활동에 참여함으로써, 친구들, 다른 친척들, 또는 당신 자신이 주는 양육을 받아들일 수 있다.

멈추어 생각하기: 원천으로 가라

당신을 키워 준 사람들을 떠올려 보라. 그들은 당신을 어떻게 양육했는가? 좋은 소식이 있을 때 전화할 첫 번째 사람은 누구인가? 누구에게 허심탄회하게 얘기하고 싶은가? 누구에게 가장 장난치고 싶은가? 누가 가장 큰 지지자인가? 함께 있을 때 당신으로 하여금 평화로움을 느낄 수 있도록 하는 사람은 누구인가? 누가 정말로 당신의 속마음을 알아챌 것 같은가? 누가 당신의 속마음을 잘 모르는 것 같은가? 각 사람의 이름을 적고 그 사람에게 도움을 청하는 방식을 기술하라.

당신은 다른 사람들을 어떻게 양육하는지 생각해 보라. 당신의 삶에서 말, 행위, 혹은 단순히 함께 있음으로써 당신이 양육하는 사람들의 목록을 만들라. 그들 각각에게 당신은 어떤 양육을 제공하는지 기술하라. 문제를 들어 주려고 거기에 있는가? 그 사람의 좋은 소식을 축하해 주는가? 도전과제에 대한 해법을 생각해 내도록 돕는가? 당신은 그 사람의 감정을 타당화하는가? 지원을 제공하는가? 요청하지도 않은 호의를 베푸는가?

목록을 돌이켜 보라. 당신의 삶에 적용할 수 있는, 다른 사람들을 양육하는 방식이 몇 가지 있는가? 한 예로서, 매주 목요일 늦게까지 일해야 하는 친구에게 일주일에 한 번 카풀 운전을 해 주기로 한다. 비슷한 방식으로 당신을 도울, 매주 당신 자신을 위해 베풀 수 있는 호의를 생각할 수 있는가? 늦게까지 일한 밤에나 그저 요리하고 싶지 않을 때 일주일에 한 번 배달 음식을 즐길 수 있는가? 당신이 하고 싶지 않은 집안일을 가족 구성원에게 부탁할 수 있는가? 떠오르는 생각을 적고 나서 실제로 해보도록 애쓰라. 오늘, 이번 주, 이번 달에 무엇을 시작할 수 있는가?

오랜 습관은 쉽게 사라지지 않는다

생각하고, 세상을 보고, 행동하는 습관적인 방식은 수많은 일의 결과이다. 그 일이란 어릴 때 받은 메시지, 그 결과로 발전시킨 핵심신념, 당신 내면의 비평가와 주고받으며 지속해서 당신에게 전한 메시지이다.

불행히도, 내부 비평가는, 『자존감(McKay and Fanning, 2000)』이란 책에서 각색된 다음 항목과 같이 부정적인 지각, 생각, 신념, 행동을 강화하는 수많은 도구를 지니고 있다.

과잉 일반화. 사건의 한 가지 혹은 작은(대표적이지 않은) 표본으로부터 일반적인 결론을 도출하는 것. 예를 들어, 동료가 회의에 늦게 도착한 경우, "그는 언제나 늦어"라고 결론낸다. "언제나"와 "절대"를 조심하라. 그 말은 내부 비판자가 활동하고 있다는 신호이다.

포괄적인 꼬리표 붙이기. 누군가 혹은 무언가를 기술하기 위해 모두를 아우르거나 경멸적인 꼬리표를 사용하는 것. 상점에서 누군가가 우연히 당신과 부딪쳤을 때, "뭐 저런 사람이 다 있어?"라고 생각한다. 내부 비판자가 포괄적으로 꼬리표 붙이기를 하고 있다는 신호는 사람이나 사건에 대해 내리는 전반적이고 광범위한 절대적인 진술이다. "그녀는 악마야" "그는 컴퓨터광이야" "난 그것을 할 능력이 없어."

여과하기. 긍정적인 면을 무시하는 반면 부정적인 점에 선택적으로 집중하는 것. (경계선 성격이 있는 어머니 밑에서 자란 여성인 다이앤은 여과하기를 암막 커튼을 쓰고 있는 느낌에 비유했다. "좋은 것[빛]은 통과하지 못해요. 당신은 빛을 통과시키는 커튼이 되어서, 적어도 나쁜 것만큼이나 좋은 것들이 많이 들어오게 해야 해요.") 여과하기의 신호는 자기비하적인 진술을 하는 것과 자신의 성취를 최소화하는 것이다. "뭐, 그건 아무것도 아니예요." "그건 정말 별거 아니었어요."

양극화된 사고. 모든 일을 양극단으로(all-or-nothing), 흑백 논리적 말과 범주로 보는 것. 인생은 환상적이야. 아니면 끔찍해. 일을 딱 맞게 할 필요가 있어. 그렇지 않으면 난 쓸모 없어. 양극화된 사고의 신호는 "언제나"와 "절대", "할 수 있다"와 "할 수 없다", "해야 한다"와 "해서는 안 된다", "모든"과 "하나도 없는"과 같은 단어와 "그건 최고야" "그건 최악이야" "당신은 최고야" 혹은 "그는 끔찍한 사람이야"와 같은 과장된 구절이다.

개인화. 모든 일이 자신과 관련 있다고 생각(추정)하는 것. 직장에서 자신이 감독하는 프로그램에 대한 예산이 삭감되자, 당신은 이를 상사가 당신 업무의 질에 대해 어떤 메시지를 보내는 거라 믿는다. "나한테 화났니?" "내가 뭐 잘못한 거 있어?"라고 빈번하게 묻는 것, 혹은 그렇지 않은데도 일이 모두 자기 잘못이라거나 자신을 겨냥한 것이라고 느끼는 경우 개인화를 하고 있는 신호이다.

통제 오류. 모든 사람과 모든 일에 대해 완전한 책임을 지고 있는 것처럼 느끼는 것, 혹은 아무런 통제력이 없는 것처럼 마치 환경의 희생자인 것처럼 느끼는 것. 경계선 성격이 있는 부모와 식당에서 저녁을 먹는 동안 당신은 긴장이 고조되는 것을 인식하고, 더 오래 머물러서 부모를 달래주어야 한다고 느끼고, 음식값을 계산한다. 통제 오류의 신호는 죄책감이나 희생당했다고 느끼기, 다른 사람을 실망시킨 점에 대해서 자주 사과하기이다.

재앙화. 최악의 일이 발생하리라 예상하는 것. 최악의 가능한 결과에 대비해 경계하며 위기가 뒤따르리라 추정한다. 어느 날 밤 남자친구가 잠깐

들르기로 했지만 늦어질 때, 그가 사고를 당했거나 바람을 피우는 것이 틀림없다고 생각하기 시작한다. 신호는 "하지만 ~라면?"이라고 묻는 것과 "그것이 발생한다면 어떻게 견뎌낼지 모르겠어" 혹은 "틀림없이 모든 것을 잃을 거야"와 같은 체념적 진술들이다.

감정적 추리. "감정은 사실이다(Kreger and Mason, 1998)." 즉, 일이란 당신이 그것을 느끼는 방식이다. 배우자에게서 칭찬받을 자격이 없다고 느끼면, 정말로 칭찬받을 자격이 없다고 생각한다. 감정적 추리를 하고 있다는 신호는 기분과 정서와 같이 일시적인 상태에 기반을 두고 자기개념을 바꾸는 것이다. 정서에 따라 행동하고 난 뒤 감정과 인상이 실제로는 진실에 기반을 두지 않았다는 사실을 깨닫는다.

멈추어 생각하기: 비평가에 도전하라

내면의 비평가가 현재 상태를 유지하기 위해 위의 인지 왜곡 중 어느 것을 사용하는지 생각해 보라. 각각에 대하여, 비평가가 했던 최근의 예를 적으라. 예를 들어, 아들이 숙제를 하지 않고 텔레비전을 보고 있다. 아들이 실제로 숙제를 하지 않은 적이 불과 두 번밖에 없는데도 "마이클은 자기 숙제를 해야 할 때 절대 하지 않아"라고 생각하거나 말할 수 있다.

이제 그 왜곡에 도전하여 진술문을 다시 쓰라. 그것이 정말로 사실인지 스스로에게 물어보라. 예외가 있는가? 그 문제를 바라보는 다른 방식이 있을 수 있는가? 부정확한 추정은 아니었을까? 앞의 예를 사용하여, "마이클은 보통 텔레비전을 켜기 전에 숙제를 해. 무언가가 마이클을 방해하는 것이 있었을지도 몰라. 아마 피곤해서 일단 쉬고 싶었을 거야"라고 생각하거나 말할 수 있다.

비평가에 대한 반응 목록을 개발하여, 부정적인 사고방식에 휩싸일 때마다 반복하라. 여기에 몇 가지 예가 있다.

- 난 언제나 아무것도 하지 않아. 그러나 아닐 때도 있어.
- 난 절대 아무것도 하지 않아. 그러나 아닐 때도 있어.
- 추론하는 것은 공평하지 않아. 먼저 사실들을 알아낼 필요가 있어.
- 누구나 한두 번의 실수는 해.
- 생각해 보니, 나는 컵에 물이 반밖에 없다고 아니라 반이나 있다고 생각할 수 있는 사람이야.
- 무언가에 대해 어떤 방식으로 느끼는 것이 그것을 사실로 만들지는 않아. ~라고 느끼는 것과 ~인 것은 다른 거야.
- 그것이 언제나 나 때문은 아니야. 사람들은 무언가를 할 때 자신만의 이유가 있어. 그 일을 항상 개인적으로 받아들일 필요는 없어.
- 그렇다고 세상이 끝난 건 아니야. 나는 해결책을 찾아낼 거야.

작업을 계획하기

당신은 자신의 문제와 패턴을 강화하는 인지적 왜곡을 조금씩 더 인식하고 있으므로, 다음 단계는 그 왜곡을 어떻게 다루기를 원하는지 순위를 매기는 일이다. 변화는 시간을 두고 천천히 일어나기 때문에 오랫동안 몸에 깊이 밴 모든 양식을 하룻밤만에 깨부순다고 기대할 수는 없다. 특정한 패턴을 분리해 그 패턴에 집중하면 지속적인 변화가 가능하다.

먼저 당신이 도전해서 바꾸고 싶은 습관을 결정할 때, 여러 요인을 고려할 수 있다. 자신의 삶이나 건강을 위태롭게 하는 자해적이거나 자기 파괴적인 행동을 하고 있다면, 그러한 문제를 목록 상단에 두어야 한다. 신체적으로 건강하지 않다고 느끼거나, 안전하지 않으면 당신이 원하는 내성작업은 훨씬 더 어렵다. 마찬가지로, 당신이 의지하던 행동이나 사고 패턴을 그만둔다고 생각하면 극도로 무섭거나 어려울 수 있다. 개선할 부분이 자해적이거나 자기 파괴적인 행동이라면, 그 작업을 하면서 동시에 전문적 도움을 구하는 것이 좋다.

다음으로 삶의 질, 즉 직업, 가족, 교우 관계, 재정 상태, 주거를 해치는 신념과 행동을 검토할 수 있다. 예를 들어, 당신이 다른 사람을 성급히 그리고 어느 정도 엄격하게 판단하는 경향이 있다는 사실을 알아냈으며, 당신이 어릴 때 부모에게 반응하던 방식과 유사한 방식으로 당신의 두 아이에게 대하고 있음을 알아차렸을 때, 당신은 변화하고 싶을 수 있다. 불안감이 승진을 방해하고, 급여에도 영향을 미치며, 그토록 원했던 새 차를 살 수 없게 되었다면, 불안에 집중해야 한다. 배우자를 찾고 싶은데 사람들을 신뢰하기 어려워 연애가 힘들어지면, 이 영역을 먼저 작업해야 할 수도 있다.

궁극적으로, 당신은 심리학자 아브라함 매슬로(1998)가 말한 자아실현, (혹은 자신의 가능성에 도달할 수 있는 능력)을 향한 단계에 우선순위를 매기고 싶다. 이 단계들은 당신일 수 있는 것, 인생에서 행복과 의미를 발견하는 것을 방해하는 문제들을 포함하고 있다. 무엇이 당신을 방해하는가?

우선순위를 결정하는 데 옳고 그름은 없다. 그러나, 가장 바꾸기 어려운 것, 가장 견고한 신념이나 행동을 먼저 선택하지 않는 게 나을 것이다. 쉽사리 포기하지 않을 무언가를 바꾸려 노력하다가, 자기도 모르게 스스로를 실패로 이끌 수 있기 때문이다. 그리고 한 영역에 집중한다고 해서 다른 영역을 완전히 배제하는 것은 아니라는 점을 명심하라. 다른 문제도 천천히 시작할 수 있다. 선택은 당신의 몫이다.

멈추어 생각하기: 우선순위를 두라

하고 싶은 작업의 우선순위를 일지에 적으라. 어떤 신념이나 행동을 먼저 다루고 싶은가? 치료자와 의논했는가? 치료자와 당신은 우선순위에 의견을 같이하는가?

작업에 착수하기

변화를 향한 첫 번째 단계는 이해이다. 당신이 도전하고 싶은(바꾸고 싶은) 신념은 무엇이고, 그 신념을 갖게 된 이유는 무엇인가? 경계선 성격장애 같은 특성이 있는 부모의 아이로서, 매우 타당한 이유가 있었을 것이다.

어른이 되어 고통스러운 부끄러움 때문에 분투하는 모린을 보자. 그 부끄러움이 어디서 왔다고 생각하는지를 묻자, 모린은 이렇게 답했다. "부끄러움은 제 마음을 얘기하지 못하는 것에서 온다고 생각해요. 화를 낼 사람은 저인데, 제게 관심이 올까봐 항상 두려웠어요. 전 엉덩이도 맞고 뺨도 맞았지만, 화를 내면 정말로 크게 혼났어요. 살얼음판 위를 걷고 있는 것이 나를 부끄럽게 만드는 것 같아요."

모린은 자신이 완벽주의적인 경향이 있었다고 말했다. 그 이유에 대한 모린의 생각은? 모린은 어릴 때 기타를 연주하며 노래를 만들었던 일을 기억했다. "넌 대체 자신을 어떤 사람이라고 생각하니?" 모린이 신나서 자랑스럽게 그 노래를 엄마에게 들려주자 엄마가 물었다. "어떻게 연주하는지 먼저 배우고 기교는 나중에나 해라." 이와 비슷한 일은 더 있었다.

"이제 저는 무언가를 완벽하게 해야만 하고, 그렇지 않으면 절대 할 수 없어요." 모린은 이어서 말했다. "아직도 이에 대해 이분법적 사고가 좀 있어요. 한편으로는 '넌 쓸모없는 사람이야'라고 스스로에게 말하고, 다른 한편으로는 '넌 완벽해야만 해'라고 말해요."

모린의 경험은 어떤 신념과 행동이 어디서 오는지 뿐만 아니라 인지적 왜곡, 이분법적 사고가 어떻게 완벽주의 경향을 악화시키는지 보여 준다.

멈추어 생각하기: 기원을 살피기

당신의 부정적 사고와 행동은 어디에서 왔다고 생각하는가? 그 사고 및 행동과 초기 아동기 경험 간에 어떤 연관성을 볼 수 있는가? 내면 비평가와 성인기 경험이 그 사고와 행동을 강화하는 데 도움을 주었는지 어떻게 알 수 있는가? 당신의 관찰에 대해 스스로를 판단하지 말고 적으라.

내면 비평가 이외에 무엇이 부정적인 사고와 행동을 강화시키는가? 42세 도나는 미지의 것에 대한 두려움이 역할을 할 수 있다고 믿는다. "부정적인 사고와 행동이 자신의 일부분이 되었기 때문에 이것이 없는 삶이나 자신에 대해 생각하는 일은 어려워요. 나 자신에게 하고 싶지 않은 무언가를 강요해야만 할 때도 있어요. 상황을 다른 방식으로 해석해 봐야만 한다는 것은 무서운 일이죠. 그건 새로운 정체성을 가지는 것 같아요. 그러나 그 고통이 없이는 자신이 누구인지 몰라요. 나 자신은 누구인가요? 아동기 고통이 없는 도나는 누구인가요? 그럼 저는 그저 보통 사람인가요?"

멈추어 생각하기: 강화를 검토하기

당신이 확인한 부정적인 사고와 행동 일부를 강화하는 것은 무엇인가? 이러한 사고와 행동이 당신에게 방해가 되었음에도 불구하고, 어떻게 당신으로 하여금 편안하게 느끼도록 했을까? 외견상 다른 사람에게서 상처받지 않도록 당신을 보호했는가? 거절로부터? 당신의 자존감을 지켜주는 책임을 지는 일로부터? 이제 그 사고와 행동을 놓아줌으로써 무엇을 얻을 수 있는지 생각해 보라. 지금 느끼는 두려움이나 불확실성이 잠재적 보상을 주는가?

도나의 문제 중 하나는 자신이 무시되거나, 배제되거나, 뒷담화를 들을 거라고 쉽게 생각하여, 거절 방식으로 세상을 보는 것이었다. 이 문제는 도나의 자존감에 영향을 주었고, 수줍음을 강화하였으며, 다른 사람을 만나고 신뢰하기 더욱 어렵게 만들었다. 도나의 세계관은 구직 능력에도 영향을 미쳤다. 실패할 때마다 그 결과를 자기 탓으로 돌렸고, 얼마 지나지 않아 무력해져서 또 다른 면접을 보러 가는 일은 생각할 수도 없게 되었다. 그러나 여전히 도나는 할 수 있는 방법을 찾아야 한다고 생각했다. 남편은 혼자서 재정적 부채를 짊어지고 있었고, 그가 불평하지 않았지만 도나는 이런 상태가 오래 가기는 어렵다고 느꼈다. 도나는 자신의 몫을 하고 싶었다.

멈추어 생각하기: 결과는 무엇인가?

당신이 지닌 부정적인 사고와 행동의 직간접적인 결과는 무엇인가? 그 결과에 대해 어떻게 느끼는가? 변화의 동기가 되는가?

작은 단계를 밟기

"거절 방식"에서 빠져나올 필요가 있다고 결심하자 도나는 몇 가지 일을 했다. 우선, 정신과 의사를 만났는데, 그 의사는 불안에 관한 약을 처방해 주었다(이 책은 정신과 약물의 사용을 지지하거나 반대하지 않으므로, 이는 의학 및 정신 건강 돌봄 전문가와 함께 당신이 결정할 사항이다). 도나는 또한 치료자와 함께 불안과 구체적인 직무 관련 문제를 다루었다. 도나는 마음이 편안해지기 위해 면접 기술에 대한 하루짜리 강의를 들었고, 계속해서 자신의 사고를 재구성했다.

"이 문제를 극복하려면, 저 스스로가 거절 패러다임 없이 사물을 바라보아야 한다는 사실을 드디어 알아냈어요." 도나는 이어서 말했다. "제가 친구를 잃었다면(최근 암으로 친구 한 명을 잃었다), 이는 제 잘못이 아니라 '사람들에게 일어나는 것'으로 보아야만 해요. 제가 일자리를 구하지 못했다면, 그 일을 숫자 게임으로 바라봐야만 할 거예요. 취업이 되기 전에 아주 여러 번 거절을 당해야만 하죠. 면접을 본다고 해서 취업이 되는 것은 아니니까요." 자신의 경험을 거절로 바라보는 대신, 인생의 정상적인 부분으로 보기로 했다. "탈 개인화하는 것이죠." 도나는 덧붙였다. "그것이 유일한 길이에요. 저는 여전히 거절의 공포와 싸우고 있어서, 맞서기 위해서는 노력을 많이 해야 하죠. 두 가지 선택이 있는 것 같아요. 나머지 인생을 지금처럼 살거나, 아니면 극복하기 위해서 노력하거나, 지금이 아니라면 언제 할 수 있겠어요."

부끄러움과 완벽주의에도 불구하고, 모린은 대학원 과정에 등록했다. (비록 경계선 성격이 있는 어머니로부터 "사고를 잘 당하는" 아이라는 말을 들었고, 모린 스스로도 어릴 때 자신은 약했다고 말하지만) 상담, 요가, 근력 단련, 수영을 통해 우울과 다른 건강하지 못한 사고 패턴을 관리했다. 모린은 언어병리학자가 되었고 사설센터에 취업했다. 모린은 말했다, "매일 사람을 만나는 일이 저에게는 큰 전환점이었어요. 그 일은 제게 치료 같았어요. 어떤 면에서는 치유였지요. 저는 이것이 수줍음에 대한 둔감화라는 걸 알게 됐어요. 사람들은 제가 정상적이고 건강해 보인다고 말하지만, 아직도 마음속으로는 얼마나 무서워하는지 저는 알고 있죠. 아직도 많이 노력해야 해요." 완벽주의에 대해서 모린은 이렇게 말했다. "저는 이제 스스로에게 좀 더 평범해도 된다고 말해요. 무엇이든 할 수 있고, 그게 꼭 완벽하지 않아도 괜찮다고 느껴요. 제 중년기 목표는 그저 평범하게 사는 것이라고 늘 사람들에게 말하고 있어요."

작은 것부터 시작하라. 가장 어려운 문제라 하더라도, 언제나 첫걸음이 있기 마련이다. 그것은 한 가지 문제를 극복하기 위해 책을 사는 일처럼 단순해 보일 수 있다(이미 이 책을 산 것처럼). 아니면 당신이 추구하고 싶은 무언가에 대해 좀 더 알아보기 위해 웹사이트에 들어가 볼 수도 있다. 아무리 하찮게 보이더라도 자신의 노력을 스스로 인정하라.

멈추어 생각하기: 전략적 단계

자신이 찾아낸 영역에서 변화를 일으키기 위해 취할 수 있는 작고 현실적인 단계는 어떤 것인가? 아이디어를 내놓기 위해 혼자서 혹은 치료자나 가까운 친구와 함께 브레인스토밍하고 그 아이디어를 적으라.

이러한 단계를 자신의 삶에 어떻게 통합할 것인지 구체적으로 생각하라. 이를테면, 오늘 늦게나 내일이라도 말이다. 이러한 계획을 적어두라. 그리고 필요하면, 일정표나 수첩에 써넣으라.

변화를 내면화하기

원하는 삶을 향해 나아갈 자격이 있다는 사실을 마음 속으로 아는 일은 가능하다. 그러나 느끼는 것과 행동에 옮기는 것은 별개의 일이다. 새롭고 더 건강한 사고와 행동을 내면화하는 데 반복보다 더 좋은 방법은 없다. 연습 또 연습이 필요하다. 기분이 나아지거나 변화를 일으킬 준비가 되고 난 후에야 첫 단계를 밟는 것이 아니다.

자신이 절대 아침형 인간이 아니지만 생산적이 되고 싶어 더 일찍 일어나리라 마음 먹는다고 상상해 보라. 평소보다 대략 한 시간 일찍 아침 7시에 알람을 맞춘다. 알람이 울리지만 30분이나 한 시간쯤 뒤에 일어나는 게 나으리라는 생각에 스누즈 버튼을 누르고 싶다. 사실 일어나 움직이고, 커피를 끓이기 시작하고 샤워를 하면, 아마도 훨씬 빨리 정신이 든다고 느낄 것이다. 그리고 하루에 추가 시간을 가지게 되어 목표를 고수한 점에 대해 기분 좋게 느낄 것이다. 성공은 그 자체를 기반으로 하며(작은 성공을 통해 가능하며), 다는 아니지만 많은 이후의 날들이 더 쉬워질 것이다. 얼마 지나지 않아 알람이 울리기 1, 2분 전에 깰 수도 있다.

멈추어 생각하기: 변화를 기록해 두기

자신의 반응(생각, 정서, 세계관과 행동의 변화), 성공, 도전을 일지에 모두 기록하라. 또한 다른 사람들이 당신에 대해 반응하는 방식에 변화가 있는지, 있다면 어떤 변화인지도 적으라.

Chapter 9

당신 자신을 신뢰하고, 경계를 설정하고, 자존감을 확립하라

Trust Yourself, Set Boundaries, Build Self-Esteem

이 책 초반부에서 다루어진 개념들(비탄 극복하기, 분노 다루기, 죄책감에 사로잡혀 있기, 부모에게 자기주장하기와 부모와의 한계 설정하기, 당신의 진정한 자기 찾기, 당신이 원하는 건강한 변화를 확인하기)은 세 가지 강력한 도구를 위한 토대를 마련했다. 당신 자신을 신뢰하기, 경계를 설정하기, 자존감을 확립하기가 바로 그것들이다. 이 세 가지 도구는 서로 얽혀서 이 중 어느 하나가 안 되면 나머지 둘도 가능하지 않다. 쉽진 않겠지만, 그 도구들은 진정한 당신 모습에 충실한 삶을 살도록 해 주기 때문에 성장시킬 가치가 있다. 그 삶은 안전하고, 건강하며, 보람있다.

당신 자신을 신뢰하기

경계선 성격장애 혹은 그 특성이 있는 부모 밑에서 자란 성인 자녀들은 자신의 지각, 판단, 정서를 믿지 못하고, 무엇이 정상인지 모른다. 이는 정서와 지각에 대한 타당화의 결핍과 같은 어릴 때의 경험에 그 뿌리가 있다. 당신에게 보여주는 행동(당신을 위로하고, 당신을 안아주고, 공감적으로 고개 끄덕이는 것)을 통해 혹은 당신이 상황에 맞게 적절하게 처신했다고 말함으로써 정서를 타당화해 주는 대신, 부모는 당신의 정서를 무시 혹은 묵살하거나 또는 부모 자신의 욕구를 만족시키기 위해 당신의 반응을 바꾸도록 했을 수도 있다. 예를 들어, 어릴 때 자전거에서 떨어져 고통과 공포로 울고 있을 때, 부모는 당신의 반응을 비웃고 애기처럼 굴지 말라고 말했을 수도 있다. 당신은 자신의 감정과 행동이 틀렸다고 생각했다.

당신은 또한 혼란과 불일치 속에 살았을 수도 있다. 일관된 것은 없었다. 당신의 신념과 인상이 지속적으로 도전받고 흔들렸기 때문에, 당신 자신의 신념과 인상에 자신감을 갖기가 어려웠다.

당신의 부모는 당신이 탐색하거나, 놀거나, 호기심을 충족시키거나, 위험을 무릅쓰도록 격려하지 않았을 수 있다. 무언가를 시도해서 성공할(혹은 실패할) 수 있고, 그래도 괜찮을 거라 생각하도록 당신은 격려받지 못했을 수 있다. 매우 독립적이고 자립적이 되도록 배웠을 수 있지만, 당신은 아마도 자신의 한계를 시험해 보도록, 무엇을 할 수 있고 할 수 없는지 알아 보도록 격려받지 못했을 것이다. 그 결과 당신은 스스로의 능력과 자원을 신뢰하지 않게 되었다.

당신은 또한 자신의 인상과 감정이 옳다는 증거가 있어야만 한다고 배웠을 수도 있다. "아파요"라고 말하는 것은 충분하지 않았다. 당신의 말을 믿도록 하려면, 열이 나거나 구토를 해야만 했다. 당신은 자신의 의견이나 지각이 그 자체의 가치만으로는 충분치 않다고 배웠다.

여러 면에서 당신은 부모화된 아이였기 때문에 조숙하게 자랐을 수 있지만, 어떤 부분에서는 뒤처져 있고 다른 사람들이 배웠던 것들을 알지 못하거나 배운 적이 없는 것처럼 느낄 수도 있다. 남들이 운전을 배울 때 배우지 못했고, 남들이 대학에 다닐 때 다니지 못했을 수 있다. 당신은 옷장이나 싱크대를 어떻게 정리하는지에서부터, 어떤 사회적 상황에서 어떻게 행동해야 하는지까지 모든 일에 대해서 무엇이 정상인지 혹은 옳은지를 알기 힘들 수 있다. 어떤 영역에 대해서도 당신 자신의 직감을 믿지 못한다.

26세 에밀리는 첫 직장이었던 대기업에서 일했던 때를 떠올렸다. 어느 날 회의 시작 전에, 에밀리는 동료에게 다가가 동료의 옷이 별로 어울리지 않고, 얼굴을 칙칙하게 보이게 하며, 심지어 엉덩이를 커 보이게 한다고 말했다. 에밀리는 회상했다. "저는 그 동료에게 이런 얘기를 해 주면 도움도 되고, 친해질 수 있다고 생각했어요. 그런데 그 동료의 표정을 보니 제가 완전 미친 짓을 했다는 걸 알았어요. 제가 완전히 주제 넘은 짓을 했다는 걸 알았을 때, 너무 당황스럽고 창피했어요. 그리고 나서는 화가 났죠. 그런 걸 몰랐던 나 자신에게 주로 화가 났지만, 그런 진짜 간단한 사회적 규칙도 가르쳐 주지 않은 부모에게도 화가 났어요."

경계선 성격이 있는 부모의 성인 자녀로서, 당신은 결정할 때에도 힘들었을 수 있다. 당신이 무언가에 대해 정말로 어떻게 느끼는지 확실하지 않을 때 선택은 어렵다. 당신이 정서와 접촉하지 않는다면, 혹은 위험회피적이고 매우 조심스럽다면, 궁극적으로 당신 스스로 옳은 선택을 했다고 믿기 어렵다.

그렇다면 무엇이 정상인가?

대부분의 상황에서 절대적으로 옳거나 정상적인 단 하나의 행동 방식은 없다는 점을 기억하는 것이 중요하다. 결정을 되돌릴 수 없는 경우는 드물고, 대부분의 경우 결정이 비참한 결과를 낳지도 않는다. 보통은, 재평가하여 다른 방법을 택할 기회가 있다. 또한 당신이 처음의 결정을 다시 생각해서 바꿀 필요가 있다고 말하면, 대부분의 사람들은 이해한다. 인생에서 확정된 것은 아무것도 없다.

"무엇이 정상인가?"라고 스스로에게 묻는 대신, 스티븐 파머(Steven Farmer)는 그의 저서『학대적인 부모의 성인 자녀들』을 통해 질문을 재구성하라고 제안한다. "무엇이 기능적이지?"라고 물어보라. 어떻게 그 일을 끝낼 것인가? 그 일은 나에게 혹은 다른 사람들에게 상처를 줄 것인가? 그 일은 실질적이고 현실적인가? 외적으로 부과된 정상성이란 매우 상대적이고 한쪽에 치우쳐서 별로 의미 없는 말이지만, 기능에 초점을 맞춤으로써 당신은 정상이라는 기준에서 벗어날 수 있다(Farmer 1989, p. 113).

자신의 감정을 따르기

당신의 직관은 어떻게 최선의 선택을 하는지에 대해 큰 도움을 줄 것이다. 당신은 그 직관을 믿어야만 한다. 혼란스럽고, 정서적으로 격앙되며, 도전적인 환경에서 어린 시절을 보냈기 때문에 당신은 주변 환경과 타인의 의도에 예민하게 반응하고 재빨리 알아차리게 되었을 수 있다. 당신은 스스로의 직감적 반응에 귀 기울이면 사람을 더 잘 보게 될 것이다. 직관을 내면의 작은 목소리라고 부르든, 마음을 따르든, 직감을 믿든, 본능,

육감, 혹은 "단지 느낌"을 따르든, 그 직관에 주의를 기울여라. 믿기 어렵겠지만, 당신은 좋은 결정을 내리는 데 필요한 내면의 지식을 이미 가지고 있다.

멈추어 생각하기: 당신은 어떻게 아는가?

당신은 어떤 방식으로 알게 되는가? 당신이 타인과 환경에서 어떤 정보와 신호를 받아들이는지 주목하라.

당신은 이러한 신호의 의미를 어떻게 해석하는가? 예를 들어, 당신은 이런 신호를 신체적으로 느끼는데, 몸에 긴장을 느낌으로써(긴장을 느끼지 않음으로써) 무언가가 옳거나 틀렸다는 것을 알게 되는가?

앎에 방해되는 것은 무엇인가? 당신은 자신이 느끼고 생각하는 바를 의심하는가? 스스로를 의심하는가? 당신의 반응을 판단한 뒤 그 반응을 무시하는가? 당신이 주로 이렇게 했던 때가 있었는가? 예를 들어, 너무 바빠서 약간 허둥댈 때는 결정하기가 더 어렵다는 사실을 당신은 알고 있는가? 만약 화가 날 때는 어떤가? 우울하면? 피로, 약물, 알코올, 배가 고프거나 배가 부른 것, 소음, 혹은 강한 정서의 영향을 고려하라.

멈추어 생각하기: 당신이 아는 것

사람이나 상황과 관련하여 결정을 내릴 필요가 있을 때, 당신이 무언가를 알게 되어 그에 따라 선택했던 때를 떠올려 보라. 당신은 어떻게 알게 되었는가? 당신이 아는 것에 대해 어떻게 느꼈는가? 좋은 결정을 내리고 있다는 자신감은 어느 정도였는가? 당신의 직관이나 직감을 따른 결과는 무엇이었나?

이제 직관을 따르지 않았던 때를 떠올려 보라. 왜 따르지 않았나? 결과는 어떻게 되었나? 당신은 어떻게 느꼈는가?

현실 확인

대인관계 기술 및 다른 삶의 기술들을 익힐 때, 당신은 무엇이 기능적인지, 다른 사람들은 주로 무엇을 하는지, 무엇이 당신에게 건강한지를 배우기 위해 많은 자원을 끌어낼 수 있다.

당신이 신뢰하는 친구, 친척, 혹은 치료자에게 당신의 지각이 사실인지 확인해 달라고 요청할 수 있다. 그렇게 한다고 해서 그들의 충고를 듣거나 그들의 방법이나 관점을 채택해야만 하는 것은 아니다. 단지 그렇게 함으로써 당신은 새로운 시각을 고려하거나, 그렇게 하지 않았다면 갖지 못할 기회나 해결책을 알게 될 수 있다. 다른 사람들의 얘기는 당신 자신의 인상을 타당화해 주고 격려하며, 행동할 수 있는 자신감을 더 해 줄 수 있다.

지지집단과 자조 서적 혹은 테이프는 다른 사람들이 어떻게 하는지를 볼 수 있고, 당신에게는 무엇이 효과적인지를 배울 수 있게 할 또 다른 자원이다. 경계선 성격이 있는 어머니를 둔 44세 이안은 인생에서 중요한 정보를 놓치고 있는 것처럼 느끼던 시기가 있었다고 말했다. "그렇지만 저는 '아… 난 뭘 해야 할지 모르겠어'라고 한 번도 말한 적이 없어요. 그 대신 저는 스스로에게 이렇게 말하곤 했죠. '난 이것을 어떻게 해야 하는지 배울 거야.' 제 생각에 교육(모든 종류의 생활 기술과 학문)은 어떻게 배우는지를 배우는 일이예요. 저희 아버지는 사물에 의문을 제기하고 혼자 힘으로 일을 배우도록 저를 가르치셨죠. 저는 질문을 하고, 여러 가지 책을 읽고, 새로운 기술을 연습해 봐요. 무슨 일이 있더라도 말이죠."

멈추어 생각하기: 현실의 맛

- 현실확인이 필요하다고 느끼는 이슈와 상황은 어떤 종류인가?
- 현실확인이 필요할 때 당신이 의지할 자원들에 대해 생각해 보라. 누구 혹은 무엇을 생각하는가?
- 당신이 정보를 추구했을 때 결과는 어떤 것이었나? 더 자신감이 생겼나? 당신의 인상을 다른 누군가와 공유할 때 안심이 되었나? 당신의 전후 감정에 대해 적으라.

경계를 강화하기

당신이 끝내고 시작하는 곳이 당신의 경계이다. 경계란 세포가 필요로 하는 물과 다른 영양소를 수용하고, 세포의 필요와 외부 조건에 따라 투과성을 조절함으로써 독소를 배출하는 세포 주위의 세포막과 유사하다. 또한 당신은 다른 사람들의 이슈, 원함, 욕구를 어느 정도 수용하고 싶은지 혹은 수용하고 싶지 않은지를 결정함으로써, 당신 경계의 투과성을 조절할 수 있다. 경계를 설정할 때, 너무 경직되지도 않고, 투과성이 너무 크지도 않은 것이 중요하다. 경계는 다른 사람들보다 당신 삶에 있는 사람들과 유지하는 편이 더 쉽다는 사실을 기억하면 도움이 된다.

건강한 경계를 설정하기

건강한 경계는 다양한 좋은 일들을 한다. 그것은 정서적, 신체적, 정신적, 재정적, 직업적으로 당신을 보호해 줄 수 있다. 건강한 경계가 있을 때 당신은 필요한 것을 요청하고, 당신이 어떻게 느끼는지 말하는 것이 더 쉬워진다. 건강한 경계는 당신의 인생에서 원하는 것과 원하지 않는 것에 대해 의도적이고 의식적인 결정을 내리도록 해 준다. 또한 건강한 경계는 당신이 거절을 수용하도록 도와주기도 한다. 타인의 경계를 존중하는 것을 배우면서, 당신은 타인의 부정적인 반응을 자신과 연관지어서 생각하지 않을 수 있다. 경계는 당신으로 하여금 다른 사람의 일에 간섭하거나 그들의 물리적 혹은 정서적 공간을 침해하지 않도록 방지해 준다.

스스로에 대한 신뢰와 믿음이 없이는, 건강한 경계를 유지하기 어렵다. 즉, 당신의 경계는 너무 강하거나 약한 것 사이를 오가며, 매우 유동적이고 무작위적일 수 있다. 당신은 이유도 모른채 자신과 타인에 대해 안전하거나 편하지 않다고 느낄 것이다. 건강하지 못한 경계는 신뢰할 수 있는 당신의 능력과 의지를 침해한다.

손을 뻗기와 들어오게 하기

경계는 단지 거절하거나 사람들을 들어오지 못하도록 하는 것이 아니다. 경계는 당신이 허락하고 싶은 것이나 사람이 들어올 수 있도록 한다. 역설적으로 보일 수 있으나, 좋은 경계는 실제로 친밀성과 관계를 강화한다. 좋은 경계는 당신이 사로잡힐 것 같은 두려움 없이 타인들에게 손을 뻗도록 해 준다.

이안이 어머니와의 관계를 유지할 수 있는 것은 오직 건강한 경계 때문이었다. 이안의 가장 큰 도전과제는 어머니를 돌볼 필요가 있다고 느끼는 마음과 자기 자신을 보호하기 위해 어머니로부터 완전히 떠나 버리고 싶은 마음 사이에서 균형점을 찾는 일이었다. 경계를 설정함으로써 엄마가 행동하고 말하는 바에 따라 휘둘리지 않고 대화를 나눌 수 있게 되었으며, 심지어 엄마와 엄마가 겪어야만 했던 일에 대해서 연민을 느낄 수도 있게 되었다고 말했다.

경계선 성격이 있는 부모에게서 자란 아이들은 자신을 위한 건강한 경계를 설정하는 법을 배우지 못했을 수 있다. 건강한 가정에서는, 아이들이 경계를 결정하고 표시하며, 그 경계는 존중받는다. 그러나, 경계선 성격이 있는 부모는 아이가 자기표현을 하고 경계를 설정하는 것을 좌절시킬 수 있다. 그런 부모는 아이를 또 하나의 자신이라고 보기 때문에 아이의 경계 형성에 의해 위협당한다고 느낄 수 있으며, 경계 형성과 아이를 엄격하게 통제한다. 경계선 성격이 있는 다른 부모는 변덕스럽고 일관성 없는 방식으로 경계 설정 행동을 하면서 양 극단 사이를 왔다 갔다 하기도 한다(경계 설정을 허용하기도 하지만, 갑자기 경계 설정을 좌절시킴).

경계선 성격이 있는 부모의 성인 자녀들은 경계와 관련하여 좋은 역할 모델을 갖고 있지 않을 뿐만 아니라, 죄책감이나 두려움으로 인해 여러 가지 면에서 억제되고 방치된다고 느낄 수도 있다. 그 결과는? 건강하지 못한 경계와 그로 인한 결과는 과도하게 경직되고 조심스러워지거나 아니면 뒤섞여 버리게 된다.

멈추어 생각하기: 경계에서의 메시지들

당신이 초등학생일 때 그리고 청소년기에 경계에 대해서 어떤 메시지를 받았는가? 집에서 한계를 정하고 스스로를 주장하려고 했던 몇 가지 예를 기억해 보라. 어떤 일이 생겼는가? 당신은 어떻게 수용되었는가? 당신은 지지받고 격려되었는가, 암암리에 혹은 명백하게 좌절당했는가, 아니면 상황에 따라서 이런 것들이 혼합되었는가?

돌이켜 봤을 때, 이러한 경험은 당신의 경계 설정 기술과 편안함 수준에 어떻게 영향을 미쳤다고 생각되는가?

징후를 주목하라

건강하지 못한 경계와 경계 침범은 때로는 미묘하게 여러 가지 방식으로 나타난다.

- 신체적 혹은 정서적으로 학대적인 관계를 맺음
- 문란한 행동
- 통제하는 행동
- 정서적 철회
- 부적절한 것을 말하거나 행동함

- 다른 사람들을 불편하게 함
- 누군가를 신체적 혹은 언어적으로 폭행함
- 사실은 '아니오'를 의미하지만 '그렇다'고 말함
- 그 반대의 경우 다른 사람을 바꾸고, 그들의 곤경을 해결해 주어야만 한다고 느낌
- 두려움이나 죄책감을 느낌
- 당신이 했던 헌신에 대해 분노나 격노를 느낌
- 선택권을 가지고 있지 않다는 느낌에 대해 좌절감을 느낌
- 평가절하되거나, 무효화되거나, 무시당한다고 느낌

34세 수잔은 경계에 대해 작업하는 일이 가장 큰 도전이었다고 말하면서 고등학교때 데이트하던 일을 회상했다. "누군가가 저를 좋아한다면, 그 사람과 데이트해야 한다고 느꼈어요. 제가 그 사람을 좋아하지 않는다는 사실은 문제 되지 않았어요. 저는 제 판단이 잘못되었다고 생각했고, 그 사람이 제게 아침 저녁으로 인사를 하면, 그 남자와 데이트하겠다고 허락을 해야만 했죠." 수잔은 또한 10대 후반과 20대에 걸쳐 문란하게 행동하고 학대적인 관계를 맺었던 과거를 기억했다. "저는 필요한 것을 어떻게 요청해야 하는지 몰랐어요. 거절도 못했어요. 제 책임이 어디에서부터 어디까지인지 몰랐죠. 다른 모든 이의 문제를 해결해야 할 필요가 있다고 생각했어요. 정말로 원치 않을지라도, 누군가가 제게 해 달라고 요청하면 승낙했고, 그리고 나서는 억울해 하곤 했죠. 그 점에 대해 생각해 보면, 우리 가족은 다른 사람이 저를 마음대로 대해도 된다고 저에게 가르쳤죠. 제게는 경계가 없었던 거죠.

멈추어 생각하기: 당신은 어떻게 아는가?

당신의 경계가 침범 당했던 관계를 생각해 보라. 당신은 무엇을 생각하고 느꼈는가(정서적으로, 신체적으로)? 당신에게 뭐라고 말했는가?

멈추어 생각하기: 무엇이 방해되는가?

건강하지 못한 경계는 양육방식과 다른 요인으로 인해 생길 수 있다. 다른 요인이란 상실, 거절, 유기의 공포, 당신의 필요나 한계에 대해서 말하는 일을 가치 없게 느낌, 죄책감, 당신 자신에 대해서 편안하지 않음, 과거의 신체적 혹은 정서적 트라우마(특히 과거에 한계를 설정한 것에 대한 반응으로 인한) 등이다.

부모에 대해 작업하고 싶었지만 아직 다루지 못한 구체적인 경계 문제에 대해 생각해 보라. 예를 들어, 엄마는 당신과 친한 이모와 싸운 뒤에 자주 당신에게 전화를 건다. 엄마는 모든 얘기를 다 털어놓고는, 당신에게 그 상황에 대한 의견을 묻는다. 물론 엄마는 당신이 자신의 편을 들 것이라 기대하고 있다. 엄마는 당신이 이모에게 전화를 걸어 이모가 엄마에게 행한 것에 대해 불쾌하다고 말하도록 시키면서, 당신을 끌어들이려고 한다.

이제 무엇 때문에 당신은 그 문제에 직면하지 못했는지 생각해 보라. 그 문제를 말하고, 부모와의 경계를 설정한다고 생각할 때, 당신에게 나타나는 정서와 신체적 감각을 적으라.

이안의 이야기

이안은 몇 년 전 엄마가 했던 요구에 부담을 느꼈다. 엄마는 얼마 안 되는 돈을 탕진한 후, 이안에게 자신의 카드값을 내 달라고 했고, 병원 진료에도 같이 가 달라고 했다. 엄마는 더러운 집에서 살고 있었는데, 청소할 생각도 없었다. 이안에게 도움을 청했지만, 이안이 곁에 있을 때면 언제나 엄마는 화를 내거나 이안에게 말로 공격했다. 운전에 대해서도 그랬고, 집이 더러워지지 않게 할 수 있는 몇 가지 간단한 방법을 얘기하면 "재수없는 완벽주의자"라고도 했다.

6개월 동안 화, 분노, 좌절, 후회를 경험했고, 여자친구와 싸우던 중 이안이 여자친구에게 쏘아붙인 말이 최후의 결정타였다. 여자친구는 일이나 사람에 대한 이안의 인내심이나 에너지를 모두 빼앗아 간 엄마와의 계속되는 갈등으로 최근에 자신이 얼마나 스트레스를 받고 있는지, 그리고 이안이 얼마나 자신에게서 멀어졌는지 얘기했다.

치료자의 도움으로 이안은 장기간에 걸쳐 변화를 시도해 보겠다고 결심했다. 먼저, 엄마에게 어떻게 직접 말할지 몰라서 일단은 엄마와 거리를 좀 두기로 했다. 엄마가 병원에 갈 때마다 같이 가는 대신에, 가끔씩만 시간을 내기로 했다. 엄마와 함께 병원에 갈 이웃이나 친구가 없을 때는 택시를 타고 가라고 말했다. 또한 엄마 근처에 사는 형에게 전화를 해서 엄마를 가끔 도와 달라고 요청했다. 응급상황이 아니라면, 엄마가 전화를 해도 최소한 4시간 지나서 답신을 하기로 했다. 이전에는 엄마의 전화에 즉각 답신을 하곤 했다. 가끔은 다음 날까지도 엄마에게 답신을 하지 않았다.

엄마와 떨어져 지내는 시간이 늘어나면서, 이안은 자신이 얼마나 엄마의 삶 전반에 대해서 책임지고 싶어 하지 않는지(특히, 엄마가 이안에게 함부로

한 뒤에)를 깨달았다. 더 강하다고 느끼기 시작했고, 엄마가 무언가를 요구하거나 화를 낼 때 엄마에게 분명히 얘기하기 시작했다. 엄마는 여전히 가끔 이런 식으로 행동했지만, 그 발생 빈도는 적어지고 간격도 뜸해졌으며, 그런 일이 일어났을 때도 이안은 아무 반응 없이 견딜 수 있게 되었다. 또한 자신이 할 수 있고 원할 때 엄마를 도왔다. 더 이상 엄마를 보살펴야 하는 책임도, 강요도 느끼지 않았다. 여자친구는 이안이 더 침착해지고 더 행복해 보인다고 말했고, 심지어 몇몇 동료들은 이안의 기분이 더 좋아보인다고 느꼈다.

실행 도구를 사용하기

6장에서 논의된 한계 설정과 전달 전략에 덧붙여, 다음의 제안은 당신이 건강한 경계를 확립하는 데 도움을 줄 수 있다. 이 제안은 부모나 당신이 교류하는 다른 누군가에게도 사용할 수 있다. 그리고 기억하라. 경계는 나쁜 것들을 들어오지 못하게 하는 것만을 의미하지는 않는다. 경계는 좋은 것들을 당신 삶에 들어오도록(또는 유지하도록) 돕기도 한다.

거리

LEMON이라는 단어를 사용하여 당신의 경계를 침범하는 사람에게서 당신을 떼어 놓을 수 있는 여러 방법을 쉽게 기억할 수 있다.

- 공간이나 상황을 떠나라(Leave).
- 정서적(Emotional) 거리. 당신의 개인적 얘기를 다른 사람과 적게 나누라. 대화의 주제를 제한하라.

- 다른 곳으로 이사를 하거나(Move out), 그 지역에서 벗어나라.
- 당신 방식대로(On your terms). 누구를 방문할지, 누구와 상호작용할지를 정하는 일은 당신의 특권이다.
- 전화, 편지, 이메일에 회신하지 않거나(No answering) 선택적으로 회신하라.

의사소통

NICE라는 단어를 사용하여 누군가가 당신의 경계를 침범할 때 의사소통할 수 있는 여러 방법을 쉽게 기억할 수 있다.

- 아니오(No). 이렇게 말하는 것을 연습하라. 그리고 왜 '아니오'라고 말했는지를 설명할 필요는 없음을 기억하라.
- 나(I). 당신이 어떻게 느끼는지를 표현하라. "난 ~라고 느껴" "난 ~라고 생각해" "난 ~라고 알고 있어"
- 명확한(Clear) 약속과 동의. 당신의 기대와 약속을 명확하게 전달하도록 하라.
- 이제 그만(Enough)! 학대적인 행동을 망설이지 말고 비난하라.

자기 인식

KISS라는 단어를 사용하여 자기 인식이 어떻게 건강한 경계를 지지하는지 쉽게 기억할 수 있다.

- 너 자신을 알라(Know). 당신이 어떻게 느끼는지, 상호작용을 하는 당신의 목적이 무엇인지 분명히 알 수 있어야 한다.

- 인생에서 무엇을 원하는지 분명히 하라(Identify). 7장에 나온 원 연습(circle exercise)을 반복하라.
- 자존감(Self-esteem). 스스로를 가치 있게 여기는 것은 건강한 경계 유지에 도움이 된다.
- 자신을 지지하라(Support). 당신이 탁월한 선택과 결정을 내릴 것이라 믿어라.

멈추어 생각하기: 당신의 기술을 강화하라

- 위의 도구들 중 당신의 상황에 적용할 수 있는 것이 있는가? 그것을 어떻게 실행에 옮길 수 있을지 적어 보라.
- 위의 목록에 첨가할 다른 방법이 있는지 생각할 수 있겠는가? 그것을 적고, 어떻게 사용할지 계획을 세워 보라.

그것은 과정이다

당신이 건강한 경계를 둔 것 같다고 느꼈지만, 경계가 변한다고 해도 놀라지 마라. 정상적이며 좋기까지 한 일이다. 경계는 당신의 삶이나 맥락이 바뀜에 따라 바뀔 것이며, 그래야만 한다. 즉, 당신이 추가적인 지식을 얻고, 당신 자신과 한계 설정에 더 편안해지고, 관계에서 친밀감의 수준이 올라가고, 당신의 자존감이 높아지고, 상황이 변하면서 그렇게 될 것이다.

멈추어 생각하기: 모래사장 옮기기

당신이 의식적으로나 무의식적으로 경계를 수정했을 때를 떠올려 보라. 그 변화를 둘러싼 상황은 어떠했나? 그 변화는 당신이 어떻게 느끼게끔 했는가? 결과는 무엇이었나? 당신의 결정이(다시 말하지만, 의식적 혹은 무의식적) 어떻게 타당화되었는가? 타당화되지 않았다면, 어떻게 느꼈으며, 무엇을 했는가?

당신이 건강한 경계를 확립하고 유지하면서, 어색한 순간들을 경험하게 될 것이다. 때로 당신은 올바른 일을 하고 있는 것인지 궁금해 할 수도 있다. 그리고 올바른 일을 하고 있다는 것을 알지라도, 여전히 두려움이나 불확실함의 고통을 느낄 수 있다.

건강한 경계를 설정하고 전달하는 과정에서 당신은 관계를 잃을 수도 있다. 당신의 경계를 자주 침범하는 사람들은 당신이 더 이상 침범을 허용하지 않을 때 멀어질 가능성이 아주 높다. 또한 어떤 친구들은 당신을 소진시키거나 속상하게 만들고 혹은 전보다 더 많은 요구를 하기도 한다. 이는 그 친구들이 과거에 일부 경계를 넘었던 적이 있으며, 이제 그들이 당신을 존중하지 않았음을 당신이 알아차렸다는 징표일 수 있다. 당신은 그들과의 관계의 어떤 면을 그리워할 수도 있지만, 그들이 당신과의 경계를 침범하지 않을 때 당신의 삶은 결국 더 풍요로워지고 더 건강해질 것임을 믿어라. 그리고 시간이 지나, 이 사람들이 당신과의 경계를 존중할 수 있게 되면, 언제라도 그들을 다시 당신의 삶 속에 초대하면 된다.

자존감 세우기

Jan Black과 Greg Enns(1997)가 쓴 『더 나은 경계들: 당신의 삶을 소유하고 소중히 여기기』는 매우 단순한 문장으로 시작한다. "당신은 아끼는 것을 보호한다(p. 9)." 건강한 자존감은 건강한 경계의 좋은 예언자이다. 자존감은 당신이 누구인지(who you are)에 대해 기분 좋게 느끼는 것을 의미하는데, 스스로를 믿으며, 결정을 내려야 할 때 무엇이 자신에게 최선인지를 안다고 믿는 것이다. 또한 누구를, 무엇을, 어떤 조건으로, 당신 삶에 들어오게 하고, 제한할 것인지 알고 있음을(혹은 자신이 알아 내리라 믿고 있음을) 의미한다. 당신의 인생과 모든 선택에 대해 당신이 주인의식을 가지고 있다는 것을 의미한다. 과도하게 조심스럽고 두려워하거나, 다른 사람이 당신을 당기고, 끌고, 찢도록 놔두지 않고, 의식적이고 의도적으로 산다는 것을 의미한다.

자존감은 어릴 때 학습된다. 애정을 받고, 자신의 정서와 지각을 반영해 줄 때 유아는 자신감을 느끼고, 의존성에도 불구하고 안전하다고 느낀다. 반면에, 일관성 없고 부적절한 보살핌 혹은 일종의 학대를 받으며 양육된 아이들은 자기 자신은 나쁘다는 느낌을 학습한다. 이러한 양육은 부모에 의한 신체적 혹은 정서적 유기, 무질서하거나 일관성 없는 처벌과 보상, 비난, 부모화를 포함하는데, 이를 통해 아이들은 부모 역할을 맡으며, 자신이 욕구를 가지거나 표현하는 일은 이기적이고, 나쁘고, 잘못된 것이라고 배운다. 이런 아이들이 성장하여 어른이 되었을 때 그들은 고칠 수 없는 무언가 잘못된 점이 자신에게 있다는 느낌, 즉 자신이 기본적으로 결함이 있고 무가치하다는 느낌을 가진다.

스스로에 대한 나쁜 느낌은 자신의 삶에서 상처와 부정적인 면을 증폭시킨다. 누군가가 화를 내면, 틀림없이 자신이 잘못됐다고 생각한다. 누군가가 당신과의 관계를 끝낸다면, 자신이 나쁜 사람이기 때문이라고 생각한다. 더 나은 대접을 받을 자격이 없다고 느끼기 때문에, 학대적이거나 잘 풀리지 않을 것 같은 사람과 연애를 할 수도 있다. 자신은 어느 정도는 고통스런 삶을 사는 것이 마땅하거나, 적어도 행복할 자격이 없다고 느낄 수 있다(McKay and Fanning, 2000).

빈약한 자존감은 삶의 모든 측면에 몰래 다가가 불행하게 만든다. 또한 우울, 불안과 스트레스, 신체적 질병, 적대감과 분개, 건강하지 못한 관계, 물질 남용, 청결하지 않은 위생과 자기 돌봄, 정서적 철회에 기여할 수도 있다(Schiraldi, 2001).

멈추어 생각하기: 자존감 자기 평가

Glenn Schiraldi(2001)의 『자존감 워크북』에 있는 연습에서 각색된 다음 진술 각각에 대하여 얼마나 동의하는지 0에서 10의 척도로 평가하라. 0은 당신이 전혀 동의하지 않는 것이며, 10은 당신이 완전히 동의하는 것이다. 답할 때는 각 진술을 분석하지 말고, 그저 직관적으로 응답하라.

1. 나는 소중한 사람이다. _____
2. 나는 충만한 삶을 살기에 필요한 자질을 가지고 있다. _____
3. 거울을 들여다 볼 때, 기분 좋게 느낀다. _____

4. 스스로를 성공이라 생각한다. _____

5. 스스로에게 웃어줄 수 있다. _____

6. 나는 나여서 행복하다. _____

7. 선택할 수 있다면, 다른 누구보다도 나이기를 선택할 것이다. _____

8. 나는 자신을 존중한다. _____

9. 남들은 믿지 않아도, 나는 계속 나를 믿는다. _____

10. 전반적으로, 나라는 사람에 대해 만족한다._____

당신이 5 이하로 응답한 문장에 주목하라. 이러한 영역에서 생각과 감정이 당신의 자존감에 어떻게 영향을 줄 수 있는지 생각하라. 당신의 일지에 그 반응을 적으라.

특권의식

특권의식이란 흔히 누군가가 마땅히 누릴 자격이 없음에도 불구하고 누릴 자격이 있다고 믿는 부정적인 의미를 함축하고 있다. 하지만 행복이나 만족과 관련해서는, 어느 정도 특권이 있다고 느끼는 것이 건강하다. 그러나, 자존감이 낮다면 무엇에 대해서든 특권이 있다고 느끼기는 어려울 수 있다.

제이미는 낮은 자존감으로 인해 누릴 자격이 없음을 이렇게 느끼곤 했다. "그 느낌은 물질적인 방식으로 나타났어요. 저는 망설임 없이 친구들과 가족을 위해 좋은 선물을 샀고, 여러 기관에 기부를 하곤 했지만 정작 제 자신에게 돈을 쓸 때는 정말 구두쇠였어요. 옷장의 옷은 거의 오래되었지만, 새로 사는 것은 가치가 없어 보였죠. 가구는 10년 전 대학원 다닐 때 썼던 것이었지만, 그런대로 괜찮아 보였어요. 책상은 접이식으로 중고할인 매장에서 싸게 샀는데 그것도 괜찮았어요. 물론 이 가구를 새로 살 돈은 있었죠. 점점 나 자신에 대해서 좋게 느끼는 작업을 한 후에, 내가 좋아하는 가구로 바꾸는 일이 그럴만한 가치가 있다는 사실을 깨달았어요. 적당하고 그런대로 괜찮은 것에 만족할 필요가 없었죠. 만족스러운 옷장, 거실, 사무실을 가질 수 있었으니까요."

멈추어 생각하기: 당신은 자격이 있다

안녕과 즐거움을 누릴 자격이 당신에게 있다는 사실을 스스로에게 보여주기 위해 할 수 있는 몇 가지 일을 생각해 보라. 물질적 소유, 우정과 관계, 건강 영역에서 당신이 할 수 있는 변화를 포함하라. 예를 들어, 당신을 웃게 만드는 친구와 더 많은 시간을 보내도록(혹은 당신을 소진시키는 친구와 시간을 덜 보내도록) 일정을 짜거나, 그저 액세서리로 정장을 꾸미는 대신 이번 시즌에 새 옷을 사도록 하라. 새 침대를 구입하거나 자신이 항상 원하던 색깔로 침실 벽을 바꿀 수도 있다. 다가오는 명절에 가족들을 위해 선물을 사야 한다고 해도, 요가 강좌에 등록할 수는 있다.

의도적으로

자존감은 의도와도 복잡하게 연결되어 있다. 건강한 자존감은 자신이

하기를 원하고 해야 할 것을 알도록 도와줄 뿐만 아니라, 스스로에 대한 믿음과 목표를 성취할 수 있다는 자신감을 제공해 준다. 마찬가지로, 의도성은 당신으로 하여금 스스로를 유능하고 자신있다고 느끼도록 돕는다. 그러나 무엇이 의도인지를 잘 모르겠다면 어찌 할 것인가? 속도를 늦추고, 내면의 목소리에 귀 기울이고, 약간만 생각한다면 아마 당신에게 명확해질 것이다.

무언가를 하고 있거나 그 일에 사로잡혀 시간 가는 줄 몰랐던 적이 있는가? 기분을 분명하게 띄워주었던 무언가를 한 적이 있는가? 스스로에게 "와, 이건 정말 재미있네"라고 생각한 적은? 한 가지 활동에 완전히 몰두하는, 그 몰입감을 몰입(flow)이라 부른다(Csikszentmihalyi, 1991). 단지 어떤 활동을 통해서 그 상태에 도달할 수는 없다. 따라서 몰입감(feeling of flow)은 할 수 있는 능력이 있고, 하고 싶은 마음이 드는 어떤 활동을 자신이 하고 있음을 알리는 좋은 지표이다. 자신을 더 기분 좋게 만들고, 스스로에 대해 자신감을 가지게 만들며, 다른 사람들과 공유하고, 다른 사람들을 가르치는 일을 즐기는 활동도 몰입의 지표가 될 수 있다.

멈추어 생각하기: 당신의 목적은 무엇인가?

자신의 목적이나 목표가 무엇인지 잘 모른다면, 다음을 생각해 보라.

- 무엇이 당신으로 하여금 나쁜 기분에서 빠져 나오게 하는가? 음악 연주, 글쓰기, 독서, 아이들과 일하기, 혹은 노래 부르기 등이 될 수 있다.

- 당신은 무엇에 대해 열정적인가?
- 친구들은 당신이 무엇을 타고났다고("a natural") 말하는가?
- 가장 만족스런 경험에 공통 주제가 있는가? 예를 들어, 주제는 다른 사람을 돕는 일 혹은 창조적인 방식으로 자신을 표현하는 활동 등이 될 수 있다.

위에서 언급한 활동을 하는 동안 어떻게 느끼는지 적으라.

자신에게 목적의식을 부여하고 목표를 향해 나아갈 수 있게 하는 활동을 더 많이 할 수 있는 세 가지 방법을 생각해 보라. 더 나아가 이 활동을 당신 삶에 어떻게 통합할 수 있는가?

해야만 한다 혹은 하지 말아야 한다?

목적과 목표로부터 당신을 가장 멀리 우회하도록 만드는 한 가지 단어가 있다면, 바로 '해야만 한다(should)'라는 단어이다. '해야만 한다'는 의무를 가리키는데, 자유로이(당신에 의해) 선택되었다기보다는 외적으로 부과된 무언가를 가리킨다. '해야만 한다'는 자신의 기준과 가치 대신 다른 누군가의 기준과 가치에 의해 살아야만 한다고 말한다.

강한 자기감이 없거나, 스스로에 대한 강한 신뢰가 없거나, 건강한 경계가 없다면, 타인의 가치가 당신이 어떤 사람이 되어야만 하고 인생에서 무엇을 해야만 하는지 명령하도록 하기 쉽다. '해야만 한다'는 매일 당신의 어깨 위에 앉아, 당신이 해야 할 것을 잘 해내지 못한다고 지속적으로 상기시키고 있다. 다음 진술 중 떠오르는 말이 있는가?

- 난 이기적이어서는 안 돼.
- 난 더 나은 부모(연인, 친구)가 되어야만 해.
- 난 더 노력해야만 해.
- 난 돈을 더 벌 수 있는 무언가를 해야만 해.
- 난 지금 집에 가야만 해. 아내가 날 기다리고 있어.
- 난 그렇게 빨리 화내서는 안 돼.
- 난 그렇게 빨리 판단해서는 안 돼.
- 난 오늘 출근해야만 해. 그렇게까지 아프진 않으니까.
- 난 그에게 더 많은 인내심을 가져야만 해.

멈추어 생각하기: 당신은 해야만 한다

관계, 가정 생활, 사회적이고 오락적인 활동, 일과 직업 생활, 자기 개선과 창의적 활동, 성생활, 정치성, 지역공동체, 종교적 활동, 재정, 외모, 영양과 건강, 정서적 생활 등과 같은 삶의 모든 영역을 생각해 보라. 당신의 '해야만 한다'를 적으라.

이제 각 진술을 자신의 진정한 감정을 반영하는 선언으로 바꾸어 말하라. "난 해야만 한다" 혹은 "난 하지 말아야 한다" 대신에 "난~을 선호한다" "난 차라리~하는 게 좋다" "난 노력한다" "난 원한다"라고 써 보라.

마음-신체-정신 상호연결

정서적 안녕은 신체적, 지적, 정신적 건강에 달려 있고, 동시에 영향을 준다. 그 점에 대해 생각해 보라. 당신의 마음, 신체, 정신은 정말로 같은 존재의 모든 부분, 즉 당신 자신이다. 한 영역이 고통받는다면, 나머지 역시 그럴 개연성이 있다. 예를 들어, 우울하다고 느낀다면, 당신은 지적으로 거의 호기심을 느끼지 않게 될 것이다. 또한 아픔과 고통, 위장 문제, 두통과 같은 질병으로 고통받을 가능성이 더 크고, 일상의 활기를 어느 정도 잃게 될 것이다. 반면에, 행복하고 낙관적이면, 도전할 일을 찾고, 배우고 싶어하며, 더 기분 좋게 느끼고, 에너지 수준이 상승하는 것을 느낄 것이다.

마음

마음에 자양분을 줄 수 있는 여러 방법이 있다. 강의를 듣거나, 새로운 기술을 배우거나, 직장에서 새로운 직무나 프로젝트에 지원하거나, 과거에 연주하곤 했지만 한동안 손대지 않았던 악기를 손에 집어 들거나, 새로운 악기를 배울 수도 있다. 아니면 동네 밴드, 합창단, 혹은 무대공연에 참여할 수 있다. 친숙하지 않은 분야의 잡지를 구독할 수도 있다. 또한 크로스워드 퍼즐을 풀거나, 인터넷 토론에 참여하거나, 매일 신문이나 책 읽을 시간을 마련하거나, 혹은 비영리 조직에 가입하여 자원봉사를 할 수도 있다. 때론 그저 신체와 사고를 쉬게 하거나, 하루, 한 주, 한 해의 사건을 정리하는 일도 마음에 자양분을 주는 데 많은 도움이 된다.

멈추어 생각하기: 당신의 마음을 보살피라

마음을 보살피기 위해 무엇을 하는가? 자신의 목록에 어떤 것을 추가하고 싶은가? 하고 싶은 일을 하기 위한 더 많은 시간뿐만 아니라 새로운 활동을 추가하기 위한 시간을 마련하도록 계획을 세워 보라.

시간이 흐르면서 당신의 변화를 일지에 적으라.

신체

이 책의 많은 부분이 생각과 정서에 초점이 맞추어져 있지만, 신체는 아동기 상처 치유를 향한 여정의 필수적인 부분이다. 신체를 돌보는 일은 그 여행을 지지하고 촉진할 것이다.

잘 먹으라. 다음은 초등학생들에게 영양에 대해 가르칠 때 사용하는 흔한 비유이지만, 옳은 말이다. 우리가 먹고 마시는 행위는 휘발유가 자동차에 동력을 공급하는 것과 마찬가지로 신체에 연료를 공급한다. 여러 가지 신선한 자연 식품, 복합탄수화물, 적절한 단백질, 저지방(특히 동물성 지방), 당류, 소금 등이 포함된 건강한 식습관을 개발하라. 건강하지 않은 방식으로 빨리 체중을 감량시키는 다이어트와, 영양소의 불균형 섭취를 야기하는 다이어트는 피하라. 영양 정보는 인터넷, 서적, 잡지, 병원에 많으므로, 무엇이 자신에게 올바른지에 대해 혼란스럽거나 상충되는 정보를 읽은 경우에는(불행히도 매체에는 상충되는 정보 또한 많다), 전문가와 상의하라.

운동하라. 정기적인 유산소 운동으로 우울 증상을 개선할 수 있다. 우울하지 않더라도, 운동을 하면 기분이 더 좋아진다. 운동은 당신의 몸 도처에 순환과 산소 흐름을 개선하고, 사고의 명확성을 개선하며, 스트레스를 덜어준다. 운동을 하고 있지 않다면, 먼저 의사를 만난 뒤 서서히 시작하라. 현실적인 기대를 하라. 주로 앉아서 지내 왔다면, 격렬한 90분짜리 스텝에어로빅 강좌가 오히려 해를 줄 가능성이 있다. 따라가기 힘들다는 사실을 알 것이고, 나중에 화끈거릴 것이며, 아주 제대로 낙담할 수 있다. 대신에 활동 수준을 서서히 증가시켜라. 그러면 계속하기 더 쉬울 것이다. 가능하다면 친구에게 함께 운동하자고 제안해 보라. 운동은 반드시 체육관에서 시간 보내는 활동만을 의미하지는 않는다. 당신이 하고 싶은 운동을 하라. 걷기, 하이킹, 자전거 타기, 수영, 춤, 줄넘기, 스키, 롤러스케이트 타기 모두 좋다. 마지막으로, 하룻밤 사이에 극적인 변화를 보거나 느끼리라 기대하지 마라. 우리가 이 책에서 얘기한 다른 모든 것과 마찬가지로, 변화는 시간이 걸린다.

잘 자라. 잠 귀신(잠을 자도록 도와주는 귀신)은 기적을 낳을 수 있다. 그렇게 하도록 두라. 적당한 수면을 취하지 못하면, 짜증이 나고 피곤해진다. 면역 체계는 기능을 제대로 못하게 된다. 인내심은 약해지고, 사고를 당하기도 쉬워지며, 건망증도 쉽게 생긴다. 대부분의 사람들은 매일 밤 약 8시간의 수면을 필요로 하지만, 어떤 사람들은 그보다 한 시간, 두 시간, 또는 세 시간을 더 필요로 하며, 어떤 이들은 네다섯 시간의 수면으로도 살아갈 수 있다. 가장 기분 좋아지는 시간만큼 자라. 밤중에 계속 깨거나, 아침에 잘 잤다는 느낌이 들지 않으면, 수면 전문가를 찾아 가라. 어떤 장애, 항우울제와 다른 약물과 알코올과 같은 물질, 수면성 무호흡은 모두 수면의 질과 지속시간에 영향을 줄 수 있다.

멈추어 생각하기: 당신의 몸을 보살펴라

당신의 몸을 보살피기 위해 어떤 노력을 하고 있는가? 그 목록에 어떤 활동을 첨가하고 싶은가? 영양, 건강, 수면의 각 영역에 최소한 한 가지 긍정적인 변화를 포함하는 계획을 세우라. 더 편안한 베개를 구입하거나, 매일 물을 한 잔 더 마시거나, 아침에 산책을 1분 더 하는 것과 같이 단순한 일일 수 있다.

시간이 흐르면서 당신의 변화를 일지에 적으라.

정신

영성(spirituality)이란 사람마다 다른 것을 의미한다. 즉, 영성은 특정 종교의 전통을 따르는 일일 수도 있고, 보다 높은 권능을 믿는 일일 수도 있으며, 혹은 내면의 평화와 세상에 속해 있다는 느낌으로 자신을 인도하는 대로 따르는 일일 수도 있다. 어떤 사람들은 교회에 가는 것을 선호하는 반면, 어떤 사람들은 일출 시 해변을 산책하는 것을 좋아한다. 어떤 사람들은 일상적인 곳에서(예로, 이웃이 내다 놓은 화분에서, 사무실에 있는 식물 이파리의 짙은 녹색에서, 점심 포장을 벗기며 나는 초콜릿 냄새에서, 자녀가 학교에서 가져와 자랑스럽게 건네는 크레용 그림에서) 아름다움에 주목함으로써 내면의 평화감을 느낀다. 어떤 사람들은 명상을 하거나, 하루 5분간의 휴식을 통해 자신의 영혼을 달랜다.

멈추어 생각하기: 당신의 정신을 보살피라

당신은 자신의 정신을 보살피기 위해 어떤 노력을 하고 있는가? 그 목록에 어떤 활동을 첨가하고 싶은가? 사소해 보일지라도, 최소 한 가지 긍정적인 변화를 포함하는 계획을 세워 보라.

시간이 흐르면서 당신의 변화를 일지에 적으라.

Chapter 10

함께 모아라

Putting It All Together

이 책에서 기술된 치유 과정은 선형적이지 않고 유한하지도 않다. 당신이 느긋하게 앉아 "휴, 이제 드디어 끝났어"라고 말할 때는 아마 없을 것이다. 오히려, 당신이 직면하고 헤쳐 나간 문제들은 새로운 환경을 마주할 때 그리고 새로운 사람들이 당신 삶에 들어오고 나갈 때, 다시 밀려왔다 밀려갈 것이다.

그리고 열심히 노력하고 진척이 있었음에도 불구하고, 내면 깊이 흐르는 슬픔이나 다른 정서의 잔재를 느낄 수도 있다. 당신이 특히 애쓰고 있을 때 당신은 후퇴했다고 느낄 수도 있다. 당신이 옳은 일을 하는 것인지, 반응이 정상적이고, 전형적이고, 혹은 적어도 합리적이고 이해할 수 있는 것인지 궁금해 하는 경우도 있을 것이다. 그러한 생각은 실로 정상적이며, 심지어 건강하기까지 하다. 그 생각은 성장을 나타낸다. 이런 식으로 생각해 보라. 발목을 다치면 날씨가 습하고 추울 때 항상 찔리는 듯한 아픔을 느낄 수 있다. 그 아픔을 피할 방법은 전혀 없다. 그러나, 햇볕이 쨍쨍 내리쬘 때는 조깅도 할 수 있고, 춤도 출 수 있다.

시간이 흐르면서 당신이 어떻게 변했는지를 알아차리게 될 것이다. 전에 수없이 마주쳤던 상황에 마주쳤으나, 이번에는 과거에 했던 방식과는 다르게(더 잘) 그 상황을 다루고 있다는 사실을 알게 될 때 보람이 있을 것이다. 굉장한 무언가가 발생했고, 당신은 그 일에 감사하고, 그 보상을 누릴만한 자격이 있다고 느끼고, 아마도 당신이 그 결과를 초래하는 데 역할을 했음을 알 때 보람을 느낄 것이다. 당신이 얼마나 좋아졌는지, 얼마나 더 건강해지고 행복해지고 편안해졌는지, 사람들이 얘기할 때 혹은 전에는 없던 "당신에 대한 그 어떤 것이" 지금은 있는 것처럼 보인다고 말할 때 당신은 보람을 느낄 것이다.

기억하라. 당신의 부모가 변할 것이라고 기대하지 마라. 그러나 당신은 변할 수 있고, 변할 것이다. "저는 열심히 노력해야 하고 제 자신의 감정에 책임이 있다는 사실을 알아요"라고 31세 마이는 말했다. "세상이 장밋빛이라거나 완벽할 거라 기대하지 않아요. 제가 수월하게 얻을 수 있는 것은 아무것도 없다는 사실을 알죠. 무언가를 원한다면, 그것을 위해 노력해야만 해요. 제 삶은 계속해서 더 나아지고 있으므로, 뭔가 올바른 일을 해야만 할 거예요."

당신이 이런 변화를 알아차릴 때, 시간이 흐름에 따라 진척을 알 수 있도록 그 변화를 일지에 적으라. 또한 그 과정에서 스스로에게 보상하라. 열심히 일한 당신은 긍정적 강화를 받을 자격이 있다. 또한 당신이 어디에 있는지, 그리고 다음에는 어떤 작업을 하고 싶은지를 계속해서 평가하라. 그런 다음 이 책 전체 혹은 관련되는 부분을 다시 읽으라. 다시 읽을 때마다 다른 부분이 눈에 들어올 것이며, 그 당시 삶에 가장 관련되는 일에 기반을 둔 새로운 자료를 보유하게 될 것이다. 그 과정은 끊임없는 평가, 계획, 행동의 순환이다. 각각의 긍정적 변화, 각각의 성공은 저절로 만들어지고, 다시금 순환을 가동시킬 때마다 더 많고 더 훌륭한 통찰이 당신에게 생긴다는 사실을 알게 될 것이다.

인간 관계

이 책에서 약술된 많은 작업은 당신과, 당신의 경험에 대한 이해를 높이고 당신이 일으키기 원하는 긍정적인 변화를 찾고 실행하도록 안내하는 데 초점이 맞춰져 있다. 그러나 당신이 숙달하고 있는 모든 기술은 다른 사람들과의 관계에도 적용된다. 경계선 성격장애 진단 기준 몇 가지가 관계에 영향을 미치듯이, 경계선 성격이 있는 부모에게서 살아남은 것도 역시 관계에 영향을 미친다.

- 스스로에게 완벽을 기대하며 타인들도 그 (비현실적인) 기준으로 기대함, 성급히 판단함, 다른 사람들을 엄격하게 판단함.
- 모든 회색 빛깔, 독특성과 미묘한 차이, 재능, 선호, 인간적인 약점을 가진, 있는 그대로의 모습으로 사람들을 보지 못하게 하는 흑백사고
- 가족과 의사소통하기 어려움(한 여성은 민감한 주제에 대해 직접 남편에게 이야기하기보다는 메모를 적어 냉장고에 붙이는 편이 더 쉽다는 사실을 알게 됨)
- 버려질까봐 두려워하고 거절을 개인화 함(한 여성은 결혼 초기에 남편이 가끔 친구들과 한 잔 하러 나가고 싶어할 때 화내던 일을 기억했다. 또 다른 여성은 남편이 긴 여행 뒤에 너무 피곤해서 섹스를 못했을 때 거절 당했다고 느꼈던 일을

기억했다)

- 늘 사람들이 자신에게 화를 낸다고 생각함.
- 누가 만지면 불편함, 특히 예상치 못한 경우와 성적인 접촉에서
- 관계에서 불균형적으로 줌(받지 않음).
- 다른 사람의 기분에 대해 책임감과 죄책감을 가지고, 그 사람의 기분을 풀어주려고 애씀.

멈추어 생각하기: 당신 너머

이 책을 통해 확인한 부정적인 사고와 행동이 관계에 어떻게 영향을 주는지 생각해 보라. 중요한 타인들뿐만 아니라 친척, 친구, 동료들과의 상호작용을 생각해 보라.

당신은 혼자가 아니다

치유 과정에서 다른 사람들(친구와 연인)의 역할을 무시해서는 안 된다. 때론 정말 그런 식으로 느낄 수 있지만, 치유과정은 고립된 여행이 아니다. "언제나 다르게 느낍니다." 44세 로니는 말했다. "알코올 중독 부모를 둔 자녀들이 다 다르게 느낀다고 말하는 것처럼 말이죠. 그러나 진실은, 많은 사람들이 당신과 정확히 똑같은 방식으로 느낀다는 거죠. 다른 사람들도 틀림없이 당신이 겪은 일을 겪었어요."

사람들마다 각자 다른 경험을 가졌다 하더라도, 그들은 여전히 당신을

도울 수 있다. 치유 과정은 갑자기 모두 좋아졌다는 사실을 깨닫고 난 뒤에 타인과 관계를 맺기 위해 세상으로 나가는 일이 아니다. 사실 거의 정반대이다. 나아지기 위해서, 신뢰를 배우고, 도전받고, 변화와 성장을 위한 동기를 갖기 위해서 어느 정도는 다른 사람과의 관계가 필요하다.

"전 그 과정을 혼자 하지 않았어요." 47세 레이첼은 말했다. "심리치료, 언니와 친구들, 그중에서도, 남편에게서 가장 많은 도움을 받았어요. 그러나 인생에서 지금 여기까지 온 것은 제가 잘했기 때문이라고 생각하고, 제가 가진 것에 만족해요. 힘든 시간을 겪었지만, 다른 한편으로 더 강해지고 더 행복해졌어요."

"언젠가 남편의 사랑을 진심으로 믿고, 꼭 사랑을 받으려고 하지 않기를 바라고 있어요." 36세 미셸린은 말했다. "남편은 제게 많은 영향을 주었죠. 저에게 좋은 거울이었어요. 가장 친한 친구는 저에게 매우 소중한 정서적 지지를 보내주었어요. 치료자는 제가 누구인지 그리고 무엇이 제게 최선인지를 알 수 있도록 도왔죠. 또 다른 좋은 친구는 저와 타인과의 경계와 책임감에 대해 많은 점을 가르쳐 주었어요."

지원을 찾기

좋은 치료자는 치유 과정의 핵심적인 부분이다(Kreger, 2002). 경계선 성격장애, 특히 그 성격이 있는 부모 밑에서 성장하는 일이 어떻게 아이들에게 영향을 미치는지 이해하고 있는 치료자를 선택하라. 랜디 크레거의 웹사이트(www.BPDCentral.com)에는 치료자가 경계선 성격장애를 얼마나 잘 알고 있고 잘 대처할 수 있는지를 평가할 수 있는 질문 목록이 있다. 치료자를 찾기 위한 다른 방법은 보험회사에 연락하거나, 정신과 의사나 가정의에게 추천을 부탁하거나, 친구에게 소개를 부탁할 수도 있다.

교우관계(그런 건강한 교우관계를 만들라)도 치유 과정에 대단히 중요하다. 친구들은 당신의 성공과 실패, 기쁨과 슬픔을 서로 나눌 수 있어야 한다. 그들은 당신의 감정을 반영하고 타당화하며, 당신을 경청하고, 존중하고 지지할 수 있어야 한다. 당신에게 이런 지원을 주지 않거나 줄 수 없는 친구밖에 없다면, 관계를 검토하여 이 문제를 다루거나, 연락을 최소화하거나, 관계를 끝내는 것을 고려하라. 당신의 지각이 잘못되었다고 말하거나, 당신을 판단하거나, 당신이 반응을 하지 못하게 하거나, 대화를 독점하는 친구들은 많은 시간을 함께 할 최선의 사람이 아닐 것이다. 흔히 사람들은 무의식적으로 경계선 성격이 있는 부모와 꽤 많은 공통점이 있는 친구나 중요한 타인을 찾아낸다. 이러한 사람들은 친숙해 보이며, 역동도 매우 유사하다. 하지만 가족과는 달리, 교우관계는 선택할 수 있다. 당신은 나쁜 대접을 견딜 필요가 없다(그렇다고 가족관계에서는 견뎌야 한다는 뜻은 아니다!). 그리고 현명하게 선택하면, 어느 가족에서나 그렇듯, 가장 친한 친구들 사이에서 많은 사랑과 지지를 주고받을 수 있다.

멈추어 생각하기: 현명한 선택을 하라

친구와 친구관계에서 당신이 찾는 자질은 무엇인가? 가장 친한 친구라고 여기는 사람들을 생각해 보라. 그 친구들은 그 자질을 지니고 있는가?

다른 많은 성인 자녀들처럼 친구 사귀기가 쉽지 않다면, 사람들에게 접근하는 데 좀 더 편안한 방법을 몇 가지 생각해 보라. 그 방법을 적은 다음, 행동으로 옮길 수 있는 계획도 적으라. 예를 들어, "내가 더 잘 알고 싶은 사람을 차 한 잔이나 아침식사에 편안하게 초대할 것이다. 사실, 내 동료인 마릴린에게 이번 주에 커피 한 잔 하자고 요청할 것이다."

잊지 않고 요청하겠다는 당신의 약속도 적으라.

생각해 보면, 당신과 당신이 하고 있는 작업에 도움이 될 수 있는 자원은 많이 있다. 믿을 만한 치료자, 배우자, 친한 친구들, 친척들뿐 아니라, 가입할 수 있는 많은 형태의 지지집단이 있다. 지역 정신건강 프로그램은 정신질환이 있는 사람들의 가족 구성원들을 위한 집단을 제공하고 있으며, 인터넷 토론장은 실제 관계를 대체할 수는 없지만 유사한 경험을 지닌 다른 사람들과 정보를 교환하고 교신할 수 있는 훌륭한 장이 될 수 있다. 손을 내밀기 시작하면, 얼마나 많은 지지와 이해를 얻을 수 있는지 놀랄 것이다.

친밀한 관계에서의 패턴보기

경계선 성격이 있는 부모를 둔 성인 자녀들이 과거 친밀한 관계에 흐르는 건강하지 못한 주제들이 있다는 사실을 깨닫는 일은 드문 경우가 아니다. 당신은 언어적 혹은 신체적으로 학대적이거나, 경계선 성격장애 특성을 나타내거나, 다른 정신건강 혹은 물질 남용 문제를 지닌 배우자를 선택했을 수 있다. 더 이상 친밀해지지 못하게 하는 정서적으로 어려움이 있는 중요한 타인을 선택했을 수도 있다. 혹은 자신의 욕구와 선호에 기반을 두고 누군가를 선택하지 않고, 누군가가 당신에게 관심을 표시했기 때문에 그 사람과 사귀거나 심지어 결혼하기로 동의했다.

멈추어 생각하기: 패턴

지나간 관계에서 나타난 패턴을 생각해 보라. 당신이 끌린 파트너의 유형을 생각해 보고, 그 관계가 어떻게 시작하고 끝났는지, 서로를 어떻게 대했는지도 생각해 보라. 그 관계의 대부분이 상호적이었나? 의사소통은 어떠했나? 둘 중 누군가에게 학대가 있었나? 이별은 어떻게 다루어졌는가?

부정적인 관계를 선택하는 이유는 많다. 좋은 모델이 없다 보니, 건강한 사람과의 관계는 어떤 느낌인지 인식하지 못할 수 있다. 당신은 스스로를 사랑스럽지 않다고 느낄 수 있으며, 당신을 진실로 보살피는 누군가를 찾을 수 있다고 생각하지 못할 수도 있다. 부모가 당신을 위해 다른 계획을 세웠거나, 혹은 부모 자신의 무가치감이나 유기 공포를 당신에게 투사했기 때문에 당신은 자신의 동반자 관계를 그려 본 적도 없을 수 있다. 자라는 동안에, "남자는 오직 한 가지만 추구해" "여자는 돈만 좋아해" 혹은 "사람들은 항상 결국에는 너를 배반해"와 같이 관계에 대한 부정적인 메시지를 들어왔을 수도 있다. 행복한 관계를 가질 때 죄책감을 느낄 수도 있다. 일이 너무 잘 풀리면 곧 재앙이 닥칠 거라고 걱정해서, 자신의 기대를 낮추고, 너무 많이 즐기지 않으려고 애쓴다.

멈추어 생각하기: 관계 메시지

- 당신이 어릴 때 사랑, 낭만, 관계, 성, 결혼 등에 대해서 받은 메시지는 무엇인가? 적으라.
- 그 메시지는 어디에서 왔는지(원천은 부모, 가족, 텔레비전과 다른 대중매체, 사회적 관습, 교사, 친구들이 될 수 있음) 그리고 당신은 그 메시지를 어떻게 믿게 되었는지 생각해 보라. 무엇이 그 메시지를 강화했고, 무엇이 그 메시지가 사실처럼 보이게 만들었는가?
- 당신이 적은 각 메시지마다 이의를 제기하는 진술을 적으라. 예를 들어, "남자는 오직 한 가지만 추구해"는 "물론, 어떤 남자는 한 가지만 추구하지만, 인간으로서 자신이 어떤 사람인지에 대해 감사하고, 좋은 대화와 우정을 제공하는 관계를 원하는 남자도 많이 있어"가 될 수 있다.
- 이 메시지가 위에서 찾아낸 관계 패턴에 어떻게 기여하는지 생각해 보라.

기대를 관리하기

당신이 관계에 대해 받았던 메시지는 관계와 배우자에 대한 기대에 영향을 준다. 특히 양육과 애정을 많이 혹은 충분히 제공하지 않은 부모에 의해 양육된 성인자녀에게, 친밀한 관계는 어렸을 때부터 갈망했던 것을 마침내 얻을 수 있는 방법처럼 보일 수 있다.

친밀한 관계는 양육과 애정을 제공해 줄 수 있지만, 배우자가 제공해 줄 것이라고 기대하거나 요구하는 것은 비현실적이다(그리고 공정치 못하다). 친밀한 관계는 관계가 발전하면서 유기적으로 자라나는 것일 뿐, 간절한 욕구는 실제로 그 일을 불가능하게 할 수도 있다. 친밀한 관계에 대한 또 다른 비현실적인 기대는 다음과 같다. 친밀한 관계는 당신의 가치나 매력을 증명한다. 친밀한 관계는 당신의 자신감을 높이고, 당신을 경제적으로 지원하거나 돌보게 한다. 친밀한 관계는 누군가가 당신에게 주지 않았던 것을 주고, 전 애인에게 복수하고, 인생에서의 과제, 목적 혹은 돌봐줄 누군가를 갖게 한다.

반면에, 관계에 대한 공정하고 건강한 기대는 다음과 같이 많은 영역에서 상호성을 포함한다. 즉, 지지, 우정, 인내심, 동반자 관계, 존중, 수용, 사랑, 애정, 성적 쾌락, (아이들이 관련된다면) 양육 의무, 헌신. 또한 친구, 친척, 혹은 중요한 타인(직장동료와 이웃들도)을 막론하고, 모든 관계에는 많은 노력과 헌신이 필요하다. 그 관계는 당신에게 도전하고, 때로는 당신을 겁나게 할 수도 있다. 그럼에도 불구하고, 당신은 확실히 그 관계가 인생에 소중하며(아니, 필수적이며) 투자할 만한 가치가 있다는 사실을 발견할 것이다. 곁에 있는 다른 사람들과 함께, 당신도 깨닫게 못한 부정적인 패턴을 바꿀 수 있을 것이다. 결과와 상관없이 지지를 받을 수 있다는 사실을 알고 있기 때문에, 위험을 감수하는 데 더 자신감을 느낄 것이다. 상상조차 할 수 없었던 만족감과 성취감, 사랑으로 새로운 사람들을 만나고 일을 시작하는데 더 기꺼이 마음을 열 것이다.

역자 약력

김선경

서울대학교 교육학과 상담전공 석사 및 박사를 졸업했다. 서울대학교 대학생활문화원 전임카운슬러, 삼성전자 기흥사업장 여성상담소 소장, Colorado State University 박사 후 과정, The University of Alabama 외래교수를 역임했다. 용문상담심리대학원대학교와 차의과학대학교에서 기업상담, 상담자교육, 상담성과, 소진, 중독 등에 관심을 갖고 교육과 연구를 해왔다. 공저 『초보자를 위한 학교상담가이드』, 역서 『건강한 상담자만이 남을 도울 수 있다』가 있고, 논문으로 '국내 개인상담 성과의 측정 및 평가에 대한 분석' '직무스트레스 및 직무만족과 소진 하위 유형의 분리적 상관성' 'A Cross Cultural Comparison of Fears in Turkish, South Korean, and American Students' 등이 있다. 한국상담심리학회 상담심리사 1급 자격증을 소지하고 있으며, 한국상담학회 학술위원장, 한국상담학회 산하 기업상담학회 회장을 맡고 있다.

최창업

연세대학교 사회학과를 졸업하고 LS산전(주), (주) 대교 등에서 해외사업을 담당했고, 용문상담심리대학원대학교 상담심리학과에서 노인복지상담 전공으로 석사 학위를 받았다. 한국상담심리학회 상담심리사 2급, 임상심리사 2급, 청소년상담사 2급을 소지하고 있으며, 동작치매안심센터, 상담심리연구소 산책, 용문심리상담센터에서 상담자로서 일한 바 있다. 중독 및 노인 성(性) 분야를 전문영역으로 하고 있으며, 이와 관련된 상담, 심리교육, 번역 등의 다양한 활동을 계획하고 있다.

가족의 무서운 진실

초판발행 2019년 9월 26일

지은이 KIMBERLEE ROTH · FREDA B. FRIEDMAN
옮긴이 김선경 · 최창업
펴낸이 노 현

편 집 윤혜경
기획/마케팅 노 현
디자인 BEN STORY
제 작 우인도 · 고철민

펴낸곳 (주)피와이메이트
서울특별시 금천구 가산디지털2로 53 한라시그마밸리 210호(가산동)
등록 2014. 2. 12. 제2018-000080호
전 화 02)733-6771
f a x 02)736-4818
e-mail pys@pybook.co.kr
homepage www.pybook.co.kr
ISBN 979-11-89643-92-8 93180

정 가 18,000원